"水满了吗"的尝试，见第 10 页

学生刮画作品，见第 118 页

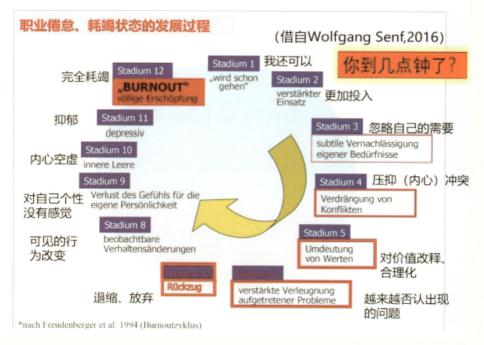

你到几点钟了，见第 118 页

部分学生的 MM 反馈，见第 102 页

《秋叶的重生》作品1，见第36页

《绘出我的生命》作品1，见第38页

《秋叶的重生》作品2，见第36页

《绘出我的生命》作品2，见第39页

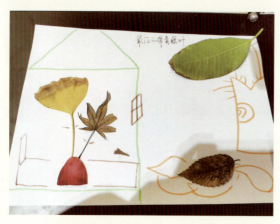
《秋叶的重生》作品3，见第37页

《绘出我的生命》作品3，见第40页

《学科吸引力海报》作品，见第 41 页

《可以"盐说"的情绪》作品 1，见第 42 页

《可以"盐说"的情绪》作品 2，见第 42 页

《拥抱不确定》作品，见第 43 页

火山哥　　　　　哪吒三太子　　　　　　岩石

我的愤怒家伙系列，见第 168 页——第 169 页

作画素材，见第 309 页——第 310 页

老师的愤怒家伙"炸毛"，见第 170 页

应对"愤怒家伙",见第 172 页

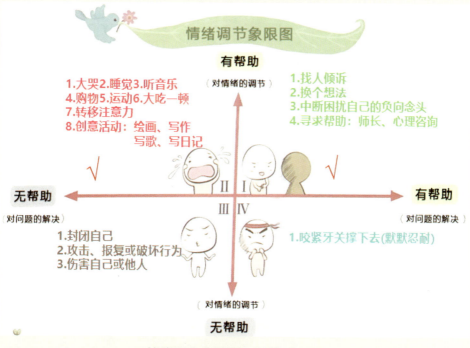

情绪调节象限图,见第 211 页

"情绪防疫包",见第213页,第218页

心理课怎么玩

心理教师实战进阶手册

周隽 等 著

华东师范大学出版社
·上海·

图书在版编目(CIP)数据

心理课 怎么玩：心理教师实战进阶手册/周隽等著.—上海：华东师范大学出版社，2020
ISBN 978-7-5760-1006-0

Ⅰ.①心… Ⅱ.①周… Ⅲ.①中小学-心理健康-健康教育-研究 Ⅳ.①G444

中国版本图书馆 CIP 数据核字(2020)第 231957 号

心理课 怎么玩——心理教师实战进阶手册

著　　者　周隽等
策划编辑　彭呈军
责任编辑　朱小钗
责任校对　时东明　张沥
装帧设计　刘怡霖

出版发行　华东师范大学出版社
社　　址　上海市中山北路3663号 邮编200062
网　　址　www.ecnupress.com.cn
电　　话　021-60821666 行政传真 021-62572105
客服电话　021-62865537 门市(邮购)电话 021-62869887
地　　址　上海市中山北路3663号华东师范大学校内先锋路口
网　　店　http://hdsdcbs.tmall.com

印　刷　者　上海锦佳印刷有限公司
开　　本　787毫米×1092毫米　1/16
印　　张　22.75
插　　页　4
字　　数　331千字
版　　次　2021年1月第1版
印　　次　2025年5月第11次
书　　号　ISBN 978-7-5760-1006-0
定　　价　69.00元

出版人　王焰

(如发现本版图书有印订质量问题，请寄回本社客服中心调换或电话021-62865537联系)

目 录

序言　心理教师的武功秘笈　　　　　　　　　　　　　　1
前言　　　　　　　　　　　　　　　　　　　　　　　　1

心理课二三事

1. 怎么把周隽放进这杯水里——心理课的动心、开心、入心　　3
2. 如果你是九十九——心理课的课程设计　　13
3. 玩的魔法——心理课中的游戏辅导　　26
4. 探寻心的宝藏——心理课中的艺术表达　　35
5. "问"中学、"玩"中思——心理课中的有效提问　　46
6. 他们又没有结婚——心理课中的各种挑战　　55
7. "你摔疼了吗？"——生命影响生命的课堂　　66
8. 家，爱开始的地方——"亲子沟通"系列心理课的设计与思考　　75
9. 跨越十年的声音——不同时期运用同一素材的课堂教学反思　　86
10. 从"不可能"到"不！可能"——心理课的N种可能　　96
11. 进一寸有一寸的欢喜——心理教师的弹性与成长　　110

心理课进阶实录

12. 如果黑点会说话　　127
13. 一切皆有可能　　141

14. 趣在哪 　　　　　　　　　　　　　　153

15. 你好，愤怒 　　　　　　　　　　　166

16. 和乐观做伙伴 　　　　　　　　　　179

17. 杯塔叠叠乐 　　　　　　　　　　　192

18. 一堂情绪课的"进化论" 　　　　　　206

19. 好习惯，你在哪? 　　　　　　　　219

20. 超级特工队 　　　　　　　　　　　232

21. 让注意力更出彩 　　　　　　　　　246

22. 叫醒你的小耳朵 　　　　　　　　　259

23. 小玩笑里的大学问 　　　　　　　　270

24. 宽容有智慧 　　　　　　　　　　　284

25. 画中有道 　　　　　　　　　　　　298

26. 听，花开的声音 　　　　　　　　　311

27. 家，以爱之名 　　　　　　　　　　323

28. 不能承受之"轻" 　　　　　　　　　337

后记 　　　　　　　　　　　　　　　351

序言　心理教师的武功秘笈

说到本书作者,大家会异口同声地说:周隽老师呀,课上得很好。一句课上得好,足以在中小学心理教师中奠定教师本人的口碑。在中小学心理教师的江湖上,谁心理课上得好,谁就会让人心生佩服,周隽老师就是这样一位心理教师,从业25年,在心理课堂上形成了其独特的教学风格。

一、心理课是学生和心理老师建立心理连接的桥梁

中小学生的心理健康教育,首先是发展性的,包括认识自我、尊重生命、学会学习、人际交往、情绪调适、升学择业、人生规划以及适应社会生活等方面。心理课需要引导学生增强调控心理、自主自助、应对挫折、适应环境的能力,培养学生健全的人格、积极的心态和良好的个性心理品质。从学校心理健康教育的三级服务体系:发展性辅导、介入性辅导和处遇性辅导来看,心理课无疑在引导学生人格积极健康发展,尽可能地预防学生发展过程中可能出现的心理行为问题方面,提供了许多帮助。

同时,中小学生也是通过心理课才了解和认识心理教师的,因为心理课的走心、入心、暖心,学生会格外认同心理教师。通过上心理课,学生知道了什么是心理健康,知道了要发展自己的心理品质,知道了要解决自己的心理困扰可以找心理老师咨询。他们因为认识了心理教师,才走进了心理辅导室,中小学生的这个特点是和大学生或成人不一样的,如果没有心理课,心理辅导室大概率是门可罗雀的摆设。通过心理课,让学生和心理老师之间建立了真正的关系和连接。

二、上好心理课是心理教师的首要技能

为什么上好心理课这么重要?这是与中小学心理教师的定位和职责紧密联系的。心理教师的职责非常多,我初步捋了捋,主要有:(1)上心理活动课;(2)心

理辅导室开放、咨询;(3)家长家庭教育指导课和家庭心理辅导;(4)社团活动、小组辅导或学生成长小组;(5)为学校教师心育能力提升提供指导;(6)心理健康档案建立与管理、个案辅导和转介;(7)突发及危机事件处理;(8)德心融合、医教结合的协同辅导等。

这还不包括制定学校心理健康教育规划、建立本校学生分年级心理健康教育发展目标、组织心理健康活动月、开展心理健康教育科研项目、参与心理健康教育宣传、撰写心理推文、制作心理微课、参加教研活动和职后培训、写心理健康教育总结,等等。心理教师真是十八般武艺,需要样样精通,这就对如何当好心理教师提出了很高的要求,需要心理老师是一个多面型、全能型的教师。这十八般武艺中,上好心理课无疑是其中最重要的"一技",这是教师的主战场和主阵地,是他们展现自己最重要的场所和舞台。

三、总结提炼、反思改进是教师上好心理课的专业成长之路

这本书分成两个部分,一部分是对如何上好心理课进行总结提炼,这是老师在自己实践体悟基础上的肺腑之言,很是实用和贴心,揭示了心理课的真实内涵和本质特点。另一部分是教师自己不断改进的教案和课例,改进的过程和不断的反思是其特色。

反思是教师对自己的课堂教学实践,依据学生的特点和课堂实际成效,进行全面而深入的思考和总结,从而优化其教案和教学过程。这样的反思和改进让心理课更能走进学生的内心,引发学生的参与和互动,促进学生的感悟和成长。这样的不断改进和反思,被认为是"教师专业成长的核心因素"。美国学者波斯纳认为,没有反思的经验是狭隘的经验,至多只能形成肤浅的知识。只有经过反思,教师的经验方能上升到一定的高度,并对后继行为产生影响。基于此,波斯纳提出了教师成长的公式:教师的成长＝经验＋反思。这本书正是体现了这一点,其宗旨就是促进心理教师的专业成长。

看到周隽老师的《心理课 怎么玩——心理教师实战进阶手册》一书,我很是高兴,因为这本书里凝结着周隽等一批优秀老师的教学智慧,他们不仅在上海心

理活动课大奖赛中展现了自己的才华,还在全国范围内进行示范辐射,同时通过这本书,与更多的心理同行交流,为心理健康教育事业奉献智慧。这是一本心理教师的武功秘笈,相信对每一位心理教师都会有帮助,对班主任上好心理的主题班会、对教师开展好体验式活动都会提供很好的借鉴。这是一本充满诚意、好用且实用的书,很荣幸能先睹为快,对我来说也是一次很好的学习。希望更多的老师通过对此书的阅读和实践,能在心理课的教学、展示、反思、总结、提炼上有更大的提升,推动心理课更专业化的发展,成为拥有自己独特风格和技艺的老师。

是为序。

上海市教育科学研究院教授
上海学生心理健康教育中心副主任
上海市中小学心理辅导协会理事长
2020 年 8 月

前 言

这本书,是一个偶然。

2019年的年底,我在家休息。罗吾民老师发微信联系我,说在《中小学心理健康教育》上看到了广东中山黄珊珊老师的一篇文章《心理活动课中的教学机智与教育反思——听上海格致中学周隽老师的讲座有感》。一不小心成为别人剧中女主角的感觉,这让我有了一个念头。

这本书,也不是一个偶然。

王国维先生在《人间词话》里说:"古今之成大事业、大学问者,必经过三种之境界:'昨夜西风凋碧树,独上高楼,望尽天涯路。'此第一境也。'衣带渐宽终不悔,为伊消得人憔悴。'此第二境也。'众里寻他千百度,蓦然回首,那人却在,灯火阑珊处。'此第三境也。"

读书的这三重境界,亦是心理教师磨课的心路历程。心理课从来都不是信手拈来的,看似云淡风轻、长袖善舞的背后,是心理教师从"乱花渐欲迷人眼"的众多头绪中,不断去理清思路、结构的过程。当我们"丰满的设想"遇上课堂里"骨感的现实"时,那个失落、失望、嫌弃、自我怀疑、欲哭无泪甚至有点崩溃、想嚎啕大哭的过程,我们每一位心理教师可能都经历过。但若能咬牙坚持下去,复行数日,不知道哪一天哪一刻就会"山重水复疑无路,柳暗花明又一村",眼前豁然开朗。

这是一本相互扶持而成的书。书的第一部分,是心理教师在心理课堂中都可能会遇到的一些共性问题。这些问题,是我在25年心理教师生涯中经历过的,是在带教心理系大学生和青年教师过程中发现的,也是在听课和与同行交流中了解的。我期望通过对这些问题的分享与讨论,能让同行感觉"我不是一个人在战斗"。

这不是一本静态的课例集。如果你只是因为不知道上课的内容来翻翻,这本书也许会让你失望;但如果你期望自己能更上一层楼,这本书还有点意思。书的第二部分,我邀请了一些老师回顾他们特别有感受或者特别"痛"的一节课,呈现的是一份课例从初露端倪到执教者还算满意的动态的打磨过程。未必优秀,但绝对真实,见证了我们的不断突破和蜕变成长。在还原这个反复修改甚至推倒重来、不断精雕细刻的过程中,我和各位老师反复推敲如何更清晰地将这个过程表达出来,无异于又经历了一次打磨,而我们就是在这样一次次的打磨中成长老练起来。

　　这是一本需要"边看边思"的书。我们在看这本书的时候,不妨把它当成一次隔空教研:看到这个主题,先不要急于看下文,掩卷写一写"如果我来上,我会怎么设计?"看到这个活动,试一试"我可以用在什么主题?可以设计哪些问题?还可以有什么变式?"看到学生的回答,想一想"这个回答的背后有什么信息?我会怎么回应?还可以怎么回应?"看到教学设计遇到的问题,磨一磨"为什么会出现这些问题?我可以做些什么调整和改进?"就像当年香港老师培训我们"低层次同理心和高层次同理心"一样,多思索多揣摩多练习,通过潜移默化地渗透融入,终有一天,你会发现它已成为你骨子里自动化的反应。

　　这是一本可以"看见"的书:

　　看见自己;

　　看见同道中人;

　　让心理教师这个群体被更多人看见。

　　不过,最好不要被学生看见,

　　否则我吃饭的家伙都没有了。

2020 年 7 月

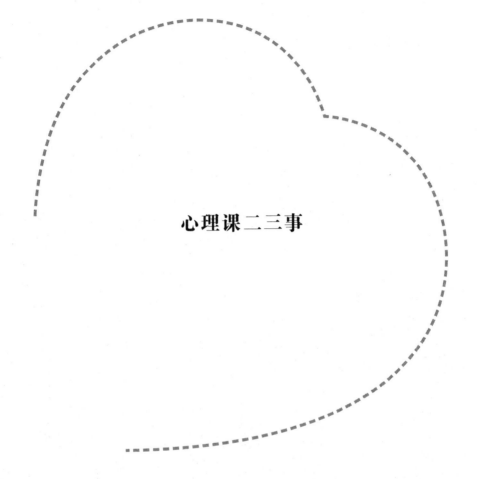

心理课二三事

怎么把周隽放进这杯水里
——心理课的动心、开心、入心

文/周 隽

图1-1

图1-2

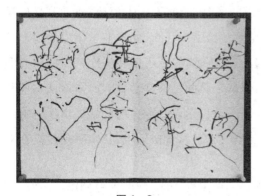

图1-3

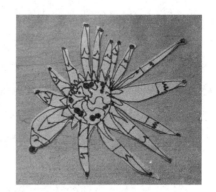

图1-4

一个你不认识的人走进教室,二话不说,拎起一张椅子放到桌上,再放上一杯水;

这个你已经认识了的人走进教室,又是二话不说,拿起粉笔画了一颗心,你正在惊叹她徒手竟然可以画得这么好的时候,心,裂了;

还是这个人,啥都不说,给你看那么象形的文字,还有那个张牙舞爪的啥东东……

哦,心理课开始了。

看到上面四张图片,不知你的第一反应是什么?你能看出图1-3写的是什么?图1-4的剪纸又是什么吗?猜猜看,这四节心理课的主题分别是什么?相信你一定比我更有创意。

我的心理课堂一直有不同层次的三条主线:

◇ 每节课的教学目标;

◇ 有情感、有温度;

◇ 不断拓展思维角度,有所思、有所得。

除了第一条主线是随着不同主题发生变化以外,另两条主线一直随行。因此,我对心理课的期望是"三心"——动心、开心、入心。

【动心】动心包括两个:一个是活动的内容和形式能激发学生的兴趣,学生愿意去参与、投入、体验和深度地分享。中小学的心理课教学,学生一定需要有高质量的体验才能有所收获,仅仅靠理性的讲授和浅层次的活动,很容易停留在表面文章。另一个是学生在参与中不受预设的限制,能够无拘无束地"盲动",呈现最原始最真实的一面。我觉得心理课不是要教给学生什么,而是在学生原始而充分的盲动中觉察他们的思维水平、方式、盲点和困惑,发现可以和他们探讨的点并顺势而为。即使有时课堂看上去有点乱,但如果教师足够耐心、细心,可以从这些看似无序的课堂反应中,发现学生的实际情况和教学设计存在的问题。学生的盲动也是为后续的开心打下基础,很多课堂生成的追问,看似随机,其实都是建立在对这些盲动了然于心的基础上。

为了这种本色出演的动心,我很少开门见山亮主题。"今天我们讲……"的开场白,我觉得有点沉闷,也太中规中矩,我期望学生能有一些新鲜的感觉。此外,课程伊始就先揭主题,我觉得学生容易先入为主,从而选择性地思考回答,这会限制学生的思维。所以我通常都是随着课程的推进,水到渠成地揭题。

怎么让学生动心呢？在课程开始阶段，我通常采用这样几种方式导入主题。

1. 开门见山式：课程伊始就直奔课堂主题，在我所有的课程中，只有一节采用这个方式，就是关于多重人格的介绍。因为在前面课程自画像部分有同学说到自己有多重人格，当时课上我就提了一下，后面有一节课专门会来讲解。学生本身对这个话题比较有兴趣，再加上我这样开场："今天我要给大家看一个视频，但你们的身份不是观众，而是要和视频里的专家一起来判断嫌疑人是否有多重人格。"所以这样开门见山，学生依旧会动心。但这节课其实最后还有潜在的主题，具体设计参见"如果你是九十九"。

2. 单刀直入式：如"很久以前，在……"、"大家留意过最近的……吗？"，直接以和主题活动相关的内容开头。因为选用的素材学生或不熟悉或正好是热点，所以耳朵也会竖起来。

3. 葫芦里卖药式：我是走进教室就开始上课，没有什么学生起立师生互相问候的仪式，所以有时候我会直接在黑板上先画或者写一点猜不到主题的东西，例如图1-2。有时候我会呈现一些稀奇古怪的物品，例如图1-3、图1-4，让学生猜这是什么。通常这些东西都不是那么容易猜到，所以学生的兴趣也会被激发。

关于图1-3。

师：看看这上面写的什么？

生（头歪来歪去看）：看不出，甲骨文？天书？好像有颗心？

师：猜猜是谁写的？

生：小孩子？外国人？猫咪？残障人士？

师：不，是和你们一样的高一学生写的。

生：左手写的？用脚写的？嘴巴叼着笔写的？

师：不，是用手写的，而且基本都是右手，但和笔之间并没有接触。

生：用筷子夹着笔写的？用绳子吊着笔写的？

师：嗯，不是用筷子，这是一群人一起用一支笔，而且每个人身体任何一个部位和笔都保持20厘米以上距离完成的。

生：啊?!

师：我们今天也以小组为单位一起来试一下。

关于图1-4。

师：猜猜这是什么？

生：太阳？细菌？外星人？

师：不，这是我儿子幼儿园时做的月饼。

生：啊？月饼！（笑）

师：是的。每当我看见这个月饼，我就想起那天放学时，他把这个作品举得高高的，说："妈妈，这是我送给你的月饼。"我觉得他实在是太有创意太可爱了，心里满满都是欢喜。我想我们身边是不是也有这样的一些物品和情景，让我们的生活有爱有趣呢？

4. 曲折迂回式：比如生涯发展的第一课，我就先在黑板上画一个圈，在圈内写一个我很想去的地方，例如西藏，然后以思维导图的形式，请学生帮我出谋划策一起做攻略。做得差不多了，我就会抛出一个问题：如果把"西藏"换成我们生涯中的某个站点，你会怎么制作这份攻略呢？引出学生对未来生涯准备的思考。

5. 情景导入式：上课了，学生还在看其他书。

我一言不发走过去，一拍桌子：你没听到上课铃声啊！

学生吓了一跳，赶紧把书收了，一脸茫然地看着我（周老师今天怎么了），教室里的空气顿时也凝固了一般。

我换了一个表情：不好意思吓着你了，我刚才这样对你，你有什么感受？

学生拍拍胸口：吓死我了！

我：你觉得我怎么说不会吓着你，然后我也能达到我的目的？

学生：……

我：谢谢你的友情出演，这就是我们今天要探讨的……

桌子一拍，既用无声的语言提醒大家上课了，同时也借用一个常见的场景来引发学生的兴趣。

动心不仅仅等同于导入或热身，它贯穿在整个课程的活动中，与"开心"相伴相随。

【开心】"开心"不仅仅是指让学生觉得愉悦,还要开启学生的心智。在日常教学中,我发现学生学习容易有两个倾向,一个是思维上有惰性,喜欢做听众,做旁观者,等着标准答案的公布;另一个就是有思维定势,惯性思维比较强。我期望学生在学习中能对问题保持敏感和质疑的心态,充满好奇。心理课教学能像"蚯蚓"一样,不断丰沃学生的思维土壤,激发创造性思维的火花。我一直认为能用多视野看待自己、他人、问题和环境的人,出现心理失衡的概率会小得多。

"开心"是一个比较有挑战性的过程。教师通过有技巧地提问,层层深入,引发学生边动边思,课程才会丰满有深度。如果把一堂心理课比作一根项链,学生的反应就是大小形状颜色各异的珠子或者颗粒,而教师需要做的就是用一根主线把它们有机串在一起,形成一根与众不同的项链。这当中的线,就是教师的问题链。

多年前,我听课学到一个活动,就是看装满水的杯子里还能放多少个回形针,一般用于"自我设限与突破"的主题。我把它做了变动,新高一的开场从"水满了吗?"开始。

整节课分为两部分,先是往水面高出杯沿2毫米的一杯水里随便放,有的是通过问答,有的是当场演示;然后回到回形针,所有学生动手操作。整节课的核心问题只有三个:

1. 水满了吗?你怎么证明?
2. 真的满了吗?为什么不愿再试试?
3. 还有吗?包括还可以放什么?能放多少?还有什么办法?

其他的衍生问题都是根据学生课堂生成随机提问。

我们以第一部分"随便放"来示例。

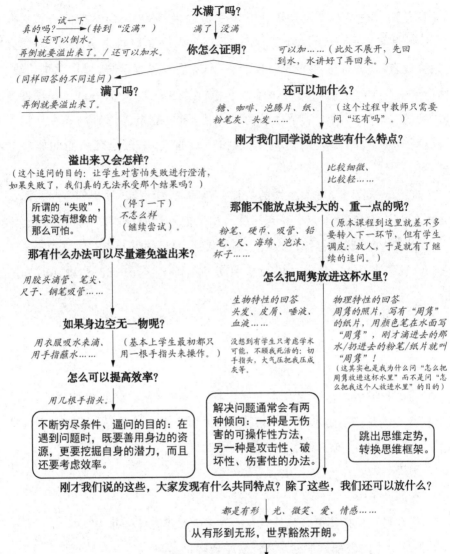

图1-5 "水满了吗"问题链示意图

(备注：宋体——教师提问，斜楷体——学生回答，方框黑体——问答中可以踩到的点。)

我的课堂是很随意的,只要在大目标框架下的任何情况,我都可以拿出来成为课堂讨论的话题,例如:

学生回答	追问的问题	可讨论的话题
放纸巾	1. 怎么放可以放得更多?学生可能的反应:整张纸、撕成碎片、叠成长块、搓成细条……2. 怎么想到搓成细条的?	同样的人,同样的任务、不同的办法会有不一样的结果,可以为后续讲学习方法和策略埋下伏笔。
放头发	1. 头发哪里来?学生可能的反应:剪自己的头发,剪别人的头发,理发店,宠物毛发……2. 对方不肯怎么办?	达成目标的途径、可借用的资源。
放无水硫酸铜	1. 怎么获取?学生可能的反应:问化学老师/化学实验员要一点。最终找化学老师的某班同学带着无水硫酸铜回来了,找化学实验员的某班同学空手而归。2. 你是怎么拿到的?3. 为什么他没有给你?	怎么说可以让别人帮你达成目标。怎么理解别人的拒绝。
放光	1. 怎么演示光进入了这杯水?学生可能的反应:手电筒、关灯再开灯、把这杯水拿到太阳下……2. 你怎样可以做到把这杯水面高出杯沿3毫米的水拿到太阳下而水不溢出来?3. 你想放阳光,那么除了挪动杯子以外,还有什么办法可以让阳光进来?	解决方案的可行性和有效性。
放回形针	1. 你们预估可以放多少个?2. 实际放了多少个?你们是怎么放的?3. 怎么想到要把回形针变形?4. 水怎么溢出来的?有什么办法可以防止?5. 有什么办法可以放得更多?	突破工具和条件的限制,善于借用其他资源。

图 1-6 根据学生课堂生成的追问和讨论举例

我印象最深的是有一次放头发,一个男生跑上来演示,但他什么都没带。正当大家以为他要当场拔头发扔进水杯时,他挥舞着手热情洋溢地说:我现在要把我们全班都放进这杯水里,大家能每个人贡献一根头发吗?哇,周隽已经是个大块头了,现在要放全班,胃口好大!全班同学顿时兴奋了,纷纷把手伸向自己的脑袋,毕竟每人拔一根头发也不痛苦。当然,我马上"制止"了同学们的热情。这个idea已经超乎我的想象了,要知道过了好几年,我们才知道众筹这个概念!

在追问的过程中,我最喜欢说的三个字就是——还有吗?短焦(焦点解决短期治疗,SFBT)的这个问句非常好,让我和我的学生受益匪浅。

下面这些都是我们学生呈现的作品。

图1-7 "水满了吗"的各种尝试举例

当然,同样的活动,教学目标定位不同,课堂主题不同,问题的设计和引导也会不一样。我是放在整个高中心理课的开篇,我的教学目标就是两个:一个是心理课有点意思,这个心理老师也有点意思;第二是多视角看世界,会有不一样的结果。同样是这个活动,七宝中学的梅晓菁老师把它用在压力的探讨中。

听师姐介绍过这个活动两次,昨天我也试了一下。第一轮孩子们把一盒回形针都放进去了,虽然一开始他们预想的只能放三十个。第二轮他们加入粉笔灰、铅芯、纸。第三轮,他们开始向室外挖掘,加入了树叶、草。第四轮,我问孩子们还能加什么,他们说盐、糖、反应物、加热、把水蒸发。第五轮继续把他们逼入绝境,他们开始从化学方法转为物理学方法,还有提到外面加一个杯子,也装入水,形成平衡。我提示了一句,这些都是有形的,于是第六轮,加入了无形的,爱、阳光。

我和孩子们将所有的添加物一一分析:最初的承受、接纳,好像是我们面对压力的初期,有胆怯,有怀疑,但试一试也许我们可以承受。加热蒸发等方法,是在压力状态下寻求外部资源帮助解决问题。再放一个杯子的提议特别有意思,有人说底部要戳个洞,这是不是很像我们累积一段时间后疏导压力的情境。最后的无形之物就包括朋友、父母等重要他人的爱与支持,这也是我们面对压力时的重要支撑。

突然发现,不擅长游戏心理课的我,这次还把游戏分析出了咨询的意味,蛮有意思。

【入心】心理课上涉及的理念和方法,只有被学生内化成自己的思维和认知方式,才可能被学生主动在生活学习中去运用,从而调适自己的生活。所以我期望我和学生探讨的心理学,能融入并成为他们生活的智慧,让他们的生活更加美好。

在"水满了吗?"结束的时候,我做了一个小活动。我把一本杂志卷起来,然后张开右手掌:"如果这是我们看世界的通道,但有一只手挡在了尽头。还是这本杂志,还是我这手掌,你们有什么办法让我挡不住你们的视野?"学生们纷纷拿出自己的书来摆弄。慢慢地,大家的眼前就出现了这样的画面:

图1-8 "通道"的各种变式

入心不入心,就看他(她)自己了。

图1-9 学生画的"暴走格致之心理课"

如果你是九十九
——心理课的课程设计

文/周 隽

九十九不是一个数字,他是《脑神探》(英文名 MR. Brain)中木村拓哉扮演的一个脑科学专家九十九龙介。在高一心理课自画像分享中,有时会听到学生介绍自己有的时候很开朗外向,有的时候又很安静,容易悲伤,觉得自己是双重人格或多重人格。所以我在自我认识这个专题中就安排了一个关于多重人格的内容,选择的是《脑神探》第5集中的一个片段。

加奈子是一个被绑架禁锢在黑暗肮脏的地下室中遭受了15年折磨的女孩,当她再次自由地仰望蓝天,她难以原谅那些导致她15年只能生活在暗无天日的地下室的人,于是她杀了他们。被警方抓捕以后,各种症状和检查结果显示她患了解离性人格障碍(亦称多重人格)。按照目前的法律体系,精神疾病患者杀人不负刑事责任。但亦有专家怀疑她不是多重人格,九十九决定查出真相。

一个关于多重人格的课堂主题,一个有关多重人格的视频素材,你会怎么设计这节课呢?你有哪些可以和学生探讨的点呢?

我的设计:

心理课的课程设计，归纳起来就十个字：上什么、用什么上、怎么上。但十个字的后面，凝聚的是教师的知识与经验、理念与智慧、实践与反思、重建与更新。

上什么——贴着学生走

什么样的心理课会受学生喜欢？我想应该是"贴着学生走"的心理课。这个"贴着学生走"有两层含义：一个是主题和活动的设计契合学生的身心特点和实际需求；另一个是在课程的推进过程中，要关注学生的课堂生成，而不是只跟着教师的设计和预设走。

心理课的空间和自由度还是蛮大的，学生感兴趣的是什么，学生喜欢什么样的上课形式，这不是我们坐在办公桌前苦思冥想就能想出来的，一定要到学生中去了解。我通常在开学时会让学生写一下他们想听些什么东西，想搞些什么活动，在学期结束时再问问他们对本学期的课程安排有什么意见和建议，对下学期的课程有什么期望，这样我就能及时调整自己的教学内容安排。平时我也会利用课间的时间听听学生的意见，这些对我的教学都很有帮助，否则我就成了瞎子摸象。

贴着学生走，心理课的选题、素材以及切入才能让学生"动心"。有的老师觉得，学生从小学就开始上心理课，心理学的主题就是那些，很多他们都接触过了，自己也不知道怎么上才有新意。虽是同样的主题，但可以根据学生不同学段的特点，选择不同的素材、活动和切入方式，在每个阶段一样可以上出不一样的心理味。

表2-1　不同学段学生的特点和课程设计取向

学段	需要/特性	活动设计要点
小学低年级	爱动、模仿力强、想象丰富、专注时间较短、是非分明、注重比较……	趣味活动、肢体语言、流行卡通、指令清晰、竞争适可而止、注重欣赏……

续表

学段	需要/特性	活动设计要点
小学高年级	精力充沛、自尊心强、爱挑战爱表现、喜欢探索、重视他人评价及输赢、有一定的逻辑思考能力……	活动性强、提供机会表达自我、沟通合作、分析与分享、接纳不同思考方式、肢体接触适当……
初中	创造性强、情绪易起伏、重视朋辈评价、爱表现、独立处事有价值观、逻辑思考有分析力……	活动有趣刺激、发挥创意、增加挑战性、多提供表达空间、留意不同体态对角色的影响……
高中	独立处事有价值观、自我反省、客观分析、重视朋辈评价、表现成熟……	活动预留更多空间选择、给予更多领导决策机会、更具思考分析的挑战、自由分享、客观中立……

用什么上——创意哪里来

并不是每个人都能拥有一个创意火花不时喷发的大脑，但我们可以做创意的发现者和改造师。

我不知道大家是否有和我一样的感觉，我在刷手机，看文章、新闻、节目甚至和人聊天的时候，经常都会蹦出"这个可以用在……主题的课上"的想法。但好的活动或者创意，并不是简单的"拿来主义"，直接移植到心理课堂，我们可以根据不同的教学主题对活动进行变式和创新。即便是同样的活动，同样的目标，也需要根据学生的实际情况进行内容或问题的调整。

"绳笔"这个活动来自我看到的一张照片，通常用于"团队合作"的主题。但因为这是放在高一春季学期的第一节课，很多时候开学时元宵节还没过，学生还在过年的氛围中。这节课既是新学期课程的暖身课，也是"学习策略"板块的引子。所以根据教学目标和实际情况，我对这个活动做了相应的调整。一是原来的活动是大毛笔在地上写字，需要比较大的空间，对原材料的要求也比较高，我改成了用绳子拴白板笔，用好以后既好收纳也能再利用。二是我的教学目标是为下一课时的学习方法和策略做铺垫，因此整个活动流程的问题也做了相应改变。

表2-2 "绳笔"不同活动目的的问题设计

团队合作	学习方法和策略
提问侧重于小组成员的分工与合作： 你们小组的分工是怎么样的？ 谁是领袖？为什么会选 ta？ 在完成任务的过程中，你们有分歧吗？ 你们是怎么解决的？ ……	提问侧重于困难和解决办法： 在这个过程中，你们遇到了哪些困难？ 针对这些问题，你们是怎么去解决的？还有没有更有效的办法？ ……

在"怎么把周隽放进这杯水里"一篇的开头，图1-3就是学生的绳笔作品。

课程最初设计是让学生写统一的八个字，如"牛年大吉，万事如意"等。后来我觉得学生的新年愿望未必是这种老掉牙的东西，所以我就改成了每个小组先上来在黑板上写下小组成员新一年的心愿。学生们在写的时候兴高采烈，殊不知他们写下的八个字就是等会他们要用绳笔写的八个字——自己挖的坑无论如何也要填起来。（图2-1）

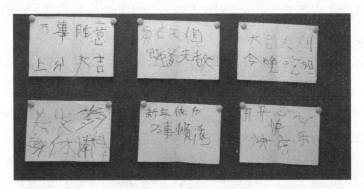

图2-1 学生们的新年愿望

图 2-2 学生绳笔写字组图

怎么能让笔听使唤?

如何绑绳子能保持笔的平衡?

笔抬起来以后怎么可以落笔到位?

笔和纸怎么才能亲密接触?

怎么可以既把字写好排版也美观?

……

学生在遇到的问题中不断思考针对性的解决办法,写字如此,学习也一样,由此引申到思考自己学习中存在的问题。不同的方法,可能事半功倍,也可能事倍功半,就比较自然了。

罗吾民老师在"生涯决策大迷宫"一课中,非常有创意地把高中三年学生可能面临的生涯选择命题置于迷宫游戏之中。

迷宫的设计非常棒,既在闯关游戏中讨论了高中面临的各种选择,又隐喻了学生面临不同选择的情绪纠结,比简单的讨论更能调动学生的参与兴趣。变换一下路径和问题,相信在生涯以外的主题也可以使用。即便是用于生涯决策,这些关键问题的设计还是需要教师根据学生情况来

图 2-3 生涯决策大迷宫

设置,而不是简单照搬罗老师学生的问题。

或许有老师或同学会问迷宫五个出口代表什么,说实话,我也不知道,不如就设置成一个开放性的问题,让学生自己来思考——当你走出迷宫的时候,你觉得出口那边会是什么?

生活中并不缺乏活动,缺的是不愿墨守成规的心。就像普通的扑克牌,在连莺老师手里,可以变换出各种主题的活动形式:选择几张牌,可以代表你的朋友家人或重要他人,也可以代表当下面临的困难,抑或是当抽到一手烂牌时你怎么应对,等等。年初很火的"快乐源泉小瓶子",除了可以装情绪,你还可以让它们装什么吗?"进一寸有一寸的欢喜"一文中有很多同行的公众号,里面有不少好玩的活动,大家可以拿来自己先体验一下,然后决定以怎样的形式和学生一起玩。

怎么上——弱水三千取一瓢入瓶

我觉得心理课的设计应该是"bottle style"而非"plate style"。"plate style"是指一堂课安排了好几个活动,但每一个活动都是蜻蜓点水,看似充实热闹,实则对学生的引导和触动都很有限,不利于激发学生深入有效的思考。而且环节过多,执教教师既会担心自己手忙脚乱、顾此失彼,也容易为了完成教学安排而急于"赶路",忽视课堂生成。为了完成教学过程而完成的课,课堂主体就成了教师而不是学生。"plate style"的背后,有的是因为教师对千挑万选的好活动存在选择困难,舍不得放弃;有的是教师担心活动太少撑不满一节课,多放几个心里踏实。

"bottle style"则是指活动的主题口子小、切口深,通过有效设计层层深入,把主题讲深讲透。如情绪调节面广口大,那么就选择学生比较难处理的某个情绪来入手;人际交往内容不少,那就聚焦一个学生中常见的问题来说说"玩笑怎么开";学习方法和策略有好多,那就先从最冤枉的"粗心失分"来说起……

当选中某个小切口开始深度设计时,我们就要采用"剥洋葱"的方式由外而内,层层深入,而"洋葱"通常是通过一个活动的层层变式体验或者环环相扣、层层推进的问题链来剥开的。我一直有一个观点,心理教师应具备的基本功之一就是

"一个活动做到底"。我在设计和开展教学时，通常一节课只安排一个主题活动，采用"预设悬念"或"暗埋伏笔"、"声东击西"等方式，通过有技巧的提问和流畅无痕的衔接语，从活动的导入到引申再到应用，环环相扣，逐渐深入，最后水到渠成地引出课题核心。由于我想跟学生分享的观点，是学生自己通过活动中的体验、感受和对问题的讨论、领悟，自然而然呈现出来的，我只是加以整理提炼而已，学生的接受度自然会更高。

在这个过程中，教师也要贴着学生走，才会对课堂保持敏感和好奇，课堂才会灵动而有深度，原本一节课的内容变成两节课也是很有可能的事情。

"能力魔方"一课，就是"暗埋伏笔"的设计。

表 2-3 "能力魔方"教学设计（两课时）

教学目标：
1. 了解能力及其分类等相关知识；
2. 明确理想职业对能力的要求和未来的努力方向；
3. 了解自己的能力结构并积极参与学习和培养。

重点：了解理想职业对能力的要求，重视对自我管理技能的培养；
难点：从日常经历中识别出自己拥有的能力。

教学过程		活动流程	设计意图	教学建议
第一课时	导入	时间穿越到 20 年后的今天。出示主管与两位实习生的对话，提问：如果你是主管，你会留用谁？为什么？	学生留用谁都没关系，这个导入的目的只是让学生知道每个人都有自己的选拔要求，引出后面的主题活动。	2—3 分钟。课前先了解学生的理想职业，按大致分类编排小组。
	主题活动	1. 我来招聘。请学生作为各自行业的部门主管，写下最重要的五条招聘要求。写好后，按职业大类进行分享。	学生的招聘要求，表明了他们理解的这份职业对应聘者的能力要求，为后面的对照埋下伏笔。	招聘要求可以以小组形式来写，也可以学生个人写，全班分享时，同一行业的进行补充。
		2. 能力结构分类讲解。教师在讲述时要结合学生的招聘要求，尤其是自我管理技能和可迁移技能，会在不同的行业中看到相同的要求。	引发学生不仅关注专业知识技能的学习，还要注重对自己天赋、自我管理技能和可迁移技能的认识和发展，对能力尤其是自我管理技能有更明确的理解。	让学生观察同学写的各行业招聘要求，从中发现不同点和相似点，从而引出能力结构。

续 表

教学过程	活动流程	设计意图	教学建议
小结	对照自己写的招聘要求,思考自己会为几年以后的应聘做些什么准备。	当学生站在未来理想职业的入口时,都能想到这些基本要求,反观对照,引发思考:还有哪些能力是自己暂时没有但很想拥有的,自己准备通过哪些方式或途径获得这些能力。	可以让学生课后寻找自己理想的职业在现实职业世界中的招聘广告,进一步明确能力的要求和努力的方向。
第二课时	我的能力魔方。通过日常经历绘制自己的能力魔方,思考需要提升的能力方向。	回归学生学习生活实践,了解自己已经具备的和还需努力获取的能力。	着重引导学生从日常普通经历中识别自己拥有的能力。

能力的分类有很多,本课中我采用的能力结构是按照能力的获得方式,分为能力倾向/天赋(引用加德纳教授的九大智能)和技能(辛迪·梵和理查德·鲍尔斯把技能分为专业知识技能、自我管理技能和可迁移技能)。一方面在实际生活和学习中,学生往往更注重专业知识技能的学习,而忽略对自己天赋、自我管理技能和可迁移技能的关注与发展,这也会影响到自我效能感。而另一方面学生自己写招聘启事时,又会非常自然地重视专业知识技能以外的能力。他们一定想不到最后是"自己招聘自己"。这种要求与现实之间的差距,对学生的触动会更大。

在"剥洋葱"的教学设计中,我们还要重视对学生回答的进一步追问,将学生停留在理性层面的思考具体到可操作的层面。

例如"当爱敲门"这节课中,有一个问题是"如果一个你没有感觉的人向你表白……"学生都会回答:拒绝。当被问及"如何拒绝"时,学生就说"我会跟 Ta 好好说。"这个回答只是一个态度,是理性层面的套话,但具体怎么好好说,学生可能就不会去深思细想。所以我会进一步深入,请他们具体演示选择什么时间、什么场合、有无旁人、用什么形式、什么语气、具体怎么说等。每一种回答都让学生们来评估可能的后果,思考怎样的拒绝能清楚明白表达自己的想法,怎样的拒绝可能会引发冲突,怎样的拒绝会带来什么样的麻烦以及自己对可能有的麻烦的应对,等等。拒绝肯定不是一件愉快的事,在考虑减少伤害的同时,也要避免用一个可能的麻烦来解决当前的麻烦。这种深入的追问,用学生的话来说"不是告诉我们要选什么,而是让我们知道面对选择时如何更好地权衡"。

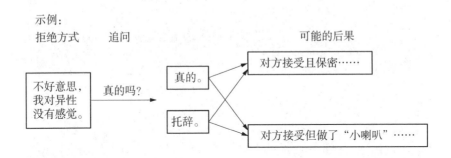

在课程深入的过程中,心理老师还要善于借助"板书"这个助教的作用,这也是我认为心理教师必须具备的另一个基本功——**"一支粉笔写到底"**。

很多时候去听课,我发现有的课程整节课结束了,黑板上竟然空无一字,颇有些遗憾。

心理课最不能预设的就是学生的回答,制作再精美的 PPT 也不能包打天下,所以我非常强调善用粉笔。写板书,不是指每节心理课都要板书,也不是指满屏板书,而是心理教师要善于通过有设计的板书,将学生原始的、朴素的、发散的回应与教学目标有机结合。通过这些板书,学生自己就能看出其中的道道,教师稍加引导,"敲敲黑板","珍珠"串成"项链"的过程就漂亮地呈现出来了。

而对于一些比较复杂的需要逐步演绎说明的主题,黑板绝对是一个好工具,板书可以非常直观地将这种内在逻辑显现出来。

例如"过河"这一课,我用非常中性的话语讲述了一个恋人、朋友、旁人之间的故事,让学生自己选择角色演绎剧情。学生对五个人物及其关系和言行的理解,其实投射的是他们对爱人、爱情与性的观念。

非常有意思的是,学生会眉飞色舞地演绎各种爱恨情仇,在黑板上画出各种关系连线,但基本都会忽略对一些重要的关键信息的核实。当最后看着黑板上的各种连线恍然大悟时,对"观点"与"事实"之间的区别自然有了更深的体会,同时也对自己的爱情观、朋友观和自我保护意识有了一番新的审视。

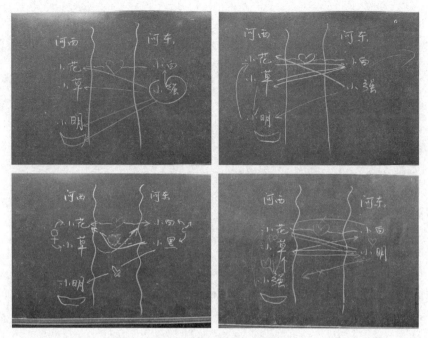

图2-4 "过河"中的人物情感关系

同样的主题,在不同的班级会有不一样的回应。教师通过对这些板书的回顾、分析和留存,有助于对课程进行反思和改进,还能了解不同班级学生特点,为后续课程积累资料。

图2-5 有意思的黑板

回到"多重人格"这节课,我并不打算只是简单地做知识的介绍。知识性的东西,学生完全可以通过网络进行更充分的了解,而且多重人格和学生的日常生活交集并不多。我只是期望他们在有所了解的基础上，知道性格多样性并非"多重人格"，把目标放在学生主动思考、探究、质疑和发现上。

我把视频分为三段。当警方讲到加奈子患有解离性人格障碍时，我暂停视频，和学生们讨论人格障碍的一些基本特征，学生们也会交流他们了解的有关多重人格的信息。第二部分是九十九决定通过实验查清真相，当真相即将被揭开的时候，我又按了暂停键，看得津津有味的学生们纷纷要求"老师，继续放"。我不期望他们只是做观众，所以不顾他们的呼声，提出了问题：如果你是九十九，你会怎么设计这个实验？出现什么样的结果，她可能是真的？出现什么样的结果，她很有可能是伪装？

围绕着这个问题，学生们开始思考和讨论自己认为可行的设计方案。每一种方案出来，我只是继续追问：这个方案可行吗？严密吗？可能会出现什么结果？是否会出现什么无关变量？基本上最后学生都能想出剧中的方案。但我觉得九十九的设计还是有漏洞，所以继续追问是否还有更严密谨慎的设计。在这种不断挑剔的推进中，学生最后给出了更完善的实验方案，我称他们"比九十九更厉害，是一百"。

当然，为了说明心理学的科学性，我也和学生说清了这个实验假设的前提，是多重人格患者的"主人格"并不知道或者只是模糊知道其他人格的存在，但分裂出的次人格中往往有一个是知道所有事的。而且，实验结果也需要更多材料的佐证。

就多重人格的课程主题来说，这节课到此就完成了，但我在设计时，把从叶斌老师那里学到的一个活动放到了课程最后，而这个彩蛋才是我真正潜伏的目标。

我在黑板上写下一串数字2、4、6、8、10，让学生往下猜数，我给予"对"或"错"的反馈，五六个数字以后请学生猜这串数字的规律。

基本上学生的第一反应都是12、14、16……这些数字都对，然后他们就会得出"等差数列"或者"偶数数列"的规律，但这个规律是不对的，这时学生的好奇心就被调动起来，他们开始根据他们心中设想的其他规律来报数。只有当他们敢于寻找和设想规律不吻合的数来试错的时候，真正的规律才会浮现出来。这个过程就是"证实"与"证伪"，剧中九十九就是采用"证伪"这个办法，寻找加奈子不是多重人格的证据。

我为什么要讲这个？因为在我们的日常生活中,我们常常只做证实不做证伪,例如几次没考好就断言自己完了,不是学习的料；遇到几件不顺心的事情,就断言自己倒霉透顶,然后会找出更多的证据来证实自己的观点。而这些负面的观点,学生很少通过"证伪"去核实它的准确性。所以我期望通过这个视频和最后这个小活动,让学生体验和理解"证伪"的重要。短焦中的例外问句其实就是一个很好的证伪技术。

当然,这段视频还有其他可以和学生探讨的点：如校园冷暴力及应对、自我保护、如何应对心理创伤,等等。不同的目标自然就会有不同的教学流程和问题设计。

在心理课程的设计中,还有几个小问题,也是老师们比较关心的话题。

【心理课要讲理论吗】

心理课的设计,背后肯定是有理论支撑的,但要不要在课堂上跟学生讲解,讲到什么程度,我觉得这个要看每个教师的风格和学生的情况。我只在课上对必需的理论做简单清楚的介绍,有兴趣的学生他自己也会去进一步探索。在我的课上,我就曾经看到有同学在看津巴多的心理学书。

【怎么避免一个问题重复问得干巴巴】

我的教案很简单,通常就几个问题,但总是问同样的问题,别说学生,我自己也会觉得索然无味,所以我会变着方式问。例如"别人眼中的我",分享的基本问题是"你留给同学的印象",但我在问的时候就会衍生出"你觉得和你期望的相符合吗？""和你写的一致的是什么？""最让你开心的是什么？""我看见你在笑,是什么让你心花怒放？""最让你感觉温暖的是什么？""最让你意外的是什么？""有没有让你愤怒的/不理解的/不认可的？""有什么是你想投诉的？"……

【心理课怎么升华】

心理课最后怎么小结,要升华到什么程度,这也是一些老师的困惑。我个人很不喜欢说教或硬性拔高或集体诵读某个鸡汤,而且我觉得升华的主动权也不在我手里。所以心理课的结尾我通常都比较简洁,有时候是把学生归纳出的要点进行小结,和课题相呼应;更多时候我是以问题结束,让学生自己去思考。就如"能力魔方"的结尾:回过头来看看我们刚才写的招聘要求,你会为几年以后的应聘做些什么准备呢?

【资源推荐】

1. 罗吾民.生涯决策大迷宫——高中生系统决策意识的唤起[J].中小学心理健康教育,2020(02):62—64.

2. 黄幹知.梁玉麒.举一玩十(第四版)[M].香港:策马文创有限公司,2015.

玩的魔法
——心理课中的游戏辅导

黄浦区卢湾一中心小学　余　珏

在小学的心理辅导活动课中,什么样的形式是孩子最喜闻乐见的呢?我们曾经做过一个调查统计,对 80 名学生进行问卷调查后,结果如表 3－1。

表 3－1　你最喜欢的心理辅导活动课形式(有效票数 78 张)

活动形式	选择人数	所占百分比(%)
做游戏	25	32
辩论会	7	9
听故事	9	12
表演心理小品	19	24
看录像小品	7	9
小组讨论	4	5
全班交流	7	9

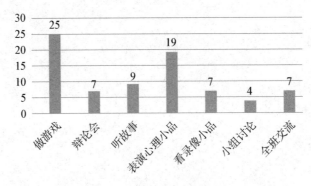

图 3－1　你最喜欢的心理辅导活动课形式(有效票数 78 张)

调查显示,做游戏是学生最为喜爱的方式,也契合了孩子喜欢玩的天性,游戏是基于活动本身乐趣的自觉自愿的活动。[①] "游戏"是儿童的语言和工作,借着象征性的游戏,儿童能表达许多复杂的意念、动机和情绪。

游戏辅导是以"游戏活动"为中介,让学生通过游戏活动,自由地表露自己的内心世界,分享同伴的经验,从而产生某种新的设想的心理辅导活动。福禄贝尔曾经说过,游戏是儿童内心活动的自由表现,是儿童最纯洁、最神圣的心理活动的产物。正是这种"自由",使孩子们能够尽情地展露自我。[②]

儿童精神分析学家克拉因这样指出:"儿童的内心深处更具有原始的东西,必须要用特殊的分析技术来进行发现,这就是'游戏分析'的心理学方法。通过游戏分析法,我们能够发现孩子内心深处压抑着的体验和感受,而且我们可能给予儿童的成长发展以一种根本的影响。"

以游戏活动为载体,使学生能够通过做游戏来领悟到人际交往的道理,真可谓是寓教于乐。那么设计哪些游戏、游戏结束后提哪些问题,哪些人对这些问题最有感受,他的体会更能给大家启发,等等。这些思考将对学生通过游戏来理解、领悟至关重要。

一、以一变十,让简单的游戏有更多的变式

生活中的游戏非常多,有些游戏初看跟心理游戏无关,有些游戏看起来比较简单似乎只适合低年级学生。但其实只要将游戏进行一些变化,学生就能获得完全不同的体验和感悟了。

例如在"学习倾听"这一课中,大家经过看看想想、共同讨论已经感受到了听别人说话要听完整、要专注的道理,接下去我就设计了一个游戏:"听画"。

游戏分两个部分进行:

第一部分:请大家根据老师的说明来画一幅画(见图3-2)。画的过程中不能

[①] 李敏.游戏与学习——以游戏提升学生的生活质量[M].北京:教育科学出版社,2010:4.
[②] 徐光兴.儿童游戏心理辅导[M].上海:上海教育出版社,2001:1.

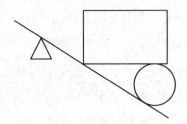

图 3-2 只听不问环节的图

提问。

画完后,比较两幅画的区别。只有个别的同学举手示意画的内容与原画一致。

第二部分:再请大家画一幅画(见图 3-3),这一次如果有疑问,可以提问。

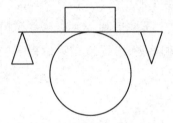

图 3-3 可以提问环节的图

这时候,就会有同学提问,例如:长方形和横线碰到吗?长方形是横的还是竖的?三角形其中的一个角是朝上还是朝下?等等。

画完后,再比较两幅画的区别,几乎所有的同学表示画的内容与原画一致。

这堂课的重点不在于画得像不像,重点在后面的提问:为什么两次画画后的结果会相差那么多呢?

通过这个"听画"游戏,学生们真切地体验到了提问的重要性,"听不懂要提问"正是这节课的目标之一。这当然要比说教有用得多。在这里游戏成了训练学生成长的最佳媒介。

这是一个我们在交往主题中常常会用到的游戏,但有可能会遇到有的孩子做过或者觉得比较简单,这时,我们就可以通过改造变形,将这个基础游戏进行拓展。以"听画"为例(见表 3-2)。

表 3-2 "听画"游戏的不同变式

层次	活动	流程	变化	活动目标（这一栏和更多的变式，留给正在看的你们）
1	学生两人活动	两人背对背，一人说，一人画（相互交换角色）。	师生互动改为同伴互动，学生不仅要学会倾听还要学会表达。	
2	两人活动（蒙眼作画，一幅画）	画的人蒙眼，说的人看着画作指导。	在看不见的情况下，指导者怎么可以让作画者的图更加接近原图。	
3	一人说，几位同学在黑板上画	说的同学和画的同学都互相看不见别人画的内容，但台下的同学能看见。	台下同学能够直观感受到为什么作品会不相同。	
4	一人说，几位同学在黑板上画	说的同学能看见大家的画作，根据实际做出及时调整。	说的同学能够发现问题，根据需要调整自己的表达。	

当然，这个活动不仅有形式上的变化，也可以有材质上的变化，例如变成撕纸、用积木拼图等，除了图形本身，还可以增加颜色、大小、方向等维度的要求，挑战性更强。根据不同的活动目标，我们可以将一个简单的游戏进行多种变化，从而满足不同年龄学生、不同目标群体的需要。

二、让学生有话可说的开放性提问，激发更多的课堂主题

美国创造学研究专家罗杰在他的著作《当头棒喝》一书中指出游戏可以使儿童和成人保持思考的弹性，不受心智枷锁的束缚，从游戏中激发各种新创意和新点子。有一句古老的谚语："需要是创造之母。"但是游戏也许是创造之父。有一本书开宗明义地说："游戏的态度是创造性思考的起点。"因为人在游戏时解除了防卫心理，他们不必实事求是，不必墨守成规，也不必担心犯错，人在放松的状态下，也许能创造出更多东西。

在游戏的环境中孩子们可以探索不同的资源和策略，练习和掌握控制环境的

技能,甚至还能锻炼创造的能力。

在一节以情绪为主题的活动课上,我请同学们一起来做"抓手指"游戏。每个同学将自己的双手侧举,左手伸出食指,顶住左边同学的右手掌,右手五指分开,对着右边同学的左手指。

老师说一段话,当故事中出现"情绪"两字时,每个同学左手逃,右手抓。如果左手逃走没被抓住,同时右手抓住别人的左手的话,就算赢。反之则输。

老师:说起"情绪",我就想起了许多有关的词语:像"发怒"、"大怒"那是形容一个人的愤怒情绪;"开心"、"兴奋"、"高兴",那是表现一个人的快乐情绪;像"着急"、"恐惧",则反映了一个人的情绪一定非常紧张;如果书中出现了"悲痛"这个词,说明那个人正在极度伤心之中;而像"破涕为笑"这个词,那描写的就是我们小孩子情绪的变化了!

学生听到"情绪"两字就开始行动,如果胜了,就举手示意,然后活动继续进行。

游戏结束后,我请同学们谈谈体会,同学们踊跃发言,许多意想不到的具有创造性的想法由此产生。

生1:我觉得做这个游戏注意力要集中,而且要高度集中,这样才能胜利。

生2:我的右手明明已经抓住了,但不知怎么的就又被他溜掉了,我觉得应该注意"到手的成果不能让它轻易溜掉"。

生3:有几次,老师还没说,我就开始行动了,结果行动太早,就输了。我觉得当别人的话还没有讲完时,不要自己乱猜,这样容易引起误会。

生4:一心要两用是不容易的。

生5:我想应该先准备好左手逃,如果右手没抓住别人,而左手逃掉的话也能算一点赢的。

听到学生的这些想法,我不由地惊叹击节,真的有许多是我没想到的。这个游戏活动本身很简单,但恰恰能折射出许多人的心理活动。从游戏活动中去感悟、体验,和平时的教育完全是两种模式。同学们从中得到的是自己的亲身体会,而且情境又是非常的轻松愉快。所以学生更愿意在游戏活动中表露自己、开放自己。而学生们从亲身体验中感悟出来的话题,也是学生实际需求的反映,每一个思维的火花都可以再演绎出另一堂课来：

第一课：注意力训练

第二课：胜利之后不要骄傲

第三课：学习倾听

第四课：注意力的分配和分散

第五课：遇到紧急情况时

……

三、始终相信学生，坚持"以人为本"

游戏是深受学生欢迎的，但这其中的不确定性太多，每个学生对游戏的反应都是不同的，心理课上常常会出现十分意想不到的情况，但我们始终坚持要相信学生。

在游戏"猜猜我是谁"活动中，设计的内容是：每位同学用"我是_____。"的句式写10句话，向大家介绍自己，老师来读介绍，要让大家通过你本人的介绍能够猜出你是谁。

有位小A同学介绍自己的时候写：我是马桶，我是一个人不人的鬼！我是王八！我是大便！

我一看，天哪！是来捣乱的吧，赶紧放到最后一张，先介绍别的同学吧。一边跟学生继续玩游戏，一边在纠结读还是不读，读还是不读……

纠结到最后的结果是，他这样写一定有自己的道理，读吧！哪怕教室里会引起轩然大波……

结果教室里风平浪静，大家听了后一下子就猜出来了，几乎所有的手都指向小A，因为大家发现小A写的跟他平时说话的风格很像，学生们不是从他写的内容，而是从他的表达方式猜出了他。

可能是大家那么容易就猜到了他，小A当时一脸尴尬。总结分享时，我问大家："你们觉得介绍自己时怎样写会让别人猜出你是谁？"小A抢着说："我觉得如果能有幽默感是很好的。"我问他："只要有幽默感就可以了吗？"他想了想说："光有幽默感还不行,还得是真的介绍自己才行。"我猜想他本来是想让大家猜不出他是谁,所以就那样写了,他觉得自己是挺有幽默感的。没想到大家没看到幽默感,一下就猜出了,他当时一定很尴尬。但这个结果对他本人有好处,正因为这个他没有预料到的结果,他开始关注真实的自己了。

　　第二次写,他写的是:我是不是人?我是人。我是男的。我是小人。我是高级动物。我是地球人。我是好人。虽然他对自己的了解并不全面,但他至少开始关注自己了。这也让我感到,幸亏当时没有放弃这份介绍,不然就不会有后面的对话,他也不会认真思考自己的特点了,而且可能会一直误会他自己是非常幽默的。

　　其实对三年级的学生来说,第一次写自己是个怎样的人,许多同学都会更多地介绍自己性别、年龄,能把外表写清楚就已经很不错了,能想到写自己的爱好、性格、脾气、行为习惯的学生很少。在接下去的课上,我引导学生由外而内地关注自己,小A同学也开始渐入佳境。整个过程,我没有批评他一句话,但游戏的魅力就在于此,让人不知不觉开始了改变。

　　这让我不禁想到了在我刚开始上心理课时发生的一件事。

　　我知道在我们小朋友中间发生了这样一件事。

　　出示:小明被老师冤枉了,可他又有口难辩,而知情的小方又不在场,在老师的严厉批评下,小明会……

　　你们猜一猜,小明可能会有怎样的表现呢?

　　(1) 闷闷不乐,郁郁寡欢

　　(2) 伤心之极,嚎啕大哭

　　(3) 蔑视老师,怀恨在心

　　(4) 寻求帮助,证明清白

　　(5) 愤愤不平,大吵大闹

　　刚才,我们猜测了小明可能会有的种种表现,请你们谈谈对这些表现的看法。

　　学生一:我认为蔑视老师不好,这是对老师的不尊重,怀恨在心会引起一种坏的心态。

　　学生二:我认为闷闷不乐,郁郁寡欢不好,把气出在自己肚子里,憋在心里不好。

学生三：我觉得嚎啕大哭好的，非常伤心，也许心里会好受些。

学生四：我觉得寻求帮助，证明清白好的，找一个人来证明自己的清白，老师就不会批评了呀。

学生五：我觉得嚎啕大哭不好，哭又不能解决问题，老师会以为就是你错了。

学生六：我觉得嚎啕大哭好的，因为只要一哭，肚子里的气就会哭掉了，哭也不让我哭啊？

学生七：我觉得大吵大闹不好，这会让老师觉得你很不好的。

学生八：我想大吵大闹不好，人家会觉得你这种人很不讲理，气发在别人身上。

学生九：我发现这个大吵大闹不能解决问题。

学生十：那个寻求帮助好的，这是很会动脑子的表现，会寻求别人的帮助。

我一边听学生讲，一边把学生否定的表现去掉，大家一致认为"闷闷不乐，郁郁寡欢"和"蔑视老师，怀恨在心"不好，可以去掉，也同样认为"寻求帮助，证明清白"是比较好的办法，应该留下来。当我要把"伤心之极，嚎啕大哭"和"愤愤不平，大吵大闹"也去除掉，只留下"寻求帮助，证明清白"这个答案的时候，有几位学生坚决不同意，有个学生说："哭也不让我哭啊。"我试图说服学生，但是没有成功。

最后，我把"伤心之极，嚎啕大哭"留下了。事后想想，当时怎么会哭也不让哭啊？

在心理课堂上有时候老师因为坚持自己的想法，可能会把自己的观点强加给学生，就像前文提到的那位说自己是"王八"、"马桶"的学生，老师遇到这样的事可能会直接批评这位学生的行为或者不理睬他。这样做会导致几种问题：首先，当学生被强加某种观点时，会产生一种被强迫感。其次，当老师将自己的观点强加给学生时，会传达出对学生缺乏理解和尊重，严重地说对学生是一种打击，使他们对自己丧失信心。

在课堂上，学生感到需要教师的赞同，就会做出取悦教师的行为，而不是根据他们自己的价值体系独立地做出选择。这样显然与"助人自助"相违背。所以作为一名心理辅导老师也应当培养出接纳不同观点和生活方式学生的能力。

总之,游戏活动因为能自由地表露学生的内心活动而深受学生的喜爱,但也因此会出现许多不确定因素,需要教师即时生成应对方法,只要教师本着信任学生,以学生发展为本的信念,许多问题都能迎刃而解。

【资源推荐】

1. 李敏.游戏与学习——以游戏提升学生的生活质量[M].北京:教育科学出版社,2010.

2. 徐光兴.儿童游戏心理辅导[M].上海:上海教育出版社,2001.

探寻心的宝藏
——心理课中的艺术表达

上海市建平中学 刘玄佛

在我的办公室里,有一个小橱柜,里面摆放了各类好玩的上课素材:各种色彩质地的画笔、贴纸、盐、胶水、一次性餐盘、剪刀……如果我不表明自己的身份,你也许会以为我是个美术老师。借由这些小玩意儿,我带领孩子们一起探寻心的宝藏。

心理课的主题常常会涉及对内心的探索、对经历的反思,在课堂互动中需要学生对所在集体抱有一定的安全感、信任感。在不同的班级中,哪怕是同样的课程内容环节,由于班内氛围的不同,课程效果可能大相径庭。在一些班级中,虽然课堂中可能看起来气氛活跃,但却经常出现起哄、哄堂大笑等现象,这使得不少学生很难真诚地表达,觉得在这个环境下分享是不够安全的。这时候,就会出现敷衍的、不够"走心"的回答,甚至会出现冷场。心理课一周一节或是两周一节,仅凭借心理老师一人之力很难改变团体动力。因为同一种模式的回应、互动,如果不加以干预,是会不断延续的。一次偶然间接触到艺术治疗,解开了我对课堂困境的疑惑。

图形、绘画曾是人类的语言。早在语言能够承载意义之前,人类就已经用艺术进行沟通。但随着语言的不断演化成熟,我们好像忘却了这种古老但直指人心的表达方式。在中学的心理课、社团活动、团体辅导中,我们可以运用表达性艺术治疗的理论与方法进行工作,绕过孩子们的防御机制和表达障碍,借助图像让内在心灵世界变得被看见。教师可以运用画布、剪纸、沙具等非言语工具,透过创造性活动后的分享、互动、交流,协助学生达到身心平衡。当情感透过艺术得以表达时,既保持了距离又提供了心灵呼吸的机会。

将自然邀请到心理课中

相信不少心理老师在教学时都遇到过场景创设的困境,我们常用的方式是用案例、视频引入场景,但是很多同学或许会因为没有感同身受,没有那么强的代入感,使得整个课程的讨论停留在浅层认知,无法真正走进他们的心里。在咨询过程中,有个学生说的一句话很打动我,"在沮丧的时候,抬头看看蓝天,它总是那么纯净,就好像能够被治愈了"。就像泰戈尔诗句里写的:问海何所言,其言永不止,问天何所答,其语静无声。心理课也只是通向自我探索的途径之一,我相信每个人都有各自寻找生命答案的钥匙。正如这个同学说的,接近自然也是一种治愈。

其实,我们的课堂不仅仅可以在教室里去假想一个情境,也可以走到真实的自然环境中去。在落叶纷飞的季节里,我曾给学生们上过一节题为《秋叶的重生》的心理课,让学生在忙碌的学习生活中静下心来去感受自我和自然的联结。在这节课里,同学们先在校园里搜寻令他们心仪的落叶或是凋零的花瓣,数量不限。回到课堂,用这自然之物在 A4 纸上完成一幅属于自己的作品并取名,还可以附上一段说明(创作的缘由),或是故事、诗句,然后全班分享。

图 4-1 《秋叶的重生》作品 1

图 4-2 《秋叶的重生》作品 2

其实在给孩子们上课前,我也去校园里捡了落叶。虽说是每天都经过步道和小花园,但因为从未为叶子们停驻,也算是新的体验。第一次细细观察叶子纹理中的规律,触摸到从花心开始腐败的花瓣,这片刻和自然的相遇,让我感受到了自然对心灵的疗愈。这份感受虽然微小,却是能照进我生命的光芒。在课堂上,同学们跟随自己的潜意识去创作、去宣泄,然后在意识层面去整合,去表达交流,是一次完全不同的生命历程。

图4-3 《秋叶的重生》作品3

在活动中,同学们沉浸在自然与艺术相结合的创作里,创造出了一幅幅富有想象力、充满生活趣味的作品。有的同学将作品演绎出了生命的历程:青年的幻想,中年的收获,老年的陪伴;有的同学联想到了课文《最后一片常春藤叶》,结合绘画还原出了小说中的场景;有的同学以家书的形式,写出了大地母亲、四季轮回、万物更迭之间的关系;还有的同学借由这样艺术的表达,将自己对未来美好的期待写了出来,有力量、有支持、有勇气……

由于40分钟的课程时间较短,不能进行更深入的探索,我又附加了一份思考清单,建议他们课后将完成作品全过程的思考记录下来。

对高三学子来说,能够在忙碌的学习生活中静下心来去感受自我和自然的联系,让自己的潜意识带着自己去宣泄,去创作,然后在意识层面去整合,去表达交流,是一次完全不同的生命历程。当然,艺术与自然融合的心理课不止于秋天的落叶课,春日里我们还可以带领孩子们去寻找校园里盛开的花朵,甚至在不同的节气,我们都可以有与之相对应的自然心理课。

思考清单

◇ 听到去寻找落叶的命令时是什么样的心情和想法?

◇ 寻找过程中的心情和想法又是什么?

◇ 这之中的感受和思考有没有什么变化?

◇ 为什么发生了这些变化?

◇ 如果说你捡到的落叶能够代表你此时此刻的一部分,你觉得它代表的是什么?

> ◇ 于你而言,这片落叶和别的落叶有什么不一样?
> ◇ 关于创作这幅作品的心情和想法,你会写进你的日记里吗?
> ◇ 如果能够把它分享给别人,你最想分享给谁?为什么?
> ◇ 听到别的同学分享的作品,你最有共鸣的是哪一幅?最好奇的是哪一幅?

将合作邀请到心理课中

相比于别的学科科目,心理课能够给到学生相对大的空间去进行沟通、合作,从而生发出感受、思想的碰撞。因而,我曾在多节课上邀请学生使用艺术表达的方式进行心灵的对话。

循环作画是一种常见的艺术表达形式,它不仅可以被用作某一主题的深入探索或总结,还可以使得小组内成员的创造力、关怀得以充分呈现。心理课的设置安排往往会有几个核心主题,例如:青春健康心理课、生命教育心理课、生涯心理课等。在这类课程的总结课上,就可以用循环作画的形式,让学生梳理对一整个系列课程、主题的理解。

图4-4 《绘出我的生命》作品1

以生命教育课程为例,我首先会对既往的课程做一个简单回顾,接着带领大家做一个关于生命的冥想。在绘画环节,邀请学生以小组为单位作图,图画的主题是:我的生命理解。先由自己来画,之后每人都轮流帮助组内同学完成他的生命图。每人画 2 分钟,共约 12—14 分钟,循环 6—7 人,教师在同学们画画时需要拍手示意同学们换人接着画。最后是讨论环节,小组内成员分享图的含义以及过程中的故事,每组挑出一位最有趣的作品在全班分享。

图 4-5　《绘出我的生命》作品 2

在上这节循环作画课之前,作为执教老师的我实际上是很忐忑的。因为这是第一次,整节课都交给了孩子们的画笔,除了担心他们画不出,更担心因为是小组作业有些孩子会被孤立,会有突发事件需要处理。结果我的担心是多余的,孩子们的表现是出奇地精彩。这个活动的巧妙之处在于,让组内的每一个成员都参与了他人的作品(隐喻是我们每个人都是他人世界里、生活中的礼物)。在上课的过程中,也有同学在前 2 分钟完全保持白纸的状态或是涂了寥寥几笔,但到最后仍能出现一幅美丽的作品。

聆听同学们讲述画作的创作过程是最有趣的部分。在团队的传递中,这幅画

作者先画了一座高山⛰和爬山的小人，
左下脚有一些鼓励他的小人……👒
接着有同学画了从天而降的陨石😱
另一个同学画了一个从山上滚下的巨石，似乎想给这个小人的旅程增加难度
最后一个同学灵机一动，帮小人在山体里开了一条地道，助他另辟蹊径😊
同学告诉我：
人生有些路不需要硬闯，
不需要撑到头破血流，如果现在闯不过去，可以等等，
或者换一条路也有别样的风景。

图4-6 《绘出我的生命》作品3

会出现一些曲折的故事情节，而这些来自他人不经意的创作无形间对创作者本人有了疗愈的作用。一幅本是孤岛的画作最后被描绘成一个热闹的星球；最初一个孤零零的小人成为了超人，身边围绕着朋友家人；还有白纸变成了一张试卷，上面有√有×，有笑脸有眼泪……我感动于孩子们柔软敏感的心和对彼此的善意，惊艳于他们的想象力和洞察力。

借着小组循环作画的成功经验，我的师父张晓冬老师在高三年级的心理课上开展更深入的2人一组作画模式。由于这次的互动仅限于两人之间，强调彼此情绪的关怀陪伴，让共情透过画笔在指尖传递。在高考的压力下，高三学生在心理课上的状态相比高一会更沉闷，特别是遇到需要讨论或表达的环节上，显得不那么积极。故而，采用艺术表达的方式能够引发他们的兴趣，帮助他们在互动中体验不同寻常的温暖互助历程。

在轻音乐背景下，两位同学组成一组，先邀请同学在A3纸上划分出六块区域。接着，一位同学任选其中一个格子，挑选任意颜色的水彩笔或者彩色铅笔先开始涂鸦，而另一位伙伴只需要默默地关注他涂鸦的过程，而不必询问对方在画什么，3分钟过去后交换作画，如此往复交替，直到完成六个格子的涂鸦。在整个绘画过程中我们不用说话，当同伴在绘画的时候，只需随着他的画笔，默默地关注，尝试用感性的视角去体会对方的内心。而正在作画的同学也需要尽可能地专注在自己的世界里，让画笔带着自己去表达内心深处想要表达的情绪或者想要说的话。

当内心的矛盾付诸于作品，当心底的情绪被看见，这个过程本身就是一种疗愈。同学们在涂鸦中宣泄，在互动中松动，在分享中提升能量，尝试开始探索内心的世界，在不知不觉中慢慢成长。

除了深层的情绪交流、互通外，艺术表达在理性决策的生涯课上也得以运用。在高一年级的选科指导心理课上，学生自主选择其最感兴趣的学科（政治、历史、地理、物理、化学、生物），并在组内讨论：学习该学科所培养的能力、学习该学科所获得的乐趣、学习该学科的意义、该学科的应用、学科所对应的大学专业、未来职业，等等。头脑风暴后，完成

图4-7 《学科吸引力海报》作品

一张学科吸引力海报，选出组长，并准备3分钟陈述。以小组合作的形式完成一张主题海报，在不少学科教学中都有应用。由于作品得以保存并展示，可以将对于该话题的思考延续到课堂以外的时空中。

将创意邀请到心理课中

除了自然界的枯叶、残花和最常见的画笔，在心理课上我们还可以用到哪些艺术表达的素材呢？其实，老师在设计课程时也可以大开脑洞，像是小时候玩过的折纸、旧杂志、心理辅导室常配的沙具等都可以用到课程中去。在表达性艺术心理治疗工作坊中，我学到了粘贴绘画、用盐绘画、黏土创作等更多元艺术形式的心理团辅。

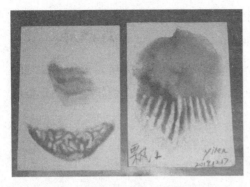

图4-8 《可以"盐说"的情绪》作品1

在上海市宝山区教研员蔡素文老师盐画创意的引领下,我设计了"盐说情绪"主题的心理课——用盐表达自己的内心。首先,我带领孩子们进行了一段正念呼吸,每位学生都闭上眼睛,跟随引导语专注呼吸和情绪感受的流淌与捕捉。接着,在舒缓的背景音乐中,孩子们用不同颜色的粉笔研磨晶莹剔透的盐,在充足的时间里将捕捉到的情绪投射于创作中,并依照引导给自己的作品写下关键词。作品中的色调和主题所象征的就是我们的情绪,也是我们写下的作品关键词。通过展示情绪词,让孩子们更具体地体会当下的感受,同时去辨析不同情绪词的细微区别。

由于盐的特殊质感,活动过程不仅有视觉作品的创作,还加入了触觉的体验。而盐与粉笔的结合所产生的颜色,以及不同色彩的调和,都可以和情绪的表达相联系。"我不知道我的情绪是什么颜色,好像有点蓝,又不只是蓝,还有红,还有黄,还有绿,最后混在一起,又像沙子的颜色,归于大地的感觉。"一位学生在课堂上这样分享。由于盐画难以保存,拍照后我们可以将它放进玻璃瓶中,作为一个教室内的装饰。被染上不同颜色的盐就像我们每一天的情绪一样,它缤纷多彩,以丰富的样貌走进我们每一天的生活。哪怕是糟糕的部分,只要看到它,照顾好它,这份情绪也会离开。

图4-9 《可以"盐说"的情绪》作品2

一个健康的人可以让情绪自由地在我们的心中穿行,体会酸甜苦辣,这才是真实的人生。

除了单一主题的表达,艺术表达也能诠释心理活动中"知、情、意"的三个步骤。在2020年新冠疫情下,我设计了一节"拥抱不确定的粘贴绘画心理课"。这节课的素材也很简单,仅需要两张A4纸,彩笔和胶水。

首先我们将一张 A4 纸对折再对折,撕下四分之一的这一张,在这张纸上画一个你心中的"不确定",它可能是你曾遇到过的某个具体"不确定事件",也可以抽象来看它是什么模样,什么颜色。

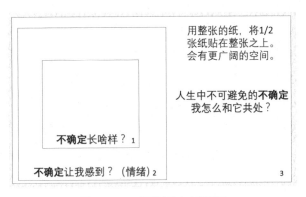

图 4-10 《拥抱不确定》图示

接下来,我们用二分之一张纸,将四分之一的纸贴在二分之一的纸上,用笔延伸出去,完善新的作品。这一部分你可以画出面对不确定事件时你的心情。

最后,我们再将二分之一的纸贴在另一张 A4 纸上,贴在任意位置,补全空白的地方。这一部分我们可以画:如果生活中不得不与"不确定"共处,我们可以怎么做。

借助图画,让疫情中混乱的、恐惧的内在被看见,我们还可以从图画中看到资源(转化信息、积极信号),把资源言语化、明确化。当纸张越大,你就越能拉开空间距离,能够看到周边的助力,停下来好好去面对关于不确定的议题。在生活中,我们常常会忽略我们可控、确定的部分,盲目夸大不可控部分对我们的威胁。其实,不仅仅这个活动的主题是不确定,所有在脑海中混乱的思绪、感受,如果不加以整理,都是不确定、不可控的,但图画的方式能够将之具象,让它变得确定,而确定能让我们心安。

图 4-11 《拥抱不确定》作品

开启你的艺术表达心理课

当我第一次将艺术的元素带到课堂中,心中是有些不安的,我很担心学生的自由发挥自己接不住。特别是新手教师,会希望课堂的进程、节奏尽在掌握中,害怕学生的自由发挥过度。其实,如果学生们感受到的人际互动模式是安全的、互相信任的,活动的内容是有价值的,活动的主题是和平日里的生活困境、成长迷思相关的,那么他们就会坚持一种积极的、正向的态度,给出发自内心、力所能及的反馈。苏格拉底曾说过:真理存在于每个人的内心,人们所要做的仅仅是把它带到意识层面上来。理想的课堂所要追求的正是把这些隐含在自我探索、人生发展、社会互动中的智慧在教室里呈现出来。我们可以试着慢慢交出这份掌控权,看看孩子们会给我们怎样的惊喜。

还有一种担心可能是存在于艺术创作之中的,心理课追求的是全员性的参与,那么艺术表达心理课是不是只适合美术水平较高、动手能力较强的学生,亦或只能受到表达上更为感性的女生的青睐?在教学实践中,我会在课堂上这样提醒、鼓励那些不那么积极参与的学生:"我们不需要画得美丽精致,真实比完美更重要。如果你一下子想不出具体要画什么,也可以仅仅用手拿着笔,以色彩涂鸦的方式表达。"其实,哪怕是平时很少拿起画笔的学生、亦或是调皮爱说话的男生,都能在艺术表达中绘出属于自己的心语。在艺术课上,教师和学生可能更注重审美的培育和技巧的训练。但在心理课上我们是借由艺术,看到自己内心世界的模样,因此在创作时不需要有被观赏、被评价的压力。同时,比作品本身更重要的是作品背后的故事。在课堂上,我们可以引导学生在创作的过程中关注自己内心的感受,关注自己下笔时的情绪,用笔的色彩、明暗、力度,绘画的先后顺序,等等。这些丰富的细节可以更好地帮助我们理解作品故事的脉络。

艺术是每个人天生的感知能力。我每一次执教艺术表达心理课,自己都会先试试,完成自己的作品,感悟完成作品当下的感受,觉察作品给我当下生活的启发。我相信,如果你能使用艺术表达的方式走进自己的内心,那么也一定能在课堂上邀请孩子们找到他们的内在的宝藏。

【资源推荐】

1. 黄晓红.画中有话:叙事绘画治疗的临床应用[M].北京:中国轻工业出版社,2019.

2. 严文华.心理画外音:跨越 10 年的心理咨询个案[M].上海:华东师范大学出版社,2012.

"问"中学、"玩"中思
——心理课中的有效提问

上海市民办平和学校　吴晨虹

如果您也是一位心理老师,不知道是否和我一样有过对自己课堂的憧憬。我时常想,我心中的心理课是什么样的?我希望我的学生们在课堂中收获什么?随着从教经验的不断累积,那些曾经模糊的想象,逐渐清晰。我希望我的课是特别的,它的特别之处不在于把心理学渲染得多么高深莫测,或者学生通过一节课又掌握了多少心理学知识,这些都不重要。我希望我的学生能够在我设计的课堂活动中,全身心地参与、互动、交流、分享,获得积极的情感体验与自我成长。

如果将心理课的活动视为一节课的核心,那么,怎样让这些精心设计的活动发挥它们最大的价值?我想那就是——提问。有效的提问,能够让孩子感受到被尊重、被接纳;激发孩子表达的渴望与动力;引导孩子觉察自己的情感与需求;引发孩子的深度思维和自我探索;激起团体的共鸣和对自我的反思。如果将心理课中的活动比作一颗颗光彩夺目的珍珠,那么有效的"提问"就是串起珍珠的金丝银线。

如何让"提问"的设计过程,变得科学严谨又轻松愉快呢?

一、问题设计很重要,避免"提问"的随意性

在心理课中,通常会有心理游戏、团队活动的设计,让学生在游戏体验中发现与感悟。但有些学生可能只对活动内容本身感兴趣,忽略了活动后面的分享与反馈这一关键部分。如果教师在活动后的分享环节不做任何提问设计,只是简单请学生谈感受,尽可能把自己的所想所思所感表达出来。这样的提问方式可能给学生创造了过多"放飞自我"的空间,比如:有的学生会采用"复制、粘贴"模式,简单

重复别人的回答;有的学生感受较为肤浅、流于形式、难以聚焦,不易引发深度思考,活动的效果仅停留于表面的热闹,而没有起到实际作用。加之课堂时间毕竟有限,又难以避免"突发状况",如果教师急于求成,没有给学生充分思考的时间和空间,又缺乏深入引导,活动效果就会大打折扣。因此,在心理课的活动分享中,问题的设计尤为重要。

我们可以采用经典的"4F动态引导反思法"来设计心理课活动分享环节的提问。"4F动态引导反思法"来源于英国学者罗杰(Roger Greenaway)提出的"动态回顾循环"(Active Reviewing Cycle)的引导技巧。该方法归纳出四个"F"的提问重点,包括:Fact(事实)、Feelings(感受)、Findings(发现)、Future(未来),同时以扑克牌的花色说明反思的内涵,并依照扑克牌的次序,发展出引导学生从经验中学习的模式。

扑克牌中的红色和黑色分别代表了具体经验的故事内容以及学习、成长与改变。"动态回顾循环"通常是从第一个"F"开始,但亦可从任何一个"F"开始,优先选择活动参与者觉察最深的那个"F",作为启示。

表5-1 4F动态引导反思法

提问重点	扑克牌(图片)	内涵
Fact(事实)	方块	代表事实有很多面,透过不同角度,观察和描述不同。
Feelings(感受)	红心	代表个人的感觉和情绪,表达内心所要分享的主观感受或直觉。
Findings(发现)	黑桃	代表寻找内心的一把铲子,从经验中挖掘对个人带来的意义。
Future(未来)	多瓣的梅花	代表多向度的前瞻思考,思考如何把经验转化和应用在未来的生活中,包括行动计划、预测未来、思考可能性、描述有哪些选择、想象或是梦想。

在心理课的活动分享问题设计中,我们不需要完全按照这样一个动态回顾循环模式,但是可以汲取其中的精髓,重点引导学生关注四个部分:活动是如何完成的(Fact)?活动中有哪些感受(Feelings)?活动中你有什么发现(Findings)?对实际生活有何启示(Future)?任何的提问设计都可以围绕着四个重点展开,进行变化、组合,是一种非常简单、清晰且实用的操作方式。

以生涯探索主题活动"成长之路"为例:

每个人都是历经婴幼儿—青少年—成年人的发展过程,慢慢成长的。通过以下活动,体验人的成长之路。活动规则:每位同学都从婴幼儿开始,然后到达小学生、中学生、工作阶段。通过两两猜拳竞争,胜者升一级、输者退一级。顺利到达工作阶段的同学站到讲台前,尚未成长完成的同学继续猜拳。(限时5分钟)

◇ 婴幼儿:蹲在地上,咬手指状,挪动。
◇ 小学阶段:背书包,以驼背姿势半蹲走路。
◇ 中学阶段:打篮球姿势,走动。
◇ 工作阶段:拎包状态,走路。

活动分享环节的问题设计如下:

1. 经过几次猜拳到达了最后的阶段?(Fact)
2. 过程中有过什么样的情绪变化?(Feelings)
3. 遇到挫折(失败降级)时你的感受?后来又做了什么?(Feelings & Fact)
4. 你有没有哪些发现,比如技巧或经验?(Findings)
5. 成长之路活动的猜拳挑战,与你的成长历程有什么相似之处?对你有何启发?(Future)

作为一个热身活动,其目的是激发学生的兴趣与热情,因此提问环节不宜复杂,只要包含4F的元素,随机邀请学生反馈即可,随后顺其自然地引出主题。但

通过问题设计,可以有效地引导学生们觉察与表达自己的感受与想法。比如,有的学生为第一个成功站上讲台而遗憾,因为他之后的活动时间只能看着其他人游戏而感到无趣;有的学生会坦诚地表达,即使达成最终状态,仍然继续投入循环中,因为他享受这个过程;有的学生在反复的成功与失败中感到挣扎与不易等。其实学生在"人生体验"中反映出的不同心态和应对方式,都可作为之后课堂引申讨论的重点。只有做好提问的设计,才能使活动的价值被充分挖掘,学生的参与和体验才是真正有意义的,才能有所收获和启迪。

二、设计问题需分类,提升问题的层次性

心理课中的许多活动与情境设计都是开放性的,要求学生在与教师、同伴的互动中,思考、发现并解决问题。在之前问题设计的基础模式上,我们就可以根据不同活动与情境,进一步精细化问题,包括:提问的对象、提问的方式、提问的顺序等,都是存在优化空间的。尤其对于一节心理课中的核心活动的分享环节部分的问题设计,其逻辑性和层次感往往会对学生体验后的理解与反馈有较大影响。

以自我探索主题活动"辉煌是我"为例:(该活动参考:邓淑英《玩创未来》)

该活动的主要目的是引导学生在活动中发现自己的优势与不足,并积极地看待它们,悦纳自我。

活动规则:每人6张卡片,3张黄色,3张灰色。在三张黄色卡片上,每张分别写自己的一项优点;在三张灰色卡片上,每张分别写自己的一项缺点;寻找小伙伴,两两猜拳,赢的人有权利在对方的6张卡片中任选1张并将自己的1张卡片换给对方,也可以选择不交换;继续寻找下一个小伙伴,两两猜拳;每轮猜拳完毕,手中的卡片数量始终应是6张。(10分钟)

活动分享环节的问题设计如下:

1. 游戏结束,观察一下你手中的卡片是何状况?(Fact)

2. 游戏过程中,你有哪些情绪体验?(Feelings)

3. 游戏结束时,你的感受是什么?(Feelings)

4. 游戏过程中,你有过哪些尝试?(Fact)

(比如:总结一下自己的胜利经验;选择猜拳对象;为了保住暂时的成果而拒绝别人的挑战;想要改变现状而积极寻找下一个猜拳机会,等。)

5. 手中卡片全"灰"和全"黄"的同学分享感受? ＊(Feelings)

6. 现在的6张卡片和原来的6张卡片有哪些不同?(Findings)

7. 你更喜欢现在的还是原来的6张卡片?为什么?(Feelings & Findings)

8. 如果将游戏与现实生活相联结,你有哪些发现和感悟?(Future)

以上的问题设计,是有一定层次性的,从实际状态到情绪体验,再到发现与感悟,层层推进,有逻辑感。另外,也结合了活动结果,对提问的对象进行了分类。星标问题是针对游戏结果比较突出的两类,即卡片最终呈现"全黄"与"全灰"。这在每一次游戏中必然会出现,这两类学生也会和其他人的感受与体验有差异,代表了两种"极端"。全黄卡片的"人生赢家"可能赢得其他人的羡慕,全灰卡片的"水逆者"可能需要一定的情绪宣泄与安抚。对于这两者的提问顺序,可以视活动开展时学生实际反馈而定,之后,仍然参照其他问题顺序,层层推进。

问题设计中的层次化和精细化,有助于充分挖掘可以被运用的课堂生成性资源。因此在问题设计前,心理老师要对活动进行充分的思考和推演,对活动结果进行分类,对于那些高概率发生的突出状况,进行重点关注,可能就会收获意外的惊喜。比如,在这节课的分享中,有一部分学生会对最终"全黄"的状态表示满意,但也有学生表示虽然结果很美好,但那些并不是"自己",更喜欢原来那个既有优点又有不足的自己,因为那个不那么完美的自己,才更真实。而拿到全灰卡片的同学也表示没有什么,人生中有无数可能,发现了不足,更加清晰地了解自己,才有更多上升的空间,可以完善自我。这些源自真实课堂的学生反馈,对于"发现自我,接纳自我"的主题呈现了非常积极的思考,对其他学生也会有所

启发。

三、觉察问题要敏锐,及时有效地"追问"

心理课中选取的议题,往往会回归到学生生活实际,与自身或者身边人的经历相关联。讨论到此类主题,难免会出现有的学生反馈内容较多、涉及范围广、重点不清晰,甚至偏离重点的情况,也可能会出现学生分享的话题非常有趣、引人入胜,值得深入探讨。此时,就要依靠心理教师敏锐的觉察力和适时地引导,或是帮助学生找出关键问题,缩小讨论范围,重点聚焦突破,或是由浅入深地追问,引领学生深层思考。

以"人际交往"主题的分享环节为例。学生进行了"素描朋友"活动,在引导学生追忆与朋友的过往后,画下第一个想到的东西,象征自己的朋友,并解释为什么用该图代表朋友。其中运用的是心理学中投射的方法,学生画下的东西没有具体要求,可以是有生命的、也可以是无生命的,甚至可以是抽象的符号,但它一定隐含着寓意和故事,这就是值得去深入挖掘和探讨的部分。当我在设计活动方案时,也曾设想过学生会画些什么,他们会不会觉得有困难,甚至很难下笔。但在课堂实践中,学生们的表现却远远超出我的想象。

在引导学生分享环节中,有一些常规的提问,如:你画了什么来代表你的朋友?为什么你的朋友在你心中是这样的形象?绘画过程中,你有没有回忆起自己与朋友之间发生的一些特别的事情?

许多学生在"朋友之画"中寄托了暖暖温情或是理性思考,也会有一些意想不到的收获。一个调皮男生的画吸引了我的注意——一个大沙袋,于是我走到他身边。

我:这是一个沙袋吗?

男孩点头。

我接着问:为什么选择以一个沙袋的形象代表朋友呢?

此时他周围的同学已经热闹起来,你一言我一语地替他补充,"肯定他朋友是个可怜受气包吧!""大概常被他打。""哈哈哈哈……"包围在同学的笑声和议论中,男孩略显尴尬。

于是,我对他说:我想你一定有自己特别的解释。我非常好奇,你愿意和我们分享一下吗?

男孩说:朋友的胸怀就如沙袋能容纳如此多的沙粒那样宽广,能够包容我的坏脾气和小缺点,我也十分敬佩朋友的宽容之心。

我:从你的表述中,我感觉到你非常佩服自己的这位朋友,而且你也很善于发现朋友的优点。刚才你提到朋友会包容你的小缺点和坏脾气,其实朋友间难免也会有些摩擦或者矛盾,但是我相信你和你的这位朋友有自己比较好的处理方式。你能否给我们举一个发生在你和这位朋友之间的例子,你们是如何处理这样的状况的?

随后男孩讲述了他和朋友之间发生的一些小冲突,他脾气比较急躁,而朋友能够更加冷静地处理问题,提出大家一起讨论的建议。

随着追问的逐渐深入,顺利地把其他同学从一开始的猜测与误解中,引入到"朋友之间关系的融洽、矛盾处理方法"的探讨中。我也及时引导学生:"大家是否发现,有时简单地猜测和想当然地判断,会让我们错失许多走近他人、真正了解他们的机会。所以在沟通中,我们需要多一些耐心去聆听,才能让彼此发现更多、收获更多。"

四、提问方式莫拘泥,善用"投射"和"非言语行为"

心理课,希望学生能够敞开心扉,倾诉心声,但学生往往会由于害羞,担心他人的看法等各种原因,掩饰或回避表达。涉及价值观的探讨或道德两难问题时,学生会困惑于他人对自己观点的评价。在这样的顾虑下,学生或许会刻意隐藏真实想法。实践经验告诉我们,学生的回答大多是迎合道德规范要求的,让人无可挑剔的，但这极有可能并不符合实际情况，教师也难以从中了解学生的真实感受。如果教师能够运用心理学中投射的方法，改变提问的方式，比如：你觉得当事人会怎样做？当把问题的主角换成他人时，更容易引发学生表达，答案也会更丰富，学生的真实心理也在他们的回答中不知不觉地投射出来，这更有利于教师系统分析、积极引导。在讨论"人际交往"的相关主题中，这样的提问方式会让孩子们表达的意愿和空间大大提升。那些亲子冲突的情境、同伴相处的矛盾、两难问题的纠结……当我问学生"如果你是TA，你会怎样想？你会如何做？"我看到他们深切投入地共情、滔滔不绝地表达、据理力争地坚持……他们看似在说着别人，其实在表达自己；那些引起他们强烈情绪波动、情感共鸣的情境与事件，可能就是现实生活中自己的真实经历。

心理课中，充满安全感和信任感的氛围，对于促进学生表达内心的想法非常重要。教师的非言语行为，在提问过程中，会传递给孩子被接纳、被理解、被鼓励的正向能量。教师提问时的面部表情、身体姿态、师生的空间距离等非言语行为所传递的情感与态度，都是对言语行为的有效补充、支持，甚至替代。胆小、内向的学生，能够从教师开放与接纳的姿态中，感到平等与尊重；缺少自信的学生，能够从教师期待的目光与表情中，获得肯定与鼓励；紧张不安的学生，能够从教师轻拍自己的肩膀这一行为中，体会到安全与支持。教师自身的情绪状态、对学生回答问题后的积极回应、对学生所表达的内容抱以好奇与关注，这些表现都会对学生的深层思维发展产生积极影响。

我理想中的心理教师，应该是课堂中强大而温暖的存在，用自己的热情与爱，鼓舞激励学生投入其中去体验与感悟；用自身极大的包容心，接纳学生的各种奇思妙想；用智慧幽默的言语，带领学生探索与发现。作为引领者，需要运用有效的提问，引导学生从"玩"中思，在体验中审视，从他人经验中收获感悟，在活动中获得提升与自我成长。

我热爱我所努力构建的心理课堂，我喜欢在设计心理课的过程中多一些思考与假设，这个过程于我而言绝不是负担，而是一种快乐的体验。在这个过程中，我仿佛能够看到我的课堂，越来越接近我希望它成为的样子。

【资源推荐】

1. 邓淑英、黄嘉仪、李洁卿等. 玩创未来[M]. 香港：突破出版社，2010.
2. 洪中夫. 玩出反思力：101个活化教学的动态反思技巧[M]. 台北：校园书房出版社，2010.

他们又没有结婚
——心理课中的各种挑战

文/周 隽

开学初,小力班级新来个小欣同学,成为了小力的同桌。小力很开心,觉得自己又有新朋友了。小力总想着表示一下自己的好意,中午吃饭时发现饭盒里是自己最喜欢吃的鸡腿,就想着送给小欣吃,表示对新朋友的欢迎。他学着妈妈平时的样子,对小欣说:"我最不喜欢吃鸡腿。"然后就把鸡腿放到了小欣的饭盒里。未料,小欣很生气,认为小力把她当作倒饭桶,小力受了冤枉,也跟小欣吵了起来。

这是《小学生心理健康自助手册》第一个专题——"我想大家喜欢我"中的第一个故事"吃鸡腿"。上课时,心理教师余珏提了一个问题,让大家讨论:为什么同样一句话,妈妈说出来跟小力说出来,结果却截然不同呢?这时,后排有位同学说了句:**"他们又没有结婚!"** 因为当时大家都在思考,教室里很安静,几乎所有人都听到了,很多同学马上大笑了起来——这事跟结婚有什么关系?

> 如果我是老师,我会有什么想法和反应?我又会如何去回应这个孩子呢?

心理课,和其他学科有个很大的区别,就是课堂的走向常常会给老师的小心脏带来不小的考验。没有遇到过意外情况的心理课堂不是真实的课堂,没有经历过临场挑战的心理教师也是假教师。

🔗【课堂中的意外发言】

余老师一边微笑着示意大家安静,一边大脑高速飞转。多年来的经验告诉她:他不是来故意捣乱的。于是她温和地看着男生说:"刚刚有位同学表达了他的想法,我们现在请他来谈谈,好吗?"那位男生明显愣了一下,大概以为老师要批评他,但还是站起来了,迟疑着不知如何开口。余老师鼓励他:"我们都很想听听你的分享。"男生说:"他们俩又没有什么关系,小力这样把鸡腿给别人是要吵架的。"原来这位同学意识到了小力做法的不妥,他觉得用这样的方式送鸡腿,得是很亲密的关系才行。因为年龄相仿,不可能是亲子关系,所以第一反应就想到了"结婚"这种建立亲密关系的方式。等他站起来发言时,自己也觉得结婚似乎离得稍微远了点,再仔细想想,立刻就理清了思路。

设想一下,如果余老师没有让这位男生将自己的想法充分表达出来,或是装作没听见忽略不理,或是简单指出"不对,再想想",亦或是批评"想想清楚再回答",那对这个孩子,对其他孩子,还有课程的继续,肯定就会是另外一个结果了。

心理课,基本是让学生通过活动来体验和领悟,不像大多数学科有标准答案,所以课堂生成性资源比较多,也比较难预测,学生的回应可能五花八门甚至千奇百怪,这就需要心理教师具备相当的经验储备、课堂敏锐性和临场应变能力。

课堂中的意外发言,大致有这样几种情况。

1. 词不达意,没有把自己真实的想法表达出来,像"他们又没有结婚"就是此类。在这种情况下,我们可以保持好奇,问问学生"你想表达的意思是?"只有给予学生充分表达的机会,我们才能了解回答背后的真实信息。

2. 脱口而出,答非所问。一方面教师要考虑问题的设计是否符合学生的年龄特点和接受能力,另一方面也要看看教师对问题的表述是否清楚,学生的理解是否到位。尤其是低年龄的学生,兴奋感比较强,发言的积极性比较高,就容易出现"嘴巴比大脑跑得快"的情况。这时候可以放慢速度,重复一下问题,鼓励学生再想想。

3. 教师预设限制。如果教师在课程设计时只预设了几个回答要点，那么一旦学生出现预设以外的回答，经验不足的教师就容易一笔带过或是无视学生踊跃举起的双手，继续按照自己期望的方向推进课程。这种对意外回答的担心也容易导致有的教师不敢提问追问，课程只在自己设计的框架下运行，忽视学生个体的需求。所以教师在备课时需要充分考虑各种可能的情况，做好充足的预案，课堂上对学生的回答也要秉持开放的心态——不管什么回答，都是学生真实情况的反应。

4. 教师的表述本身存在漏洞。黄珊珊老师举过一个例子，在一节关于性别与职业的公开课上，教师小结说"世界上没有什么职业是只有男生能做女生不能做的"，有学生说"女生宿舍阿姨"、"捐卵细胞者"等。各位同行，如果是你，怎么回应？

5. 教师一时无法很好回应的回答。当学生的回答超出教师预设，而在我们的经验储备中一时又找不到合适回应时，我们既不能模棱两可、含糊其词地"嗯嗯"，也不可生硬地说"你这个好像和我们这个问题没有关系"。我通常会先询问对方"你是怎么想到这点的？""能具体说说你是怎么考虑的吗？""其他同学你们怎么看？"一方面进一步明确信息，了解学生的思考点，另一方面也给自己的大脑反应留有缓冲的时间。实在没有合适的回应，不妨直言相告，课后再探讨。因此在备课时我就尽可能预估可能出现的情况，每种情况如何应对。对于在课堂上无法及时反应或者觉得应对不当的问题或情境，我在课后反思时每种情境至少要想出三种应对方案。时间久了，大脑这个智囊库自然就会信手拈来、自动反应。

6. 信息混淆。有一次我和学生说起有关"延迟满足"的"棉花糖实验"，一个男生举手了：老师，那些先把糖吃了的孩子是因为曾经被骗过。我一直非常欣赏学生质疑老师，不期望学生只做一个知识接收器，尤其是在心理课上。我饶有兴趣地看着他："你能具体说说吗？"原来这位同学不知在什么杂志上看到过一个糖的实验，那个实验中的主试跟被试儿童也是说了类似的话，但事后并没有兑现承诺，于是孩子们就不再相信，有糖就先吃了。说实话，我不知道有这样一个心理学实验，学生也记不清楚确切细节。怎么回应呢？这个时候，实验是否真实并不是重点，重点是让学生来说说两个实验之间的区别，然后我顺势踩了一下诚信的点。反过来，学生的回答也是一种提醒，教学设计中的案例、实验、名人名言，要经得起推敲,不能以讹传讹。

7. 学生知识面广且潮。什么瑞思拜(谐音 respect,表示崇敬、佩服等)、AWSL("啊,我死了"的缩写,表示看到事物时的兴奋之情)、NBCS("Nobody cares"的缩写)……很多时候学生蹦出的单个字我都认识,但组合在一起就不懂得怎么回答,这就是 70 后与 00 后的差距,想当初 SM(sadomasochism,虐恋)的意思还是我在青春期课堂上从学生回答中学到的。对于我这种老土的老师,学生们一般还是愿意耐心解释,有时遇上一些不好解释的,他们会把我转介给度娘。"弟子不必不如师",学生的视野会超乎我们的想象。若是碰到教师也不了解的,恭喜你又多了一位"小老师"、"小助教"。保持谦虚好学的态度,不要害怕被嘲笑,是解决此类意外回答的办法。

8. 学生独特的视角。这种视角有时也可能成为一种挑战(坑),让心理教师越来越机智。有一次上"超越三百六十行",实习老师用了一个"猜猜我的新工作"导入,其中说到了"同事难缠!念他年幼不计较",学生都能猜到这个新工作是"家庭主妇"。快下课时,有学生提问:"老师,我们现在也在一间教室共事,我们之间是平等关系吗?"实习老师给了肯定的回答。没想到学生继续追问:"同样在课堂,你上课是赚钱,我上课要付钱,这平等吗?"实习老师一下有点懵,看着我不知如何回答。我走到他旁边:"实习老师来实习是要付费的,所以你们都是付钱来上课,自然是平等的。你说的问题其实是对我这种拿课时费的老师而言的,那么我来回应一下。你们说的'平等'并非同一概念。实习老师说的'平等',是类似简·爱对罗切斯特所说的关于'平等'的理解。而你说的'平等',是付出与收获之间的平等。你看到了你的付出和我的收获,那你看到了你的收获和我的付出吗?从成本收益来说,应该是拿你的付出和你的收获来做比较。这节课你是赚了还是亏了呢?你们今天的付出也是为将来的收获作准备,我期望未来你们单位时间的收益都能比我高。"同样的现象,因为个人经验和看法不同,自然也会有不一样的视角,最关键的是我们可以引导学生去思考为什么会有这样的视角,还有没有其他的可能。

9. 冰山下有故事。如果有学生总是在课堂上"语出惊人",不要觉得他是在捣乱或哗众取宠(我个人觉得这两个词只看到了表面现象,不推荐使用),不妨思考一下：他为什么要这么做,他的目的是什么,有什么真实的需要和期待……学生的这些意外之语,其实也是一种提醒。我们应保持职业的敏感与直觉,透过"冰山"去发现他的个性特点、人际关系、冰山下的故事以及班级的团体动力(同学是应和、阻止还是旁观)等。

10. 教师的自我设限。对心理课上学生意外发言的担心,除了和教师自身敏感度和经验阅历有关外,还有一种是和我们的某些观念有关,尤其是青春期的课堂。有的老师觉得"我没有谈过恋爱或生过孩子,怎么和学生去谈这个话题?万一出现一些无法预料的回答,我自己都不知道或者没经验,那就很尴尬了。"其实"爱与性"的话题并非已婚已育教师的专利,困住我们的究竟是"经验",还是我们关于性的"观念"?如果我们呈现给学生的是一个理解、接纳、信任的氛围,那么在青春期的课堂上,学生会比较真实地展现他们的所知所想,他们的发言和回答很可能就会超越我们对这个年龄孩子的认知。处变不惊、避虚就实,我觉得是教师可以抱持的一种态度。在"如果爱"这节课中,讨论的话题是对爱的理解和对未来伴侣的期望。学生们兴奋极了,不仅可以畅所欲言对爱的理解,还能正大光明地发布"征婚"广告,大家是眉飞色舞,激动不已。有一个学生可能兴奋过度,站起来表达对理想伴侣的期望时,他说"她要能让我心动冲动行动",下面的学生笑起来,估计其中还掺杂着一些联想到"性冲动"的"不怀好意"的笑声。我并不点穿,只是微笑着问他"那她具有什么样的特征才会让你三动呢",巧妙地就把学生引回到讨论的主题上来。"当爱敲门"和"我的性主张"中,学生会反映出一些未必成熟妥当但又是真实的想法,无需大惊小怪,也不要感叹后生太开放。以一个曾经走过青春期的过来人的身份,和一群正经历青春期的少男少女们一起探讨如何"做负责、健康、安全的选择,采取负责、健康、安全的行为",我相信对我们心理教师来说,青春期的课堂也就没有那么如履薄冰了。

【学生参与度不高】

面对你精心设计的内容或者活动,学生却有些无动于衷或是敷衍了事,先不要急着抱怨学生或是否定自己。不积极的背后通常有各种原因,教师预先要做好充分的准备。

表 6-1 学生参与度不高的原因及应对

原因	应 对
活动本身缺乏吸引力。	1. 课前了解学生身心特点和需求,确立内容,选择合适的活动载体和形式; 2. 课后及时了解学生反馈,评估活动效果和改进。
活动规则或流程或表述不清楚,学生无从下手。	1. 设计时要考虑到各种可能的情况并做好预案; 2. 教师课前填一遍学生的活动任务单,看看能否将自己的设计意图表达清楚; 3. 讲述活动规则后,一定要询问学生是否都清楚明白,有无疑问。 4. 在活动进行过程中巡视,发现问题及时在全班澄清。
做过同样活动。	1. 时间不一样:"我们从小学到现在,可能有的同学已经做过这个活动,不知你是否还记得当时自己画了什么、写了什么吗?" (记得)"好的,那我们可以来看看过了这几年,你对自己的认识是否发生了变化?" (忘了)"不记得也没关系,我们本身也在成长,现在的你和那时的你的想法可能也会不一样,如果那时的作品还在,不妨对照一下,看看有什么变化。" 2. 合作伙伴不一样:"那时一起合作的伙伴一定不是现在这群人,可能会有不一样的结果哦。" 3. 活动形式看似相同,但内涵和关注的点未必一样,教师可以根据学生实际情况挖掘老活动的新意义。 4. 邀请学生对老活动进行再设计、变形、创新等,增加挑战性。 5. 邀请学生做教师助理或观察员。
活动内容被"剧透"。	1. 关照上过课的班级:"各位同学,我要请你们帮一个忙,因为在你们后面还有 N 个班级没做这个活动,所以拜托大家帮我先保密哈。" 2. 正在上课的班级:"如果有同学知道或做过这个活动,请你先'保持沉默'。"
没有主动愿意分享的人。	1. (教室自然排列座位)我通常的做法是询问有无学生愿意主动分享,分享后可以邀请不同列不同性别的同学(这样做的考虑是不要集中在某一列和单一性别)。同学邀请,很少有学生拒绝的。当然,为了避免尴尬,学生使用计算器随机函数得出学号也是一个好玩的办法。 2. (固定小组)小组成员如果没有自愿发言的,或是按学号轮流,或是小组商量制定发言人推选规则。 3. 类似抽奖的小程序,给课堂增加一种兴奋感。但这种随机抽取学号的形式更适合一些大众化的讨论主题,涉及触碰隐私的主题分享,最好自愿或教师巡视时先征询意见。
"身在曹营心在汉"。	学生有更迫在眉睫的事情,例如下节课要默写、测验等,教师可以征询学生意见,弹性安排教学内容和时间,给心理课一个"留白"。
其他原因。	学生是否遇到什么事情导致情绪不在线?可以询问学生,如果是一个共性的和大家相关的问题,不妨就将当节课的主题更改为该问题。

还有一种情况,我什么办法都试过了,但还是有个别同学不愿参与,这非常正常。我们觉得参加培训的活动很有趣,那是因为我们学习动力强。就像不是大师推荐的每本书你都喜欢去读,每个人都有偏好,允许学生不感兴趣,也允许自己不能让每个人都满意。

【课堂中的突发情绪】

心理课,是一个情感既容易封闭也容易开放的课堂。有时候,我们很难预测一颗小石头扔进水里会激起怎样的波澜,也很难预料下一刻学生会涌上什么样的情绪和感受。每个学生的过往都有着自己的故事,突然而来的悲伤、愤怒、痛苦……当事人可能无法自已,其他学生也可能会受到影响,课程也会暂时无法继续。这是心理课无法避免的情况,也是心理老师可能觉得棘手的情形。

课程设计时,教师应该对一些活动或敏感话题可能带来的影响和产生的冲击有尽可能充足的考虑,事先要了解不同话题可能涉及的学生的家庭背景、师生关系、班级人际互动等状况。如果必须面对某些话题,教师对自己的临场应变情绪的能力又没有很大把握的话,最好能和有经验的同行一起先磨磨课。

当情绪迸发时,允许情绪的发生,允许眼泪的流淌,也允许课程按下暂停键。这时候其实也是对心理教师功底的考验,此时的处理参照心理咨询时的做法:非言语的安抚和支持、共感、一致性的回应……同时,还要关照班级其他同学的情绪和反应,要让大家感觉到,教室里所有的人是在一起的。

并不是所有在课堂上意外出现的负面情绪,都需要我们当场去处理。生涯故事中,过往一些伤痛经历重现的时候,学生们难免会哀伤、难过,我在教室里走动的过程中,能真切地感受到这些情绪的流动,有的学生会默默流泪。这些比较隐蔽的情绪,学生未必想被大家知道,所以这时候我通常不会去触碰,不做任何公开的处理,我可能只是经过时轻轻地拍拍 Ta 的肩膀。我相信每个人都有自我疗伤的能力,我会在作业中写下我的回复,如有需要我会跟进。

【活动中的违规】

早年我在华东师大参加一个培训,第一天上午的破冰活动是"猜拳赢糖"的游戏。每个人拿到一袋糖,然后在场地里自由选择对手"石头剪刀布",赢家可以从输家的袋子里选一颗糖,糖输完了的人就要回到座位。几个回合以后,我的袋子里一无所有,但是我并不甘心,于是问拿走我最后一颗糖的那位老师:"能不能借我一颗糖?赢了我翻倍还你。"那老师笑笑"不用还"。凭着这颗借来的糖,我在后面的比划中势如破竹,到游戏结束时,袋子里的糖比初始还要多。

游戏结束,分享感受。我坦白了我的"违规"行为,也解释了我违规的考虑。从好听来说,我参与性太高,从另一面来说,我是钻了规则的空子(它并没有规定不能"赊账"),其实这充分反映了我个性中不轻易认输的特点,我觉得机会要靠自己争取。

透过学生或常规或有创意的"违规",我们可以了解学生的个性特点、处事方式,审视我们的活动设计是否到位,活动规则有否说清楚或考虑周全,避免让学生产生歧义。

所以,任何活动,规则一定要清楚明了,老师可以将规则关键词呈现在 PPT 上,对于低年龄的学生,还应放慢语速。讲完后务必询问学生:大家明白了吗?有没有什么不清楚的地方?一则是看学生的理解和教师的表达有无出入,二则是看要求或者规则是否有教师没想到的漏洞,避免活动进行中另生插曲。

如果是因为教学活动设计考虑不周全引发的节外生枝,教师在课程设计时就需要考虑如何避免因在意活动结果而引发违规或者作弊的问题。

我曾见过小学的心理课堂因评选最有创意的小组作品,教室里充满了此起彼伏的拉票声,甚至还有同学因为拉票未果而与别组同学产生了不愉快。活动的走向和教师的预期南辕北辙,导致草草收场。我想教师在备课时想到的是小组合作与创意,但忽视了这个年龄的孩子,对胜负结果是比较在意的。一旦涉及到评选,往往就会出于朴素的集体荣誉感,捍卫小组利益,哪里还能静下心来公正公平地评选呢?更谈不上欣赏创意了。所以我不是很推荐这种评选最佳的活动设计,还不如把活动要求改成说说"对每个小组作品欣赏的地方"。

规则能够保证活动有效进行,但有时规则和创新就像硬币的两面,太守规则也可能会让学生墨守成规、止步尝试。

央视节目《挑战不可能》有一期是讲董警官要通过脚印从高矮胖瘦差不多、鞋型完全相同的30人中辨认出主人。因为规则上有一些不明确的地方,所以当主持人告知她"挑战结束,没有成功"时,董警官非常坚定而平静地为自己争取机会"我还没有说结果呢"。因为董警官的坚持和李昌钰博士的支持,最后她成功地将脚印主人找了出来。

所以,在一些可有可无的细节上,我更期望学生不拘小节,有一些挑战和突破规则的尝试。

"财富人生"的拍卖,我设定的规则是每人手里有5 000虚拟货币参加拍卖,价高者得。讲好规则以后我照例询问大家有无疑问,大家都觉得没有。

拍卖竞争非常激烈,看着想要的拍品无奈囊中羞涩,有同学就举手了:

"老师,可以合资买吗?"

我并没直接回答,而是先问了一个问题:"你怎么想到要合资的?"

"合资的话拍到的可能性就更大。"

"那么如果合资的话,是否还有其他的可能呢?"

"可能到时会乱哄哄。"

"如果一个人不止一次合资,算账会很麻烦。"

"我未必想拍这个,但人家来找我合资的话,也不知道该答应还是拒绝。"

"那还拍啥?全班一起合资把所有的都买了好了。"

……

到了这时,学生自己也会知道合资可能会偏离活动的主题,虽然他们当时还不知道主题是什么,还有哪些拍品,但到处拉人还要算账的想象已经让他们知道场面的热闹了。

尽管这个提议没有获准,但我觉得学生能有这个合作的想法是值得称赞的,我也把对这个想法的欣赏和肯定回应给他们。后来再上这个内容时,我就会在询问后特意多等一些时间,看看学生是否会想到这点。

有时我也会特意将规则说得比较含糊,就是想给学生留下"钻空子"的机会。就像"别人眼中的我"这课,我进门就让学生拿出一张纸,把它分成五份或六份(视小组人数而定)。偶数份的还好一点,奇数份的就有些痛苦,有的学生就会拿出尺子来按照等分刻度撕。其实我并没有要求把这张纸全等分,就看学生能否跳出思维的局限。当看到有学生把纸分成偶数份减 1 时,这种灵活的思考,也是我欣赏和鼓励的"违规"。

🔗【课堂中的冲突】

　　课堂中的冲突包括生生冲突和师生冲突。同学之间的冲突有的是因为争强好胜,有的是因为言语不当,有的是因为沟通欠妥。一般来讲,教师如果事先做好活动设计和规则说明,活动过程中多巡视,及时发现"苗头",这些基本都能避免或解决。心理课上师生之间明显的冲突比较少,但教师要避免的是造成隐形冲突。

　　我在高三时,有一次上课,物理老师在讲解一道题目。不知那天我因为什么心里颇有点烦躁,听着听着就有些不耐烦,面露不悦。估计老师看出了我心不在焉,便叫我起来回答问题。我"噌"地一下站起来,没好气地说:"不知道!"老师看了我一眼,叫了另一位同学起来回答,然后问我:"现在知道了吗?"我继续三个字"不知道",教室里的空气仿佛凝固了一般。如此三遍以后我自觉理亏,也不敢再看老师,"我知道了"。老师挥挥手让我坐下,继续笃悠悠上课。物理老师也是我们的班主任,这件事后他既没有批评我,也没有告知家长,就当没发生过一样。差不多三十年了,我一直很感谢他,在保全我面子的同时也达到了提醒的目的。如果他当时课上批评我的话,也许我会为了所谓的自尊和他当面顶撞。虽然我知道是我做得不对,但我说什么也要捍卫我的臭面子。

　　而当年的这一幕,在自己做了教师以后,我仍时时在脑海回想,以提醒自己。年少时谁没有几分年轻气盛呢?我的老师都没有顾及他的"师道尊严"为难我,我又有什么不能呢?

　　"我不会画!"这个回答,多么熟悉的口气。我在布置作业的时候已经特别强调过不是每个人都有艺术天分,就像我画画也很差,重要的是我们的思考,除了"画",还有"话"。但是当学生站起来理直气壮地说"不会画"时,你怎么看?

　　听到这个回答的那一瞬间,我并没有任何不悦,相反,我却更加地平静。学生的回答背后一定有他的原因。这个"不会",和能力没有关系。

　　那么是态度?也许,也未必。

　　当时我是这么回应的:抱歉,我没想到这个作业给你带来了难处,你可以选择你愿意的任何呈现方式。

我也和我的老师一样,当什么都没发生过,一切照旧。

后来,两个学生分别告诉我,一个是因为小学美术作业的经历让他痛恨跟画画有关的一切事情,另一个是那段时间家里发生了一些事情让他心情烦躁。两周以后他们把符合要求的作业交给我,其中一个男生还跟我说"老师,其实我学了好几年的画画。"

二十年前,香港老师的一句话对我影响至深——每一个外表像野兽的人,内心都插着一把刀。学生每一种情绪行为表现的背后,都有着他自己的故事。我们不妨多一些耐心,等待再等待。

就像一个上课开始就一直低头看手机的男生,最后跟我解释说他不是在玩手机,而是中午打球错过了爷爷的来电,看到时已经上课了。如果不及时回复的话怕老人担心。我庆幸我多等了一些时间,而且用的问句是"你是不是有什么急事要处理?"如果我贸然就去帮他"代为保管"手机,我想这节课他都不会有心思上的。当然,我在肯定他孝顺的同时,也提了一个小建议,短信的字太小了,如果和老师说一声,然后到外面打电话给爷爷,这样老人家会更放心。

这个年龄的学生,和我们当年一样,喜欢还是厌恶一门学科,有时候真的可能就跟任教教师的某个言行、眼神、语气有关。虽不至于一言不合就起冲突,但心理距离肯定会不一样。所以,当学生在课堂上表现出一些和课堂走向不一致的言行时,就是我们发挥专业所长的时候了。

【资源推荐】

1. 央视网. 挑战不可能[EB/OL]. http://tv.cctv.com/lm/tzbkn2/index.shtml, 2020 - 7 - 27.

2. 刘亮. 青春期孩子的这 12 份心情,您需要了解[EB/OL]. 公众号:临床心理 Dr 刘亮, 2020 - 6 - 1.

"你摔疼了吗?"
——生命影响生命的课堂

文/周 隽

> 我喜欢初露凝华的校园。
> 在这时候,
> 温暖的阳光尚未到来,
> 在校园的某个角落,
> 充满着含苞待放的期待。
> 我也喜欢初露凝华的人生。
> 在这时候,
> 盛大的戏剧刚刚开幕,
> 纤细的根茎默默汲取着养分。
> 在每个昏昏欲睡的午后,
> 跃动于疲惫灵魂之间的,
> 是数字与几何的乐章。
> 曾听闻,
> 每一束阳光都是恒星炽热燃烧的证明。
> 于歌声中盛放的康乃馨,
> 是我们为您献上的最完美的答卷。
>
> 作者:上海市格致中学 2022 届 3 班 胡校菁、王轩、朱明磊

图 7-1 专心听的张老师

这是"我的老师"的课堂。站在讲台上的大男孩说:"我们三个人和席慕容一起,写了一首诗送给我们的张老师。"看大家有些茫然,男孩解释说:"我们仿照席慕容诗的格式来写的。"当男孩饱含感情的声音响起,教室里安静极了,连

窗边摇曳着的爬山虎也竖起了耳朵。读罢,我问男生,我能不能邀请张老师来到课堂,你当面读给他听?男生欣然同意。当那个年轻的班主任站在教室里,听着这意想不到的诗歌,结束后全班同学热烈地鼓掌,我想那一刻,他真的是要幸福得晕倒了。

初露凝华的校园,初露凝华的人生,而教师,就是帮孩子们拉开盛大戏剧幕布的重要一员。当孩子们在课堂上说起难过时老师递过来的一个苹果,低落时老师们给予的鼓励和支持,大家欺负脾气好的老师时的内疚,我想这就是教师的意义所在,让生命的美好和对生命的影响能不断地传承下去。

这是我喜欢的师生关系,

也是我喜欢的心理课堂。

生命影响生命的课堂

我的大学同学翻译了一本书——《学校会伤人》。看着这书,我心里很难过。虽然身处基层的教师有时也很无奈,但我想每一个有责任心的教师都会尽力去避免这种情况。

我觉得心理课堂就应该是一个温暖而有治愈力的地方。常有老师跟我说"如果听到某个教室里笑声不断,多半就是在上心理课。"我最喜欢学生们开怀大笑——"我们大声笑起来,可怕的东西就会逃跑(《龙猫》)。"

心理课,不仅带给学生欢笑,也会带给学生思考,为他们打开不一样的窗户。不是每个学生遇到问题都会来找心理教师,但可能就是某个话题、某个活动、某个回应、某句话语,在某些学生心里甚至以后的人生中,都会留下不一样的痕迹。

(一)"别人眼中的我"

生:老师,我不认同有个同学写的,Ta说我"聪明",其实我很笨。

师:为什么觉得自己"笨"呢?

生:因为我高一进来数学成绩就一直不好。

师：所以你不太接受 Ta 对你的这个印象是吧？

生：是的。

师：那我们来听听写的同学是怎么考虑的。

后面一个男生站起来：上次年级辩论比赛，她思路非常清楚，反应很快，我觉得这就是聪明的体现。

师：你觉得呢？

生：我确实没想到他说的这一点。

转过身去对着男生：谢谢你！

（二）"感谢你我"

生：老师，我可以到讲台前来分享我收到的纸条内容吗？

师：当然可以了。

生：我一直很自卑，我的成绩不那么好，肩膀又特别厚实，很多时候人家从背后看都认为我是一个男生。但是我没想到有同学说虽然我在班级话不多，但很感谢我在校运会上为班级争光；有同学说觉得我很不容易，每天要训练还要完成学校功课；还有同学说很佩服我，游泳游得那么好……我原来以为大家不愿和我交往，其实是因为我放学以后要训练好几个小时，所以课间抓紧时间做作业，同学怕打扰我。我是一个"外表像块冰，内心有团火"的闷骚型选手，没想到能被大家看见，真的很开心。

说着说着姑娘就哽咽了，她朝大家鞠了一躬，全班拼命鼓掌。

（三）"成功拼图"

生：现在我们来演示我们小组的作品——多米诺骨牌。

快到终点时，某块骨牌停住了。班级里响起了笑声。

生叹气：唉，功亏一篑。

师：活动的要求是制作"成功拼图"，并解释作品的含义和你们对"成功"的理解。你们现在还有两个任务没有完成。

生（想了一下）：我们用多米诺骨牌来代表我们人生中会遇到的一个个关口，骨牌的顺利倒下意味着我们克服了前进路上的一个个困难。虽然出了点意外，还没到终点，它就停下来了，但是我们享受了齐心协力，不断尝试的这个过程，这也是一种收获。所以我们认为成功不仅仅是一个结果,更在于过程。

班级同学又笑了。

师:我听到同学们笑了两次,你们觉得有没有什么不一样?

生:第一次他们可能更多是因为我们"演砸了"而笑,第二次我觉得他们是为我们的机智而笑。

全班再次大笑并鼓掌。

师(转向其他同学):大家想不想再看一次?

生:想!

(四)"自画像"

生:我现在就在这样一个迷宫里,这里有……迷宫的出口都被障碍物堵住了,我就被困在这里面。

师:……另外,你留心了你的图中,每一个出口和黑色方块之间有什么吗?(注意此处用客观描述"黑色方块",而不是引用学生主观解释"障碍物"之间的区别。)

生(看了一下图):有缝隙。

师:这些"缝隙"有什么含义吗?

生:也许……也许在我的内心深处,我觉得自己还是有机会能走出去吧……

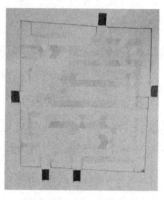

图7-2 自画像"迷宫"

(部分图画和对话信息隐去)

师:初入高中,在感觉有一些难过、无力和孤单的背后,你还是给自己留了一份力量,相信自己能走出暂时的迷茫和困境,是吗?

生点点头。

师:其他同学还有什么看法吗?

一个男生举手了:那些方块不是挡住出口的障碍物,而是迎接你走出去的地毯!

所有人,包括我,无论眼睛还是心,都亮了。

心理课堂中的安全与信赖

心理课的深度分享离不开安全的团体氛围。有些话题会直击人心,有些活动会触动伤痛,有些方式会带来伤害,而有些话语会让人终生难忘。作为心理课的设计者、执教者和参与者,对于心理课堂中的安全感和信任感,心理教师一定要留心留心再留心。

(一) 课程设计中的安全考量

我在前文说过,心理课的主题选择要"贴着学生走"。但在有些时候,我们仍会看到有一些主题或活动的选择和展开,可能更多的是基于教师的主观美好愿望,并没有真正了解学生的需求和实际情况,反倒容易带来意想不到的伤害。

有一些内容,仅仅考虑新意和突破是不够的,教师还需要权衡自己有没有具备驾驭深度讨论和应对突发情绪的能力。就像心理咨询师不能仅凭一腔热情就去参与灾区疫区的心理援助一样,我们得提醒自己——我这么做会不会制造更多的问题。

在一次公开的借班教学展示课上,讨论的一个话题是"痛苦的绝症病人想要放弃自己的生命,我该不该鼓励他继续撑下去?"这是《奇葩说》的一个辩题,不仅对高中生,对在场的所有人来说都是一个挑战的话题。对于没有经历过的人来说,回答也许不会很难,但经历过的人才会真正知道这其中有多少艰难和痛楚。虽然我们的心理课也有面对生死的主题,但这个话题是不是每一位心理教师都能上,是不是适合在不熟悉的班级上,如果有经历的学生被触动甚至撕裂时我们该如何去回应……这些应该是我们教师事先需要认真思考和权衡的问题。

还有一些活动的形式,例如让学生触碰某些小动物,可能是出于历奇或者创新,让学生有更直观的感受,但考虑有些欠妥。换作我是学生,我想我是不会伸手去触碰的。姑且不论不参与是不是就意味着我缺乏勇气或者说不敢大胆尝试,这个活动本身还涉及到不小心被小动物抓或咬的安全问题。

要想上好一节心理课,需要细致的课前准备。无论教师再怎么思考,难免会有疏忽的地方。所以在设计一些自己不熟悉、没有把握或者比较敏感的话题活动之前，如果能和同行有一些研讨，从组织者、参与者、观察者、反思者等不同角度来多方位检视，会更有助于发现自己的盲点。

（二）心理课堂中的安全氛围

教师是心理课的组织者，一定要对班级的团体动力、人际情感、某些特殊情况等心里有数。

我通常会在一些可能会带来冲击的课程之前先关照学生：我们的课程，部分内容可能会触及你们的一些隐私和过往的伤痛经历。如果你有一些总容易被触发或不愿去触碰的情绪，它们背后都有着很重要的讯息。如果有我可以做的，大家请别客气。

课堂中的分享和自我开放也要尊重学生个体的意愿和选择。"老师，我可以不说吗？""当然可以。"有老师会担心这样是不是会带来连锁反应，大家都封闭了。有可能会但也有可能不会，如果真的出现连锁反应大家都不说了，这是一个值得思考的问题。

如果有同学在活动中分享了私密经历，不管是悲伤的还是难为情的，我会这样说：

非常感谢你对我们大家的信任，让我们知道了你有这么不容易的过去。也谢谢各位同学营造了一个安全的空间，让我们能够放心述说。对于今天在这里分享的，我想请大家恪守保密原则，到此为止。

今天的活动中，我们听到了很多故事，有的可能还有点糗。能在大家面前说这些事，是需要勇气的，分享的同学和我不期望这些成为大家课后的谈资甚至笑资，可以吗？

在课堂上，还会出现一些学生童言无忌或是跟风效应的情况，例如小学生会说"我不喜欢爸爸老是捏我屁股"、"我爸爸总是打我妈妈"、"我爸爸妈妈也离婚了"，等等。这种情况下，教师一方面要做好回应，另一方面也要关照班级其他同学如何尊重同学的隐私，同时教师课后也应继续留心这些话语背后传递的信息。

而在课程深度推进的过程中，教师还要掌握好分寸。我们强调追问，但并不是学生所有的回答都可以追问,即便你觉得话中有话。我们需要察言观色,如果学生一脸冷漠,或者语气忿然,或者回答时根本就不看你,只要对方并没有期望你继续的想法,或者你没有当场进行深入的把握,不妨留待课后。

(三) 留心不健康的调侃

心理课,因为气氛比较轻松活跃,同学之间出现调侃的情况并不少见。良性的调侃可以活跃气氛、增进关系,也有助于增加心理弹性。但是,无论学生的调侃或出于玩笑、或为了吸引关注、或是自我保护抑或已成了"小气候",教师都要对可能带来连锁反应、影响课堂氛围甚至师生同学关系的不健康的"调侃",保持高度敏锐的觉察和及时恰当的反应。黄珊珊老师在"不能承受之'轻'"一文中,也提到了在和学生谈生死话题时,如何构建安全、尊重、受保护的课堂氛围,不因调侃而破坏了对生命的尊重。教师在学生活动时一定要全班走动,深入小组内部去倾听学生讨论的内容,一方面看看学生是否都能理解活动要求,另一方面就是要及时发现不健康调侃的苗头,防范于未然。

有些话题容易引发学生的角色指向,例如师生关系。学生很容易去模仿和演绎教师的言行,有可能会在全班笑得前俯后仰的同时,带来一些尴尬的后果,导致师生间更大的抵触甚至教师同事之间的矛盾。余小英老师在"让注意力更出彩"一课中谈到了当学生在课堂上调侃吐槽老师时,既给学生宣泄空间又适时引导,是效果还不错的应对。

如果觉得调侃已经成为了班级的家常便饭而且对课程带来了较大的影响,那么可能需要设计一节"调侃二三事"的课程来和学生深度聊聊。

(四) 避免不经意的伤害

这些年来,有几个画面,一直出现在我脑海里。

一节是高中关于梦想的主题课,最后的活动环节是"梦想大声说出来"。执教老师说:我请我们班最内向的某某上台来说出他的梦想。这句话一出,我的心里"咯噔"一下,这个标签的冲击力会非常厉害。果不其然,尽管坐在教室最后一排的那个高大的男生极不情愿,但还是来到了讲台前,憋红了脸,然后吼出了一句很有冲击性的话。老师完全没有想到他会这样回答,一时也不知怎么回应,就让他下去了。男生回到座位,低着头,愤怒地把写着梦想的纸撕得粉碎。

还有一节是小学的亲子主题课,活动是填写对父母的了解。老师请一个男生上来分享,男生低着头支吾着不肯开口。投影仪投出来的活动纸上,什么都没有填。在全班同学面前,男生难过得都要哭出来了,可老师还在问他怎么都空着。如果老师在巡视时能看到他空着的活动纸,私下先了解原因,或是临场随机应变,都可以避免孩子站在上面不知所措的尴尬。

其实,我也做过类似的事情。第一年上心理课时,因为要上全年级的课,几百个学生无法一一对应。有一次课上,都是男生在发言,于是我凭着对名字的表面认识,说"我现在想请一位女生来回答,某某,可以吗?"全班顿时哄然大笑,一位男生站了起来。那时,我真恨不得给自己嘴巴贴上胶布。虽然我诚恳地道了歉,男生也没介意,同学也不再哄笑,但从那以后,我就发誓绝不允许自己再出现任何不当。

我们面对的是青少年,是成长中的生命。这些生命是美好的,有时也是柔弱的。在"一个灵魂唤醒另一个灵魂"的过程中,教师一定要有爱、细致和担当。

教师真实的生命状态

任何课程,形式与活动只是一个中介手段,教师自身的生命状态和人格素养才是激发学生学习和改变的重要因素。

叶澜老师曾说过:"教师往往日行而不觉:自己在学生面前是以全部的人格、一言一行呈现他是谁,学生依此判断你是谁。在这种情况下,学生对你的敬意、瞧不起、反抗、喜欢,都不是仅仅因为你的专业,而是你的全部人格。"对于课程设计中的每句话,我们或许都很留意,但其实从头至尾,心理老师的每一句话、每一个表情、每一个动作,都会对学生产生不一样的影响。在课程以外的环节,我们展现的就是教师最真实的状态。而这个状态,更容易影响学生。

我呈现给学生的就是一个真实的周隽。我有我的喜好,我有我的情绪,我有我的努力,但我也有缺点和烦恼,有时也会急性子和冲动。我不会追剧,也不会电玩,更不懂很多网红和流行语。我接受我们之间的差异,我也不怕被他们嫌弃,但我愿意和他们一起面对成长中的困惑和烦恼。

不开心了,可以来找我;有困惑了,可以来找我;操场喇叭太响了,可以来找我;喜欢吃的披萨饺子数量不够,也可以来找我……感谢学校领导和同事的帮衬与支持,任何跟学生有关的事情,我开口都没有被拒绝。

我喜欢和学生们在一起,我觉得心理课就是我们一起有艺术地拉家常。那种"老师觉得怎么样","老师期望你们怎么样"的说法,始终有一种心理距离和教导的成分在里面。

在外婆家。我从里间奔出去,也许是太急,也许是为了避开什么物品,反正我绊倒了。这时,耳边传来外婆温暖的声音:"你摔疼了吗?"

这个场景,还有这句话,并不是真实发生的事情,而是在我的梦里。我的外婆是一个没有读过书的家庭妇女,她一定不会想到,在梦里她对我说的这句话,对我为人师为人母影响至深。

如果一个学生在课堂上不小心绊倒了,如果你的孩子在奔跑时不小心摔倒了,你第一反应会说什么?

如果摔倒的是我们,在那一刻,我们又期望听到什么呢?

【资源推荐】

[美]柯尔斯腾·奥尔森.学校会伤人[M].孙玫璐,译.上海:华东师范大学出版社,2014.

家，爱开始的地方
——"亲子沟通"系列心理课的设计与思考

上海市光明初级中学　连　莺

平常上课时，常常会听到学生吐槽父母的教育方式，让我最惊讶的是少数学生早已放弃与父母的情感交流，认为父母现在只具有"钱包"的功能罢了，能正常表达对父母的感恩和体谅的学生比例并不高。我所教的初中生正处于或即将进入青春期阶段，他们与父母在认知水平、思想观念、行为方式等方面存在明显差异，因此对同一个问题的看法、态度可能都不相同，加上不恰当的亲子沟通方式，引发双方产生矛盾。兼具教师和母亲双重角色的我，不断反思学生这种心理状态，也一直在思考：我们心理课可以为学生和家长做些什么呢？

我事先做了一个小调查，想了解当前学生对亲子沟通现状的感受和期待。学生的回答让我十分吃惊，个别学生将平时的亲子沟通方式竟然描述为类似"法庭原告与被告的交流"，还有些学生则坦诚表示不想甚至讨厌与父母谈话。对于亲子沟通的期待，大部分学生表示"最想用愉快、轻松、平等的方式和父母对话"，少数学生觉得"只要不吵架"、"不要用暴力的方式"就行。通过这份调查可知，初中生家庭亲子沟通不畅具有普遍性，甚至部分学生家庭亲子关系非常紧张，这让我更充分地了解到有些学生在亲子关系中的困惑与挣扎。

通过对调查结果的分析，我不断地思考：是否可以尝试设计一节亲子沟通主题的心理课，帮助学生了解父母，寻找与父母对话的有效途径。不久之后，我便将这一想法变成了现实。自尝试开了第一节亲子沟通课之后，我越来越喜欢用课堂表达的方式，与学生交流他们认为无法解决的家庭问题。借助课堂教学的形式，学生放下了自己的心理防御和所谓的"面子"，在同伴中找到共鸣，相互帮助出谋划策，共同寻找解决方法，也从他人处获得了共情和心理支持。这些年来，我自己设计或引用其他教材内容，打造了五节亲子沟通主题的系列课。

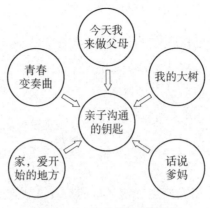

图8-1 亲子沟通主题课框架

看见内心的真实需求

"青春变奏曲"是亲子沟通系列的第一节课。很多时候,由于亲子沟通渠道的不通畅,学生内心真实的想法、需求和期望并不能被家长知道和理解。我期望通过这节课,能给学生们打开一扇释放内心想法的窗口,让他们的情绪可以被看见、被理解和被尊重。

本课中,我引用了中央电视台出品的心理系列剧《青春偶然事件》之《少女的高跟鞋》节选片段,作为主题讨论资源。该剧反映了初三女生林端与母亲日常生活中发生的矛盾冲突,剧中的林端表示自己无论做什么事妈妈都不会满意,总能挑出许多错处来。

为了缓解母女之间的矛盾,林端和父母一同去找学校心理老师咨询,他们之间有一段让人记忆深刻的对话。

"林端,你喜欢穿高跟鞋吗?"心理老师问。

"不喜欢,我平常都穿运动鞋。"林端回答。

"那你为什么要买这双高跟鞋呢?"林端沉默着……

"还能为什么,就为了气我呗。"妈妈忍不住嘲讽地说到。

"林端妈妈,请注意了,在孩子说话的时候不要打断她,先听听孩子在说什么。"咨询师说。妈妈表情很无奈。

"我……我就想打自己。"林端低声地说道。爸爸妈妈猛然抬头,十分诧异地看着林端。

"为什么想打自己呢?"心理老师追问。

"每次和妈妈吵架后,我都很后悔,就想用高跟鞋打自己。"林端说完便抱头大声痛哭起来。

在林端说出"我想打自己"的那一刻,我看到很多学生都流下了眼泪,有些学生甚至抑制不住哭出了声。林端有一双被误解的高跟鞋,那么在和父母的沟通中,学生们是不是也有类似被误解的委屈和希望被看见的需求呢?

这节课,给学生们创造了自由发声和倾诉的机会,他们是多么期望父母也能够关注他们内心的呼喊和渴望,相应地,家长也不宜只从自己的角度去解读和评判孩子的所思所想。距离我第一次上这节课已经过去了 13 年,但当年课上的这一幕仍深深地印在我的脑海里。

看见为人父母的不易

当学生在课堂上给自己内心的冰山开了一扇窗后,我又设计了"今天我来做父母"和"我的大树"两节课,让学生在活动中感受父母的爱,体验为人父母的不容易和成长过程中父母付出的心血。

"今天我来做父母"是一节轻松快乐的亲子主题课,参考了《初中生心理健康自助手册》中《亲亲一家人》的内容设计。导入部分是一分钟左右的小视频:欢快的音乐中,学生们看到了一名儿童从小到大,求学、结婚、成为父母、成为祖父母的整个过程,非常兴奋。主题活动是请学生们想象在 20 年后,自己成为父母并有了一个 baby,现在要为 baby 建立一份 0—14 岁的"宝宝档案"。"宝宝档案"分为两个部分,第一部分是给孩子起名字,说明姓名的寓意,第二部分是记录孩子从出生到 14 岁之间的成长档案。

最有趣的当属学生分享"宝宝档案"时刻。有一位男生很自豪地介绍了自己名字的由来,"我出生的那段时间,老家发了大水,但我出生以后大水就退去了,爸

图 8-2 宝宝成长档案

爸觉得我是一个特别有福气的孩子,所以我的名字里有个福字。"男生觉得爸爸取的这个名字寓意非常好,寄托了父母对自己人生的祝福。大部分学生在完成自己 baby 的"成长档案"时,顺其自然地回顾自己成长中经历的一些重要事件。

"我儿子 3 岁时曾经发高烧,半夜被我送进医院。妈妈说我小时候发生过的这样的事情",班上一位男生如是说。

"有一次儿子没有做作业,我狠狠地揍了他一顿。"另一男生解释说,小学二年级自己有一次没交作业,老师告诉家长后,被爸爸给猛揍一顿。

"三年级期末考试女儿得了第一名,特别自豪。四年级考试又考了第一名,我请女儿吃了一顿大餐。"

"为什么你总是要孩子得第一名呢?"听了这位女生的分享,我好奇地问。

"从小到大爸妈希望我做第一名,却从未实现过,希望女儿比自己厉害。"看来,这位学生觉得未能实现父母的愿望心里很愧疚,只能将这愿望寄托在了下一代身上。

"我还是不要做父母吧,做爸妈太麻烦了。"还有不少学生感慨道。

学生在撰写自己孩子的成长档案中,自然而然联想到自己的成长经历,也会设想抚养孩子长大可能遭遇的许多困难,进而理解父母教养子女成长的艰辛。

探讨亲子沟通话题时,学生反映家庭中多数是母亲教养子女,父亲则是赚钱养家,生活中学生与父亲的交流普遍较少。平常的课堂交流中,学生联想父亲的形象往往就是"参天大树","父亲"角色在亲子沟通课中也较少涉及。基于以上原因,我设计了以父亲为主题的一节课"我的大树",关注父亲对学生人格和心智成长的重要影响,突出父亲角色在家庭教育中不可替代的作用,引导学生从不同的角度去发现父爱,理解父爱。

这节课有一个主题活动"生活中的爸爸",活动分成两部分进行。

第一部分,学生分成若干小组,每组可随机获得一张A4白纸,纸上有与"生活中的爸爸"相关的图片。小组组员按照图片内容展开自由联想,共同完成一个有关这位爸爸的故事。

提示:小组成员共同讨论并用积极正面的词汇概括"生活中爸爸"的形象,发现他身上具有的优秀品质。五张图片内容分别是:

1. 做家务的爸爸;
2. 认真工作的爸爸;
3. 出差在外的爸爸;
4. 陪伴孩子,耐心的爸爸;
5. 深夜,工作结束回家的爸爸。

第二部分,各小组分享故事。

每个小组推荐一位学生叙述图片中"生活中的爸爸"完整故事,并用几个词语概括"他"身上拥有的特点和优点。

分享过程中教师的追问:"生活中的爸爸"是否具有自己爸爸的影子?在你眼中自己的"爸爸"又是怎样的呢?引申出学生对自己爸爸形象的描述,从而肯定自己爸爸同样拥有许多优秀品质。

编写故事时,学生自然而然会以自己父亲为模型,加入自己所感知的对父亲的各种情绪,既有学生感恩父亲为自己和家庭的付出,也有学生表露出对父亲的诸多埋怨。最有意思的还有个别学生认为心中"大树"是妈妈,因为妈妈赚钱多且为家庭付出也最多。可见现代社会,妈妈和爸爸均可能成为孩子眼中的家庭支撑和精神支柱。

设计这节课时,我曾有一个很大的顾虑:如果班级中有学生存在父母离异、家

图 8-3 生活中的爸爸

中发生重大变故、或与父亲关系特别紧张(如父亲有家暴行为)等的学生,那么这个主题对于他们而言无疑是敏感且不能轻易触碰的。因此课前,我对每个上课班级做了调查,并在课堂上重点关注这些学生的情绪变化。果然,某班小组活动结束,邀请学生来分享小组故事时,一位女生举手说:"老师,我上幼儿园时爸爸妈妈就已经离婚了。我还记得小时候爸爸领着我吃肯德基、陪我玩的情景,后来爸爸回老家又结婚了。我很想很想爸爸,可我再也不可能和爸爸在一起了。"话还没说完,女生就在课堂上失声大哭。

听着她的诉说,我觉得很心疼,眼眶也有些湿润,可是心中又充满了无奈,不知我能为她做些什么?回想那个时刻,也许一个紧紧的拥抱,就是对她的理解、支持和安慰。现在学生的家庭状况越来越复杂,许多家庭问题也很隐蔽,亲子沟通课往往不经意间会触动学生的创伤。当学生情绪受到刺激时,如何安抚好当事人和班级中其他学生的情绪,同时关注学生们如何看待父亲角色在家庭中的作用,是这节课授课教师面临的最大挑战。

看见彼此的沟通状态

"话说爹妈"是我们学校参与华东师范大学国家重点课题"生命教育与生涯

规划"的先导校项目,引进《活出精彩》课程中的一节课。本课将父母在生活中的角色归为4种,学生们通过活动认识父母的不同角色形象,增进对父母的理解。

老师先介绍父母的4个角色,再请学生在工作纸上写下自己与父母之间记忆深刻的3件事,与自己认为的父母角色做个连线:父母实际所扮演的角色用实线表示;自己所期待的父母角色则用虚线表示。父母4种角色为:

☐ 养育者:供给生活所需,帮助孩子成长。

☐ 教导者:给予孩子知识和经验的教育。

☐ 关怀者:对孩子的赞同与鼓励。

☐ 榜　样:言传身教,用自己的实际行动带给孩子正面的影响。

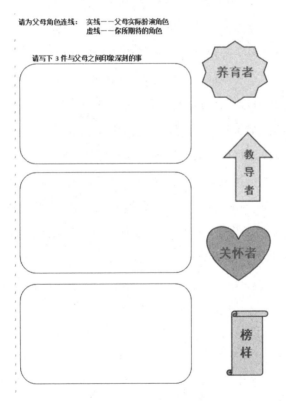

图8-4　父母角色连线图

学生可以用表情符号表示自己在这件事中的情绪感受。我启发学生思考：当父母角色和自我期待一致或不一致时，自己的心情分别是怎样的？父母在事件中所扮演的角色形象和自己心情的好坏变化有什么联系？

学生们写下自己印象深刻的"家里那些事"，完成"父母角色连线图"时极为兴奋，绘声绘色地重复和爸爸妈妈之间的对话，评判生活中的父母角色，以及每个角色让自己产生的不同情绪感受。从他们的言语中，可以明显看出学生最喜欢和最不喜欢的父母角色。

我看见学生对自己父母的角色进行讨论时，多数聚焦在"养育者"、"教导者"这两个角色，只有个别学生提出"榜样"，这也说明学生更多感知到父母角色是"养育者"和"教导者"，而对于"榜样"这个角色认同的人并不多。那么，为什么有如此多的学生对父母"关怀者"和"榜样"两个角色的认同度较低呢？这节课之后，我又上了一节"话说爹妈"反馈课，重点讨论父母角色对他们的影响。

反馈课重点是：当父母角色和学生期望的不匹配时，学生又该怎么与父母沟通并让他们知道自己真实的期望呢？例如：当你跟父母吐槽学校的饭菜难吃、某个老师太严肃、班级同学不合拍、晚上作业太多时，其实只是想找一个人发发牢骚或是抱怨一下，让自己的情绪被听到、被接纳，这时你最需要的父母角色是"关怀者"。然而很多时候，父母总是以"教导者"角色面对孩子，只管提出要求，忽视孩子的情绪。出现这类情况时，我会启发学生思考如何让父母知道自己的情感需求，假如这种需求得不到回应，你又该怎么解决呢？学生讨论异常激烈，想出很多很多方法，有：送爸妈小礼物、主动承担家务、写小纸条放枕头上、给爸妈留微信语音、趁爸妈心情好说出自己想法，等等。总而言之，想尽办法也要告知爸妈"希望您能理解我"。

我常常会与学生一起，分析不同父母角色背后可能存在的原因，这些原因是学生们通常不会思考的角度。初中的孩子毕竟欠缺生活经验和磨砺，更多只是关注自己的情绪变化，很少了解父母工作生活的艰辛。通过精心设计的课堂活动，可以帮助学生思考生活中父母角色产生的原因，有助于学生理解父母对自己的爱与付出。

"家，爱开始的地方"这节课，素材来自中央电视台一则《天旱童心暖"藏水"尽孝心》的新闻。

当年云南大旱,弥勒县散坡村希望小学的学生们每天可以领到一瓶饮用水,这些孩子却把那些水悄悄藏起来,想在周末回家后拿给父母亲喝。一个星期下来,每个小学生身边都藏了好几瓶水。

课堂上学生们看见弥勒县的小朋友在条件那么艰苦的环境下,却先想着"藏"水送父母的镜头时,平时叽叽喳喳的课堂鸦雀无声。我问学生:"看了云南小朋友藏水的行为,你们有什么感想?"

一位学生举手:"这个时候水多么珍贵,小朋友也很渴,为了给父母存水他每天就喝那么一点点,好了不起!"

有一位学生说:"以前我从来没想过要为父母做些什么,觉得好惭愧!"

"一天只喝几口水,老师你看他们一个个嘴唇都裂开了,太可怜了!"

"就是就是,要是我肯定忍不住,一天至少要喝一瓶水。"好些学生纷纷点头,表示赞同。

……

各种声音此起彼伏,大家对这些云南小学生真是钦佩不已。

这节课前,我邀请家长们给孩子写一封信,可以在信中说一说:工作生活的艰辛、教育孩子存在的问题、无法与孩子沟通的困惑、对孩子未来的期望、以及对自己教育方式的反思,等等。要求家长将信封口后直接交给班主任,再由班主任交给我,不能提前让学生看到内容。

上课时,我把封好口的信一一发给了学生,并预留给他们阅读信件的充足时间。同时,我环顾教室,仔细观察学生们的各种反应。一位女生一只手拿着信纸,一只手捂嘴微笑。几个学生各自用手指着信件,和身边的人快速说着信中的内容,边说边哈哈大笑。也有几位学生在默默流着眼泪。

有一位男生的反应吸引了我的注意,他边读信边用手擦着脸上的泪水。我悄悄走过去,轻声问他:"是谁写给你的信啊?"

"是我妈妈。"

"妈妈的信是让你想到了什么吗?"他流着泪摇头不愿回答。

虽然他什么都没有说。但是我想母亲写给他的文字,一定在他内心引发了一些触动。看着学生读信时各种各样的场景,我突然觉得有一股暖流从心间淌过。这节课给学生创造了机会,父母平常不愿表露出来的心里话,或许可以帮助他们更加了解父母,懂得父母为家庭的付出和努力。

通过"藏水送父母"这个真实事件和"写给孩子的一封信",我期望让学生在"感受父母之爱"的同时,学会思考"我可以为父母做些什么"以及"让父母感受到我的爱"。也许本课教学环节有些老套,但这些真实的素材却是真真正正打动了学生。

本课结束之后,我反思究竟什么样的教学内容是真正能够打动学生并能引起他们思考的?也许,我们只是需要运用真实感人的素材,设计一些能启发学生思考的课堂情境,不需要任何语言说教、不用繁复多余的教学形式,学生自然而然会沉浸其中。

看见亲子沟通课的前景

回顾这几节课,我认为心理教师的课堂一定要聚焦学生的内心需求,让心理课充满温度和关怀。教学实践中,通过丰富这类课程内容,我希望帮助学生正确认识与父母沟通的重要性和必要性。亲子沟通主题课的设计,力求在课堂上引发学生产生积极、健康的情感体验,通过课堂体验使其初步掌握与父母良好沟通的方法与技巧,逐步提高与父母沟通的能力。虽然这类主题课教学设计还不是很成熟,但学生在亲子沟通课上都有了积极的情感反应和表达,折射出学生对良好亲子关系的期待。如何继续拓展亲子沟通主题课的内涵和外延,提升课程教学效果,是我今后思考和努力的方向。

亲子沟通不是简单的单向关系。也许有些父母还没来得及准备好,孩子就长大了。随着孩子进入青春期,家长需要学会用成人的方式与他们交流。如何让家长了解孩子心中"高跟鞋的秘密";如何尊重孩子的想法和行为,让孩子内心需求被父母看见;当孩子期望的父母角色和父母实际表现不匹配时,家长怎么读懂孩子的情绪密码和内在需要……这些也正是学校家长课堂及未来亲子沟通工作坊的方向。

"亲子沟通,我们可以做什么?"这是我留给学生的思考,也是给自己的一个永久命题。作为老师,或许我可以创设更多的机会,让亲子双方从各自的角度去探寻亲子沟通的那把"神秘钥匙"。

【资源推荐】

1. 上海市中小学(幼儿园)课程改革委员会. 初中生心理健康自助手册(试验本)[M]. 上海:上海教育出版社,2012.

2. "少女的高跟鞋"青春偶然事件[CD]. 北京:北京科影音像出版社,2006.

跨越十年的声音
——不同时期运用同一素材的课堂教学反思

复旦大学第二附属学校　罗吾民

"声音",是电影《爱情麻辣烫》中视频剪辑的名称,是高中生在心理课堂上观看"声音"后发出的心声,也是心理教师以活动设计变化在课堂积极回应之声。从2007年第一次使用这个素材到2017年,十年间,"声音"没有变,但学生的"声音"却呈现了从"远离'谈恋爱'"到"恋爱没危害",再到"TA是否值得表白"的微妙转变。这段素材就仿佛是准心理实验中的自变量,让我有机会管中窥豹不同年代青少年(从90后到00后)青春期两性情感观的演变。追随课堂主体情感观的变化,课堂的活动目标、活动设计也相应地做了调整。不管是变化,还是调整,都是在无声的观察、静默的反思和自觉的顺应间悄然完成,以至于捕捉不到明确的转折节点。所幸,存有三次教学反思,得以记录十年间的"声音"。

一、作为课堂素材的"声音"

视频剪辑"声音",讲述的是高中生王艾因为声音,喜欢上班级女生荷玲的故事。他细心地搜集了生活中各种特别的声音,又把它们和荷玲朗读课文的声音、放声大笑的声音合在一起,做成一盘录音带,送给了荷玲。在录音带的最后,他还留下了一个小小的请求:"如果你也喜欢这盘录音带,就请在星期一穿上那天在百盛时穿的白裙子。"白裙子洗好了,晾晒在阳台,荷玲望着白裙子在发呆。故事没有说出女主角的选择,给探讨留下了空间。

电影上映于1999年,录音带也是具有年代感的物品,但因为时长适中、角色贴近,情感描摹尤其细腻,还是被很多老师喜欢,在上海市第二届中小学(中职校)心理活动课大赛、《心理辅导课优秀课例实录与点评(中学版)》等多个公开场合或出版物中被同行使用。

我在高一的课堂运用这段素材时,每次都会问学生一个问题:"你觉得接下来会怎么样?"开放提问的用意,在于满足他们观影之后的"完形"需要,唤起他们的代入情绪,为话题的展开作铺垫。

二、表达青少年两性情感观的声音

(一)2007年的课堂,1992—1993年出生的学生

观影后,学生如是回答"接下来会怎么样"的提问:

"他们可能会偷偷摸摸交往吧,希望不要不被父母和老师看到。"

"成绩可能会下降,你看那个女生不是一直在发呆吗?注意力根本不集中,心思都不在学习上了。"

"老师,这个就算是早恋了吧。哈哈,万一真的在一起的话,就很容易那个……"

"他们可能会没朋友的,我们都会给他们创造单独相处的空间,嘻嘻。"

……

课堂氛围有兴奋、有试探、有迟疑,学生们会自觉地把懵懂的好感等同于恋爱;会使用"早恋"这样携带价值判断的词语;会把"恋爱"与负面的行为后果联系起来,如,影响学业和人际交往,可能诱发过早发生性行为,损害身心健康等。

学生谈论两性情感,与其说是表达自己真实的情感需要,不如说是在陈述对外部规则的认同。他们来不及审视情感本身,而是主动把个体的情感需要、行为表现与外部规则贴合。这一时期青少年的两性情感观整体处在"尚未分化"的时期。

这种状况的出现,与社会舆论、价值导向有关。让我至今印象深刻的是,2007年参加上海市中小学(中职校)心理活动课大赛的姜亚楠老师,在赛前试讲时一直以"远离'情流感'"为题使用这段素材。直到正式比赛时,才把课题改为"大话'情流感'",并获得了一等奖。从"远离"到"大话",或许正映射着教育理念的悄然更新。

（二）2013年的课堂，1997—1998年出生的学生

接下来的几年，课堂上支持高中生恋爱的声音在增加。以"高中生是否可以谈恋爱"的辩论活动为例，前几年认为"不可以谈恋爱"的反方人数居多；到了2013年，居然整个班级、全部42位学生都站队"高中生可以谈恋爱"！

而在观看完王艾和荷玲的故事之后，学生们的回答也倾向于此：

"女生呢其实是想穿白裙子的，但是女生的爸爸不是发现她魂不守舍吗，就悄悄地跟踪他们，然后他们就被拆散了。"

"他们俩也许会交往，不过后来在学校的时候总是走在一起，太过明显了，就招来了班主任。班主任就轮流找他们谈心，各个击破，然后就没有然后了。"

认为荷玲会穿上白裙子的学生说："女生可能会接受这个男生的表白吧，他们还约好考同一所大学，然后永远在一起了。"

……

在这一阶段，学生们开始用"恋爱"、"谈朋友"、"交往"这样中性的词汇代替"早恋"，他们对青春期两性之间的懵懂好感是承认、接纳、甚至有些欢迎的。而父母师长，对高中生恋爱还是持"反对"意见。这种观念"分歧"，使得他们把外部规则和自己的情绪需求作了区分，但关注的重点也就继续停留于对外部规则的对抗——他们需要在"对抗"中确认存在感。他们不会直接表达自己对亲密关系的渴望，而是用"父母反对"、"白裙子被洗了"、"录音带被老师发现了"等这样的理由来曲折发声。他们认为成人的反对并不合理，因为身边学长亲友有"恋爱学习两不误"的实例。对外部规则由认同到对抗，青少年呈现了他们两性情感观的变化。

《心理辅导课优秀课例实录与点评（中学版）》收录了一节录制于该时期的心理课，上课的邵巧倍老师也使用了这个素材。这节课名为"爱的选择"，隐含的选项是"恋爱"或"不恋爱"。

（三）2016年的课堂，2001—2002年出生的学生

到了2016年，如果说学生们还面临着一个"爱的选择"的话，选项则换成了"爱这个人"还是"不爱这个人"。00后的高中生在观看视频之后，会这样表达自己的理解：

"女生当然不会穿白裙子,这个男生脸上那么多青春痘,她很'颜控'的,才不会喜欢他好哇。"

"这个男生趁着女生不注意,偷偷去采集这个女生的声音,这个行为很猥琐,细思恐极啊,必须坚决拒绝他。"

"喜欢一个人应该尊重她,而不是像这个男生这样。"

"王艾只是因为女孩的声音就喜欢她,那么下次也可能因为样子、身材、成绩喜欢上别的人,这种感情其实只是一个朦胧的好感,不成熟。如果我是这个女生的话,我不会马上答应他,至少要观察一段时间。"在被问到"为什么喜欢一个特征,就不等于真正喜欢这个人"时,学生们会补充"爱一个人,应该优点缺点全部接受。"

......

在这个阶段,学生们为男女主人公设置了"不会在一起"的结局,和父母师长普遍期待的结果是一致的,但推动的力量并不是父母师长。相反,这是他们基于评估而形成的自主决策。评估的内容包括:这个表白的人拥有哪些特质?他对我的感情到底是喜欢还是爱?我又需要一个什么样的恋爱对象?很显然,他们是以亲密关系主体的身份在进行上述评估。尤其值得关注的是,一些同学的发言中开始出现了赏识双性化的倾向,甚至有了平权意识的萌芽。例如,在由本课延展话题"你喜欢什么样的异性"的讨论中,男生会列举"强势"、"能干"等特质,而女生则会表示"希望他温柔"、"男生有些依赖我也很好"。

在这个阶段,外部环境其实依然存着"反对高中生恋爱"的声音,但是由于QQ、微博、微信等多种以个体文化为基础的新型媒体兴起,高中生获得多元并蓄的宽松成长环境:好奇异性、渴望恋爱被视为成长的必然过程,他们无需对抗外部规则,于是关注点回归到了个体自身——如何成为一个更好的爱人,怎样成为一个更负责任的人。00后学生为男女主人公设置的"不会在一起"的结局,恰好就是青春期教育专家戴耀红老师所述的"人文关怀下的理性觉醒"。

三、活动设计回应的声音

吴增强、蒋薇美两位老师在《心理健康教育课程设计》中提到,心理课活动设计的依据"一是根据课程大纲,二是根据学生实际",其中"前者更多的是预设性,而后者更多的是生成性"。依据变化,具体体现为活动目标和活动方案的差异。即便相同的活动素材和活动目标,活动方案的设计也会因价值取向、课堂经验、个性气质等个人因素而各不相同。

(一) 2007年的活动设计,心理教师第1年

表9-1 2007年的活动设计

远离"情流感"
活动目标: 1. 在小组讨论中,分析中学生恋爱的因素,了解中学生恋爱可能导致的结果; 2. 在影视欣赏中自主思考异性交往的原则与方法,增强异性交往能力,提高生命质量。 **教学重点:** 认识到中学生恋爱可能导致的不良后果。 **教学难点:** 如何在讨论中兼顾"情流感"的正面影响和负面影响。
活动简案: 一、引入主题 展示心理社团关于"中学生恋爱"问题的调查与统计结果,引导语:尽管有恋爱行为的中学生数量不多,但是很多同学都对此有好奇,"情流感"的感染风险较大,所以我们今天一起来讨论一下这个话题。 二、案例分析 (一) 播放视频"声音" (二) 讨论"情流感"的来源 1. 简单交流:这个故事里发生了什么,接下来可能会怎么样? 2. 谁感染上了"情流感"? 3. 小组交流后全班分享:有哪些因素会导致他们受到感染呢? 4. 教师引导和总结"情流感"的感染源:港台言情小说;韩剧;同伴恋爱,引发羡慕;网友接触…… (三) 小组讨论"情流感"的感染后果,全班交流 教师总结:任何一种事物都有两面性,"情流感"也不例外,我也有一些想法和大家分享。 正面:互相激励,促进学业进步;性格互补;交流心事,相互支持…… 负面:影响学业和生活;引发亲子冲突;影响自尊;诱发性行为,损害身心健康…… 三、深化主题 1. 小组探讨异性交往应遵循的原则。 2. 以小组为单位进行展示。 3. 教师的建议:自然真诚;自尊自爱;言行适度;坚持在集体中交往。 四、总结寄语

尽管在实施过程中,我试图以灵活的方案来回应90后们的声音,但是回顾起

来还是有很多"新手"思维,这使得课堂的"回响"略显微弱和生硬。"新手"思维具体体现在以下方面。

首先,从活动目标到活动流程都有"内容过载"的嫌疑。有教师专业发展的研究者,把教师的成长分为"关注生存"、"关注情境"、"关注学生"三个阶段。对于一个新手教师来说,"能否撑满40分钟"是他们的主要关注点,我也一样。不管是调查结果与分析、视频等素材的引入,还是教师对"感染源"、"感染后果"、交往原则的预设,都是为了抵御"凑不够一节课"的焦虑而准备。而在这种焦虑背景下,教师会急于陈述预设的内容,留给学生的发声空间其实是相对有限的,基于生成性课堂资源的回响就更微弱了。

第二,活动设计有浓烈的"价值预设"立场,偏离了心理课"民主、平等、相互尊重"的学科特点。尽管教师也试图兼顾感染"情流感"之后的正面结果和负面结果,但是教学重点——"引导学生认识到中学生恋爱可能导致的不良后果"则明白无误地表达了教师的预设立场。时隔多年再做反思时,或可追问:课堂的价值导向与学生的心声表达,到底孰是因孰是果?

第三,对于青少年两性情感观的导向,活动设计背后是一种鲜明的"事前防控"思路,即在中学生恋爱发生之前,就提示他们保持适当的异性交往距离。这种设计是对"男女授受不亲"这一传统异性交往观的再强化——教师回应的是社会舆论、主流价值观的声音。

(二) 2013年的活动设计,心理教师第7年

表9-2 2013年的活动设计

心中有爱
——当爱在悄悄萌芽
活动目标: 1. 在讨论中,认识到爱情是需要准备的; 2. 通过再现真实的生活场景,掌握拒绝"爱"的技能; 3. 在"爱的难题"演练中,学习和练习异性交往中的沟通表达能力。 **教学重点:** 评估自身状况,认识到中学生对爱情准备的不足。 **教学难点:** 基于"中学生可以谈恋爱"的普遍观点,形成"爱情需要准备"的共识。

> **活动简案：**
> **一、引入主题**
> 播放视频"声音"。
> **二、交流讨论**：接下来，这个剧情会如何发展？
> （一）以小组为单位进行讨论，并设计故事的后续
> 哪个少年不善钟情，对于步入青春期的年轻人来说，爱在悄悄萌芽，爱情是一个避不开的话题。面对心中的爱，应当如何去取舍？让我们一同思考。
> （二）主题活动：爱情大讨论
> 1. 什么是爱情？请用一个词语来概括。
> 2. 态度表决：你认为中学生可以谈恋爱吗？
> 3. 小组讨论：爱情除了两情相悦还需要什么吗？
> 4. 教师总结：爱情是需要准备的，至少需要相对稳定的人格，心理上的独立性，体察他人感受的能力，关怀、尊重和宽容他人的能力，一定的物质基础等。
> **三、难题演练**
> （一）小组讨论"爱的难题"情境，给出解决方法，全班交流
> 他/她喜欢我，想让我做他/她的恋人，而我只把他/她视为好友，我该怎么做才能不伤害他/她，仍像以前那样做朋友？
> （二）教师小结：态度明确、语气委婉地当面拒绝或写信拒绝；托人去说并不妥当，因为要尊重他人隐私；顺其自然不表态也不妥当，会被对方误以为默许。
> **四、总结寄语**

如前文所述，这一阶段的高中生勇于承认和接纳自己对于异性的好感，所以在教学反思中，我写道："这个教案是对青春期教育的另一种尝试：营造价值中立的开放氛围，深入讨论'爱'的内涵，形成'谨慎涉爱'的共识，并练习如何去应对。"

上述反思代表了为师第 7 年，课堂回应之声的主要价值取向："爱情"可以被光明正大地讨论；青春期两性情感课堂不仅仅是"中学生可不可以恋爱"的人之难题，也是"如何处理具体情境"的行动难题。但是仔细体会，我发现，尽管男女生被认为可以走近、可以相悦，但恋爱依然是不被"允许"发生，活动设计背后体现的仍然是"事前防控"的思路——回应之声因为价值取向的单一而略显单调。

这一时期值得记录的一件"回应之声"事件是"你认为中学生可以谈恋爱吗"的辩论活动。随着"高中生可以谈恋爱"逐渐成为主导声音，我决定"顺着毛撸"追问学生："如果高中生真的恋爱了，大家觉得尺度把握在什么地方呢？"

预想之外的提问，激活了课堂。有同学说"kiss"，有同学说"反正那个不要做"，有同学说"拉手应该是可以的"……于是我设置了五种有递进关系的场景（单

独相处、拉手、拥抱、亲吻和发生性关系），请他们回答 yes or no。前三种情境，他们都回答"yes"；到了"亲吻"时，少数同学说"no"；到"发生性关系"时，全部同学都回答"no"，原因是不安全、可能会怀孕，等等。这说明，孩子们对高中生恋爱的负面影响还是有一定的认识，只是好奇心阻碍了他们对于后果的预期——把握了这一点，我做了一个价值澄清："发生性关系大家都是不愿意去做的，但是大家是否知道从'单独相处'到'发生性关系'，距离可能并不遥远？"经由经验和数据的呈现，许多同学都露出惊讶的表情，而后是赞许地点头。他们突破了对恋爱的单纯好奇和片面认识，获悉了一些关于恋爱的理性常识。顺应这种趋势，我抛出了下一个问题："那么，爱情除了两情相悦还需要什么？"学生思考的热情再次被点燃。

这次回应之声，是在理解学生自主心理需求基础之上的以退为进，让我理解了"解决之道就在挑战中"的课堂应对智慧。

（三）2016年的活动设计，心理教师第10年

表9-3　2016年的活动设计

心中有爱——puppy love 中的行动决策
活动目标： 1. 认识到高中时期对异性产生的好感，是一种自然、健康，但是有待成长的爱； 2. 形成"先评估个人准备状态、再确定是否采取表白行动"的自觉意识； 3. 学会用保护双方、促进成长的视角来处理爱的难题。 **教学重点：** 学会用保护双方、促进成长的视角来处理爱的难题。 **教学难点：** 如何在言语、行动的细节上确保以"保护双方、促进成长"的方式来处理爱的难题。
活动简案： 一、**引入主题：** 这是喜欢，还是爱？ 播放视频"声音"第一部分：王艾默默关注荷玲。 二、**主题讨论：** 青春时期的爱 （一）你在视频里看到了什么？ （二）如果要用一个词语来概括王艾这样一种情感，大家会叫它什么？ （三）这是喜欢还是爱？ （四）什么是真正的爱？ 爱是对我们所爱者的生命及其成长的关怀！——弗洛姆《爱的艺术》 介绍斯腾伯格爱情三角形理论。 （五）青春期的爱恋，更侧重于爱情三角中的哪两个元素？

三、爱的行动：破解难题 （一）播放视频"声音"第二部分：王艾为荷玲制作了一盘特殊的录音带。 假如我是王艾，要不要向荷玲表达自己的心意？为什么？ 引导方向：爱，是需要准备的。 （二）播放视频"声音"第三部分：荷玲收到了王艾的录音带。 讨论：假如我是荷玲，会如何回应？她又会有哪些考虑？ （延展话题：你喜欢什么样的异性？） （三）男生扮演王艾，女生扮演荷玲，从有助于双方成长的角度，写一封短信给对方表达自己的立场。 （四）教师小结：善解对方的关注，明确自己的态度。 **四、总结寄语**

回应这一时期高中生"异性交往"主体者的身份需求，这次活动设计理念主要呈现了两个显著的变化：变化之一，从"好感"到"爱情"，从"爱人"到"被爱"，讨论依次渐近，真正贴合了"爱"的学习本身；变化之二，对爱的决策结果给予了开放的选择，更加关注"学会用保护双方、促进成长的视角来处理关系"，更关注高中生自身的发展。而在活动形式上，我参照了邵巧倍老师的设计，把5分钟的视频剪辑"声音"拆分为了三段，以更缓慢的进度来放大两性交往中的每一个细微感受，让讨论更加深入、更加走心。

在"这是喜欢，还是爱？"的讨论后，课堂有一个值得被记录的回应之声：当时学生们用"好感"、"萌动"、"心动"这些词语描述王艾的感情，于是我就追加了一个问题："听上去，和'爱情'相比这是一种程度比较浅的感情，所以我们是不是就不必重视它了呢？"

马上就有同学回答，"不是的，这种感情非常纯粹，它代表着我们最初对爱情的向往，如果处理得不好很容易受伤。"

在同伴交流中肯定了 puppy love 的重要性之后，又有同学说"这种感情也会继续发展，甚至变成真爱。"

"发展到什么样的状态，我们就知道它可能就是爱情了？"顺延这位同学的发言，我继续追问。

很自然地，讨论的重心转向了"什么是真正的爱"。然后同学们就开始各抒己见，除了有无责任感、有无信任感之类的，斯滕伯格"爱情三元素"理论也成为了同学们关注的重点。

这次的回应之声,贴合需求、因势利导、和应有声,师生皆有成长。

四、新声音的方向

近年上海市教科院一项题为"青春期两性情感辅导"的实践研究表明,有半数以上的中学生对青春恋"比较赞同"或"无所谓",超过四成高中生有过牵手、拥抱或亲吻的经历,78%的学生希望得到青春期两性交往的心理咨询,36%的学生希望学习避孕知识和方法。所以从 2017 年开始,我把青春期两性交往的课题改成了"Love Matters":爱,很重要;爱,事关巨细。当然,作为回应,我的课堂视频媒材也得到更新。

("声音"的视频素材参见公众号"绿萝心育笔记",关注公众号后,在对话框输入"声音"可进入素材提取页面。)

【资源推荐】

1. 吴增强,蒋薇美. 心理健康教育课程设计[M]. 北京:中国轻工业出版社,2007.

2. 钟志农,等. 心理辅导课优秀课例实录与点评(中学版)[M/CD]. 北京:中国科学文化音像出版社,2019.

3. 上海市中小学(幼儿园)课程改革委员会. 高中生心理健康自助手册教学参考资料[M]. 上海:上海教育出版社,2015.

从"不可能"到"不！可能"
——心理课的 N 种可能

上海市同济黄浦设计创意中学　颜佳萍

"Rhino"、"Scratch"、"Linked-Learning"、"Wiched problem"……当这些词汇扑面而来时，你会有什么感觉？是否也会和我一样先被砸晕三秒，然后陷入焦虑："这是什么？这要怎么学？全英文软件？这不可能学会吧！"这些全部是我校高一学生在创新课程中的部分课程内容。作为一所以"设计思维"为特色的创新高中，学生不但需要掌握常规高中阶段的所有学科知识，参加高中阶段所有考试，还需要在以设计思维为导向的 PBL 课程中，掌握各种创新技能，其中还不乏外教全英文授课的项目。对于学生而言，这无疑是巨大的挑战。而大部分学生在过往的学习经历中，都很少有机会在"舞台"中央被看见，缺少得到掌声和肯定的机会。面对有一定难度的学习任务时，就容易缺乏挑战的信心，还没有去尝试就断言自己"不可能"。

高中生正是探索自己的能力，判断自己"我能行"的重要阶段，班杜拉对于自我效能的研究也发现个体是否具有成功信念对其如何思考、如何自我激励以及如何行为有着重要影响。基于这样的理解，我试图从学生的真实体验中寻找"我能行"的体验，挖掘那些从"不可能"走向"不！可能"的力量和信心，从而激发学生挑战自我的信心，突破自我设限，提高学生自我效能感。

这个探索，历经三年。从 40 分钟的常规心理课堂，到融合项目课程和日常心理活动的设计实践，再回归课堂探索"心理 Plus"跨学科心理辅导活动设计，在实践—反思—调整—再实践的过程中，我不断思考心理辅导活动课的更多可能性。

2017 学年：一节 40 分钟的心理课——不！可能

2017 年是学校更名并开始教育创新的第一年。在实际参与课程研发和观察学生创新课程表现的过程中，我发现，面对英文课程，有的学生只能勉强听懂，有的即使基础不错但面对外教难以开口；有的明明有很好的创意却因为"觉得不太好"而选择沉默……学生一方面在项目课程中不断接触学习全新的内容，新鲜、有趣、好玩，另一方面也时时面临着超越舒适区的种种挑战：公众演讲，有时可能是全英文演讲并且需要当场用英语回答外教的专业提问；从未接触过的陌生知识领域，比如全程外教授课的全英文界面的编程课、关注社区问题和全球发展的项目设计……小组活动中，举手发言、提出创意、担任组长、上台演讲的往往总是局限在个别学生，更多的学生似乎默认了"中心位"与我无关。我期望在 40 分钟的心理课堂上，通过一些学生亲身参与的活动，让他们真实体验到"自我设限"带给自己的影响，激发突破自己成功的信心。

马晓燕老师设计的"西天取经"活动给了我灵感：用一根实实在在的"线"来隐喻现实生活中的"限"，从有形到无形，在游戏中体验，在体验中感悟，在感悟中成长，太妙了！于是就有了 1.0 版本的"人生不设'线'"。

表 10-1　1.0 版教案

	人生不设"线"		
【教学目标】 1. 发现并觉察自我设限，思考自我设限带来的影响和成因； 2. 挖掘例外经验，探讨打破自我设限的方法，激发挑战自我的信心。 **教学重点**：探讨打破自我设限的方法，激发挑战自我的信心。 **教学难点**：如何激发打破自我设限主观意愿和挑战自我的信心，制定切实可行的挑战计划并延续到课后实际生活中。			
教学环节	活动流程	设计意图	备注
一、游戏体验："西天取经"	1. 学生分两组蒙上眼睛，穿过高低不同的障碍线取得"经书"，其中第二组游戏时悄悄移开障碍线。 2. 思考：为什么第二组在没有线存在时，依然小心翼翼？	通过游戏中有形和无形的"线"对活动表现的影响，引出自我设限的话题，激发对生活中自我设限现象的思考。	10 分钟
二、主题活动：人生不设"线"挑战项目	1. 讨论并分享：生活中有哪些"线"？"线"从哪里来？"线"有什么影响？教师归纳自我设限	从游戏体验出发来共同讨论心中无形的"线"：自我设限，理性看待自我设限，	25 分钟

续 表

教学环节	活动流程	设计意图	备注
	的常见表现、原因和影响。 2. 挖掘个人成就事件或例外事件，探索突破自我设限的方法。 3. 制定个人"人生不设'线'"挑战项目计划。	激发学生去尝试自我不设限、跳出舒适圈的动力，增强学生挑战自我的信心。	
三、课堂总结	1. 分享制作挑战项目计划； 2. 鸡蛋从外打破是食物，从内打破是生命，挑战自我，人生不设限！	通过同伴分享的熟悉的名言，进一步强化学生对挑战自我的信心和动力。	5分钟

当我信心满满地走进课堂进行第一次试教，现实毫不留情地给我泼了一桶冷水。因为学生难以快速理解游戏要求，活动参与热情太高，热衷于自己"加戏"，增加游戏难度等状况，预设十分钟的"西天取经"活动几乎占据了全部课堂时间，后面的主题活动根本来不及开展，而且游戏的设计还让学生有"被愚弄"、"被欺骗"的感觉，这是我完全没有预料到的。作为一个也算有几年教龄的心理老师，我第一次经历了无以言表的窘迫和沮丧。

这堂课设计磨课的过程，恰逢第四届黄浦区心理教师基本功大赛。在历时近一个月的比赛准备期间，经过 n 次试课的大修大改、细微调整和不断打磨，最终呈现了还算满意的 n.0 版本。

表 10-2 n.0 版本教案

不！可能
【教学目标】 1. 觉察生活中"不可能"背后的自我设限，愿意去挑战"不可能"； 2. 寻找突破"不可能"的具体方法并制定挑战计划，激发挑战自我的信心。 **教学重点**：通过游戏中的尝试，体验和觉察生活中"不可能"背后的自我设限，愿意去挑战"不可能"； **教学难点**：寻找从"不可能"到"不！可能"的具体方法并制定挑战计划，激发学生挑战自我的信心。

续表

教学环节	活动流程	设计意图	备注
一、游戏体验："穿越火线"	1. 通过课前彩蛋，学生分别认领志愿者、观察者和穿越者角色任务，志愿者负责布置场地"火线"，观察员负责计时并观察两轮游戏中穿越者的不同表现，穿越者则需蒙上眼罩进行两轮穿越火线，对比两轮游戏的耗时和感受，体验经过努力尝试把"不可能"变为"不！可能"的过程。 2. 提问：是什么让你顺利完成了游戏任务？两轮游戏的体验或观察有何不同？为什么？ 3. 小结：生活中也会有一些原先觉得有难度，可能觉得不可能的事情，但经过尝试以后会发现并不像想象中那么难。	1. 通过不同的角色任务，令每个人都能充分参与游戏过程，并且能从不同的角色视角观察体验游戏进程，丰富观点。 2. 通过追问不同角色在游戏中的感受，进一步挖掘学生在游戏中"原本觉得不可能"而努力尝试后"觉得可能"的感受，强化信心。	15分钟
二、实战演练：我的"不！可能"挑战计划	1. 案例介绍。 (1) 教师的挑战计划：突破"我不可能读完外文原版书"，坚持每天挑战外文书碎片阅读。 (2) 蒋甲为了突破自己害怕被拒绝的限制，坚持"被拒绝100次"项目。 2. 学生从自身实际情况和发展目标出发，思考自己期望打破的"不可能"限制和遇到的困难，制定个人"不！可能"挑战计划。 3. 分享"不！可能"挑战计划。	1. 通过案例介绍，了解觉得"不可能"的原因、有针对性和可操作性的挑战方法，以及挑战的结果。 2. 以活动单的框架呈现案例中提炼的突破自我小方法，帮助学生理解并能够迁移运用在自己的挑战计划制定中。	20分钟
三、课堂总结	结合学生分享总结：对敢于尝试的人来说，没有不可能的事。	总结全课，鼓励学生将挑战计划应用在实际学习生活中。	5分钟

在学生们的挑战计划中，有的写到了要挑战自己对于数学学习的逃避、要开始坚持背单词、做阅读、练字，也有的写到了要在项目课程中完成一次当众演讲、要勇敢提出自己的创意、要在高中阶段办一次个人画展……他们不仅在课上体验了努力尝试突破自我的信心，还把这种收获带到了他们真实面对的挑战中。

在一次前往同济大学听讲座的过程中,有一组学生偶然看到了"芬兰设计工厂青少年创新挑战赛——3D 设计与创意"的比赛通知,想到自己已经在创新课程中接触学习过了 3D 打印技术,他们跃跃欲试。尽管老师们认为这个比赛对于刚刚接触 3D 设计的他们而言难度相当大,但他们还是决定试一试。他们利用周末时间反复讨论、构思、画图,应用设计思维经过几轮迭代,提出了一款新型咖啡杯的创意,并前往芬兰阿尔托设计工厂参加比赛。经过原型打印和展示答辩,他们最终获得了设计金奖。这个项目还在"众智未来——海峡两岸青少年创客大赛"中,作为成人组仅有的两支高中生参赛团队之一,从北清复交的大学生中脱颖而出,获得了第三名的佳绩,目前也已申请专利。更令人感到欣喜的是其中一位组员从最初站在台上就说不出话到参加比赛时可以站在国际比赛舞台上用英语侃侃而谈。这样的突破,让我看到了在心理课上激发学生突破自我设限的信心,并在实际生活中挑战自我的教学成效,也开始对创新课堂带给学生的影响充满好奇与期待。

2018 学年:一面神奇的镜子——复盘

带着这样的好奇与期待,在第二年的创新课程中,我的角色从观察者逐渐转为策划者实施者。一年的课程观察也让我发现:当我们试图在心理课堂里创设一种情境、案例或者游戏,试图让学生有所体验和感悟时,学生分分秒秒都在真实世界里面临和经历着真实的困难和挑战,而学校"设计思维"和"项目化学习"的校本特色也同样强调"与真实世界的问题相连","在真实情景中提高问题解决能力"。经过和项目团队的讨论,一个想法逐渐清晰:何不把整个项目课程视为心理课的"大型体验环节",通过增加对这些体验的自我觉察、复盘和思考来提高心理课的效果?毕竟心理课一周只有 40 分钟,项目课程一周至少 450 分钟。那么什么样的设计能让每位学生可以联系自我觉察和复盘? 如何让这些思考真正促进他们的日常行动?

经过与项目组老师讨论,我们找到了一个方案,做每周复盘小报! 取"照镜子"的隐喻,我们把这份复盘作业称为"Magic Mirror",简称 MM。每周一次,以 ORID 焦点讨论法(Objective 客观事实、Reflective 感受反映、Interpretive 意义分析和 Decisional 基于事实的下一步行动）为作业框架，复盘一周学习生活的感受和思考，制定下一周的计划，也可以与老师互动，提出对课程的建议。同时，我也会根据每一周课程重点目标及学生在课程中真实的表现和遇到的问题设计思考题（作为 Specific level），比如：

- 在过去一周的 PBL 课程中，有什么令你印象深刻？为什么？
- 在这个项目中，最让你觉得骄傲的是什么？
- 在这个项目中，你主要做了什么？如果有机会的话，下次你比较想尝试什么角色？

图 10-1 部分 MM 作业内容

有一位男生在一个阶段的作业中分次表达：向来不多言语的我开始有想法就说出来；下一次，希望能有信心站在台上进行分享；下一次，希望我能在团队中负责绘画；担任组长，保证项目的完成要分配、执行、果敢……在一次次的反思精进中，他作为组长带领全组完成了项目，还参加了市级比赛并获得了奖项。学生从真实的项目体验出发，在日常学习、生活中向内自我探索，不断突破舒适区，持续思考，精进成长。

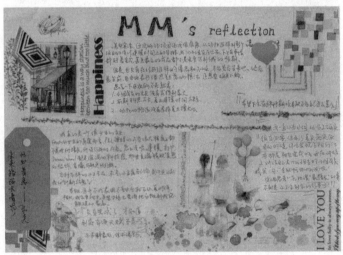

图 10-2 部分学生的 MM 反馈

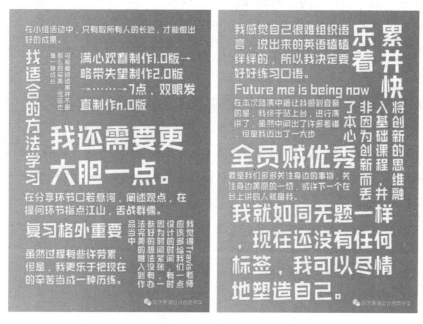

图 10-3　学校公众号推送的中学生 MM 作业摘录

在每周一次的 MM 作业中,我欣喜地看到了学生们的所思所想,看到了他们自我觉察和复盘精进能力的提高,看到了他们一点一滴的突破和成长。每周在阅读学生的 MM 过程中,我也不断看到学生对于每一周课程的真实思考,我得以有机会了解他们是怎么看待每一周的生活,他们正在思考什么关注什么,每一周的课程中有哪些令他们觉得有收获,哪些他们觉得有难度,哪些是他们有兴趣的,哪些对他们来说是太无聊的。每周我们也会将学生的部分作业展出,摘录金句展示在教室外的楼道里,经过的老师和同学也可以具体针对某句话、某份作业开启一个对话,给予一个反馈或评论。日本设计大师山本耀司曾说:"自己"这个东西往往是看不见的,你要撞上一些别的什么东西,反弹回来,才会了解"自己"。正是在这样的一个过程中,学生和老师之间不断相互碰撞,真诚互动,全情投入,心理课真正不再局限于 40 分钟,而真实的心理成长在每一次日常的互动中发生。

有一次面对记者的提问"你认为学生的变化是怎么发生的?有哪些因素在起作用?"这让我开始回顾和总结过去一年的实践,开始思考是什么原因让一部分学生能做到不断推动自己迎接挑战，拓展自己的能力边界，同时仍有一部分学生从不主动也不愿意尝试全新的内容到也开始试图提炼出一些有价值的经验。这时，我恰好读到了全球教育学界奖金最高的"一丹奖"首届得主斯坦福大学教授卡罗尔·德韦克教授在《终身成长》中对于成长型思维和固定型思维的描述。她认为，一个人拥有成长型思维，将乐于接受挑战，并积极地去扩展自己的能力。当孩子每一次突破自己的"舒适区"去学习新知识、迎接新挑战，大脑中的神经元会形成新的、强有力的联结，长久下去，就会进入良性循环。我想，也许每周的MM作业，在回顾"为了取得某一个成功，我是怎么做到的"、"面对某一个失败，我是怎么想的，下次我想尝试怎么做"的过程中，潜移默化地让部分学生逐渐习得了应用成长型思维去面对学习、生活中的挑战。那么，是否可以有更多的活动设计，有效培养学生的成长型思维？带着这样的思考，我开始设想下一年度的课程。

2019学年：一次跨界的合作——"身心合一"

德韦克教授在《终身成长》一书中还提出"大脑如同肌肉一样，都可以通过练习提高"。多年的健身经验，让我对"体育运动在培养积极心理品质过程中的重要作用"有了很多切身体会。于是，我找到体育老师一起讨论心理和体育进行跨学科合作的可能性。惊喜的是，受限于我们学校场地空间，体育老师原本也常常在体育活动课上开展有一定活动量的团体心理游戏，一拍即合就有了尝鲜版的"挑战不可能——身心合一"心理+体育跨学科课程，从"什么是健康"这个入项问题出发，通过个人活动、小组活动和班级团体活动的层层递进，并尝试将成长型思维运用实践在高中学习生活中，为未来的学习生活打下基础。

挑战不可能——身心合一

【课程目标】

1. 体验体育运动的乐趣，提高兴趣；
2. 增强团队凝聚力，建立在同创成长发展的支持系统；

3. 初步了解成长型思维,并能运用实践在高中学习生活中。

【教学准备】秒表、瑜伽垫、长绳、记录表格、海报纸、彩笔等

【教学时长】90 分钟

【教学过程】

表 10-3 挑战不可能——"身心合一"活动简案

教学环节	活动流程	设计意图
一、认识教师 (5 分钟)	任教教师自我介绍。	破冰相识,并留下悬念:体育老师和心理老师一起上课,会"玩"什么?
二、热身(10 分钟)	体育老师带领开展形式活泼的基础热身活动,进入运动状态。	调整心率和状态,防止运动伤害。
三、体育活动 (55 分钟)	1. 个人项目(15 分钟): 靠墙半蹲和静态平板支撑:每人至少坚持 100 秒,超过 100 秒并觉得还有能力多坚持一段时间的同学可以继续,总时长不超过 180 秒。	从相对简单容易达到的个人挑战任务开始,增加"坚持尝试"的成功体验和迎接挑战的信心。
	2. 小团队项目(20 分钟): 随机分组,在 15 分钟内每组成员至少完成 15 个台阶踏步、15 个波比跳、15 个动态平板支撑。完成数量最多的小组获胜。	以小组为单位进行挑战,运用小团体组队竞争的动力进一步激发挑战信心,在没有上限的挑战任务中寻求突破。
	3. 集体项目(20 分钟): 以班集体参加,每班有三次机会,挑战连续跳长绳,如果三次机会后仍想继续,集体做 5 个深蹲可额外争取一次挑战机会。有限时间内试跳中完成个数最多的班级获胜。	面对有难度的团体目标,鼓励学生通过努力(5 个深蹲)不断尝试突破,体验努力尝试获得成功的成就体验,激发迎接挑战的信心,提高班级凝聚力。
四、心理复盘 (20 分钟)	完成体育活动后,全体师生围成大圈席地而坐,从 ORID 四个方面回顾课堂内容,分类将成长型思维与固定型思维的关键词写在大白纸上进行反馈。	体验如何应用 ORID 四个维度进行复盘,觉察自己面对未知挑战的感受和反应,强化成就体验,初步理解成长型思维并鼓励应用。

在实际授课过程中,心理老师和体育老师一起合作,体育老师负责组织学生开展项目挑战。对于体育基础较好的学生,体育老师就会鼓励他进一步突破自己,有学生在平板支撑时就足足撑满了3分钟,汗水流进了眼睛也没有放弃;有的学生之前可能从未接触过静蹲、平板支撑等项目,听到要坚持100秒时,第一反应"不可能"、"做不到"。在实际过程中,几乎所有学生都坚持到了100秒以上。前期体育活动时,我作为观察员和助教参与挑战任务,在过程中即时收集学生的想法和表现。心理复盘时,有学生说"自己已经放弃了但看到有同学还在坚持,觉得他们很了不起","小组任务时明明已经很累了,看到组员还在拼就觉得自己也还可以继续","虽然跳绳没有达成目标,但是大家一起努力跳过第一个的感觉真的很爽","已经能跳3个了,如果再来几次肯定可以跳满10个"……

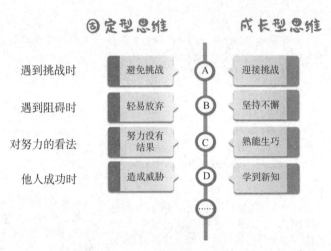

图10-4 课堂板书——固定型思维与成长型思维的不同表现

在整个创新课程与心理融合开展的过程中,学生遇到困难和挑战,又在面对挑战的过程中收获正向的反馈。每一次"我可以再试试"、"也许下次我也可以……"、"还有什么办法……"等真实而深刻的体验,都成为学生下一次继续迎接挑战突破自我的信心和勇气。曾经一个感觉"喉咙像上了锁"一样不敢开口表达的女孩,在2019年招生说明会上,她说:"初中时候的我绝对不敢想象自己站在台上演讲,但是来到同创,从报到第一天开始,我们必须要向大家表达观点。当我

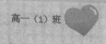

图 10-5　学生课后 ORID 复盘反馈

第一次站在台上努力开口讲的时候,我喉头的锁被打开了,我也变得越来越自信、开朗、阳光、敢于表达,才有了今天站在这里的我。"这样的典型例子还有很多,它们在让我觉得欣喜的同时,也让我在不断思考:

是哪些因素让这些改变发生?

今天我们怎么来理解"突破自我设限"?

学生时时刻刻都在经历着不同的生活故事,真实生活里面对种种或喜悦或复杂的心理体验,如何能通过有效的课堂或活动设计,让学生拥有自我发展的能力?

我们所尝试的与创新课程充分融合是否是一种开展心理教育的全新途径?

……

这一次"心理+体育"的尝试为未来更多的"心理+X"的多途径开展心育课程带来了可能性。下一学年,我们还将继续探索"心理+音乐"、"心理+戏剧"、"心理+文创设计"等更多的课程形式和途径。如何在"心理+X"模式中有效开展心育活动,促进学生成长型思维发展和积极的心理品质,仍是我在不断探索与实践的问题。

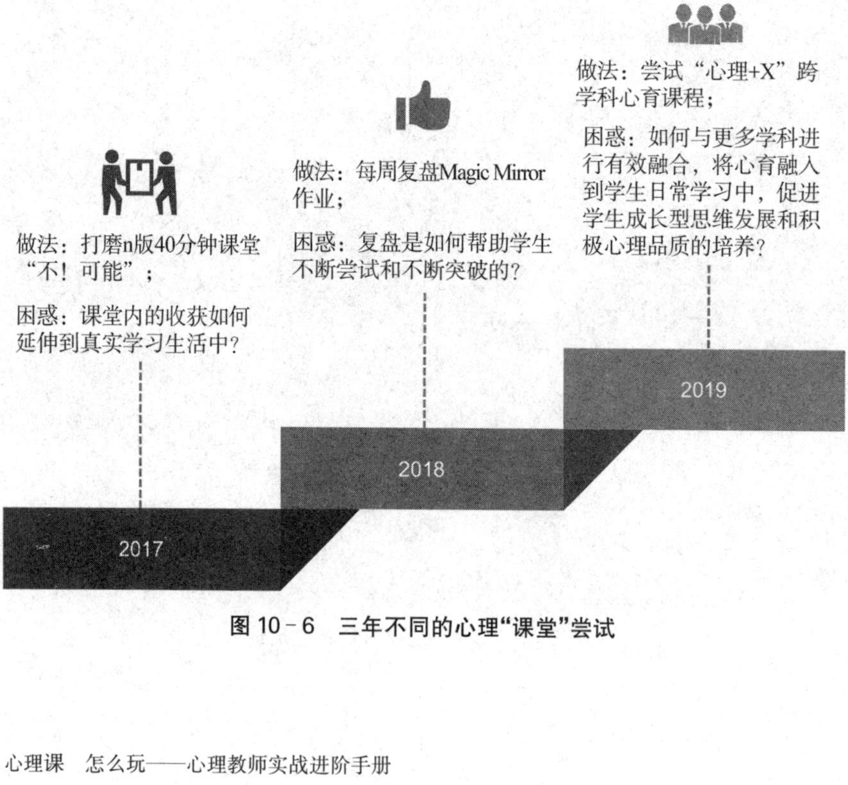

做法:打磨n版40分钟课堂"不!可能";

困惑:课堂内的收获如何延伸到真实学习生活中?

2017

做法:每周复盘Magic Mirror作业;

困惑:复盘是如何帮助学生不断尝试和不断突破的?

2018

做法:尝试"心理+X"跨学科心育课程;

困惑:如何与更多学科进行有效融合,将心育融入到学生日常学习中,促进学生成长型思维发展和积极心理品质的培养?

2019

图 10-6 三年不同的心理"课堂"尝试

【资源推荐】

1. 中学生心理课综合篇教研组.中学生心理课(综合篇)[M].北京:中国轻工业出版社,2015.

2. 卡罗尔·德韦克.终身成长[M].南昌:江西人民出版社,2017.

3. 夏雪梅.项目化学习设计:学习素养视角下的国际与本土实践[M].北京:教育科学出版社,2018.

进一寸有一寸的欢喜
——心理教师的弹性与成长

文/周 隽

> 有一位秘书去跟老板谈加薪。
> 老板问：你做了几年秘书了？
> 秘书很委屈：我都做了五年秘书了。
> 老板说：你是做了五年秘书，还是一年的秘书做了五年？

真是一个好问题！我们不妨也问问自己，我究竟做了几年心理教师？

当我想到学生，脑海里会跳出哪些词语？当我想到心理课，我又会有什么样的感受？

这两个问题，可以帮助我们判断"我究竟做了几年心理教师"。如果是眉头微蹙、不自觉地叹了一口气，那么于我们而言，心理课可能更多的是课表上的一个安排，而不是我们生命中的一个过程。有时候，透过心理教师的声音，我就能想象出课堂的效果。这个声音，不是指外在的字正腔圆或者抑扬顿挫，而是蕴含在里面的情感。心理课是一个心与心相互碰触的过程，心理教师的生命状态对孩子的影响会更加深远。

心理教师要避免出现两种状态，一种是因为长期从事重复性的工作，觉得工作缺乏挑战性而导致工作热情下降，情绪上产生厌恶和应付；另一种是基于心理教师助人的职业属性，如果只是一味的付出，虽仍抱有热情，但若疏忽了助己，又苦于缺乏相应的支持，就容易力不从心，在工作中出现无力感，对自己工作的意义和价值评价下降，产生心力耗竭的情况。

那么怎么才能让自己和学生、和课堂一起成长呢？心理课有"三心"，而心理教师得有"四心"。

一颗好奇的心

对学生好奇。

刚做心理老师时我曾有一种担心,担心同一个教案要讲上十遍乃至几十遍,会不会到了后面就味同嚼蜡,兴趣索然,连自己都没有热情去重复了。事实证明我这种担心是多余的。对教师来说,教案内容已经重复多遍,学生的回答也基本都在预设和掌控之中,新鲜不再。但对学生来说,这些你能倒背如流的东西,他们还是第一次接触。即便在以往的学习中可能听过这个主题、做过这个活动,但从一个新的老师嘴里讲出来,在一个新的时间、新的环境和一群新的同伴来做一个旧的活动,也会有不一样的体验和感觉。所以,不同的学生会有不同的反应,而我们教师也会在这种碰撞中有不同的临场"变戏"。

与其说是我在上课,更不如说是我和学生一起在探讨某些东西。所以,每次我走进教室,都带着一种新奇的心情,因为我不知道今天这些可爱的学生们会带给我怎样的愉悦和惊喜。而学生在活动中表现出来的睿智和创新思维也让我赞叹不已,我从学生的回答和创作中得到很多收获和启发,也深深体会到什么叫"教学相长"。

有一张"老虎与驯虎者"的图片,最初我的提问是"你看到了什么?"学生通常都会说"虎头"或者"豹头"(无所谓,反正会看到兽头),然后接下去我会说:这张图片的名称叫"老虎与驯虎者",你看到驯虎者在哪里了吗?

学生们就睁大眼睛找啊找。没想到有一次上课,有同学说:没看到驯虎者,我只看到了皮卡丘。然后接二连三的声音就出来了:我看到的是美人鱼;我看到一张面具脸……我没想到原本只能看出两张脸的一幅图还能看出三条美人鱼和五张脸,甚至更多。学生的回答让我看到了封闭式提问的限制,后面一个班

图 11-1　老虎与驯虎者

级的提问就变成了开放式的问题:"在这张图上,你们看到了什么?"和我的秘密武器"还有吗?"

每年高二"爱与性"的青春情感课堂,我总是会从学生们那里与时俱进地学到很多东西,我也称他们为"老师"。记得有一次关于"性"的联想,有个学生说"gongshou",我想都没想就在黑板上写下了"宫兽"两字(我当时理解这个可能是对人面禽兽的新说法,很多时候我们做老师的也会自说自话、自以为是)。没想到下面一些同学立马哄堂大笑"老师,你写错了!"我很莫名但也很坦诚地把粉笔递给他,请他上来写。那男生边笑边写下了"攻受"二字,看我还一脸雾水,大家热情地给我进行科普。啊,这不就是"教学相长"吗?我一直很感谢我们学生不嫌弃我很 out,我也从他们的回答中看到社会的热点和发展。

当我们对学生和课堂抱有好奇,他们绝对会给你意想不到的惊喜。"财富人生"的课上,学生们对于"幸福"的拍卖非常激烈,PK了好几个回合。最后拍到的同学心满意足,没拍到的难免有些遗憾。拍卖结束后,我邀请拍到的同学轮流分享"我为什么选择这个"。轮到拍到"幸福"的同学了,那位姑娘站起来:我觉得幸福很重要,我也期望我们每个人都能拥有自己的幸福,所以我把这个"幸福"送给大家。全班先是一愣,继而每个人都热烈地拍起了手。等到拍到"爱情"的同学发言了,有同学调侃:这个你也送给大家吗?那个男生右手一挥:不,爱情绝不能送,但是,我愿意和大家一起分享爱情带给我的欢乐!班里又是一阵击掌拍桌。学生实在是太可爱了,这样的心理课堂实在让人太享受了!

对于教师来说,我在和学生的互动中,获得的启发和成长也是不计其数。

上自画像分享第一课时,我先和学生们分享我的自画像。最初上这课时,我就是直接告诉学生,我用"水"来代表我,因为我觉得我和水有四个相似之处:我喜欢像水一样自由自在地流动;水是有韧性的,滴水穿石,凡是我想做的事我一定会坚持;水是温和而平静的,但奔腾起来也是很有脾气和个性的;"君子之交淡如水",这是我很喜欢的一种朋友相处方式。

有一次,我突发奇想,不知学生怎么看我和水之间的相似处,于是我在黑板上画

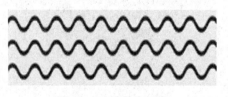

图11-2 我的自画像

下我的自画像(这也是让学生看到即便画功很差也阻止不了我对自己的认识)：我用这个来代表我,大家猜猜是什么。绝大部分同学都会说是水、波浪,当然也有很特别的答案——方便面。

当我问学生：根据大家开学以来和我的接触,你们说说我为什么用水来代表自己呢？学生们的回答,无异于给我做了一次"心理按摩"。

表11-1 学生眼里的水和心理老师的相似点

水的特点	周老师的特点	我的回应
水有三态。	老师能伸能屈。	做人得要有点弹性才好。
水无形又有形,可以适应各种容器。	老师可塑性强。	好,接下来的三年你们看我慢慢变形哈。
比热容较大。	老师包容性强。	这是必须的。/你是在提醒我上课要多包容你们有时要"干副业"吗？
有净化作用。	帮学生解决心理困扰。	嗯嗯,有需要找周隽。
上善若水。水善利万物而不争,处众人之所恶,故几于道。	老师与人无争。	谢谢你,我一定朝这个目标好好努力！
很柔和。	老师很温柔。	我对你们比对我儿子温柔多了,期望你们不要逼我露出凶恶的一面哈。
柔中带刚。	老师很温柔,但也很坚定,有自己的原则。	是的,所以你们要理解为什么心理课也会有规则。
无色无味。	老师很直爽,也不化妆。	你的眼睛和鼻子好厉害！
水是生命之源。	心理老师很重要。	哇,我都没好意思这么夸自己,谢谢你的器重！
大多数物质都能溶解在水里。	老师的人缘很好。	确实,朋友是我这一生中非常重要的财富。
……	……	……

这样的回答,意不意外,惊不惊喜？

对课程好奇。

第一年,什么都是第一次,常常会有如履薄冰的感觉。慢慢地,我们会积累一些经验,在课堂上多了几分踏实,面对各种问题时多了几分从容。但这些经验在让我们逐渐驾轻就熟、得心应手的同时,也可能成为一种束缚。倘若年复一年,我们安于四平八稳,一直按照老套路来上课,对于自己教学存在的问题不愿也不敢去突破,不知会不会对自己讲的东西一脸嫌弃,觉得迈进教室是一种痛苦?所以有事没事不妨问问自己:这个课还可以往哪里去?

这个"哪里"包括很多:还可以用什么视角?还可以用什么形式?还可以用什么素材?还可以用什么活动?还可以设计什么问题?还可以怎么追问?还可以怎么衔接?还可以怎么更深入?还可以怎么回应学生?还可以怎么增加挑战性?还可以……

所以,如果有足够机会,我们可以多参加一些专业性的培训,拓宽视野。如果没有那么多的机会,那么我们可以自己多看书多思考,多去观摩同行的课,给自己的灵感充充电。如果机会真的很少,那么上课时带个录音笔,课后反复听录音,在不断的揣摩中你一定会发现自己的课还有很大的提升空间。

感谢自媒体的发达,我们现在还可以跟各地很多心理老师进行"空中教研"、"隔空研讨"(以下公众号按首字母顺序排列)。

团队公众号:静心安筑、蓝天团体心理、心海扬帆团队、心理老师说、心师享……

个人公众号:爱吃萝卜何青菜、不惧长大、绿萝心育笔记、美丽心语桥、RAIN的心理时间、遇见 Olivia……

每一篇文字的背后都是同行对心理课用心的思考。这些交流,不仅仅是给我们提供了一个资源库,更让我们看到他们对如何上好心理课、如何成为更好的自己的追求,真的是"进一寸有一寸的欢喜"。

一颗放空的心

在我刚做心理教师的最初几年,不知从什么时候开始,我发现每一届的三班都特别吵,教室又特别大,上课比其他班要吃力不少。以至于到了后来我就有了"三班情结",每次看到课表上今天有三班的课,走向那间教室时,我都会不自觉地皱皱眉头。二十多年前的某一天下午,又是三班的课。还在走廊,我就听到教室里又在上演《茶馆》。我微微叹了口气,推开教室门,学生们眉飞色舞的热闹和我内心不愿张口的冰凉形成了鲜明的对比。我静静地站在讲台上看着他们,终于,他们安静了。那节课原本是要分享"我的老师",作业提前一个月就已经布置了,我也事先提醒他们带来。没想到当我询问"作业带来了吗",得到的是学生们参差不齐懒洋洋的回答"什——么——作——业——啊"。我强压内心的涌动"就是'我的老师'这份作业","没做"、"没空做"、"做不来"……又是此起彼伏的声音。我再也忍耐不住了,脸沉了下来,缓缓地说:本来这节课我们要分享这份作业的,你们都没做,那怎么上呢?

教室里一片寂静。这时,从某个角落里发出一个小小的声音:我做了。这个声音立刻唤醒了我的 A 状态(PAC 中的成人状态):对啊,我又没全班统计。于是我说:谢谢你,那么请其他做了的同学举一下手。猜猜,我看到了什么?

一只手、两只手、三只手……全班的手都举了起来!然后所有的同学齐声快乐地说:老师,愚人节快乐!孩子们笑嘻嘻地看着我,那一瞬间,我的情绪像坐了"过山车",从无奈到失望到生气再到惊喜!我强压内心的激动,"面无表情"地回应道"孩子们,愚人节快乐。"学生们一下就嗨了,"老师,我们以为你生气了,原来你也在愚我们啊!"刹那间,我为我的"三班情结"感到羞愧,我把自己的不成熟归结为孩子们的不懂事,实在是愧对孩子们叫我一声"老师"。我把学生们不知道的这个心路历程告诉了他们,那节课,是我认识他们以来上得最顺的一节课。

从此以后,看到三班,我不再皱眉头。学生们的这个"愚人节"礼物促进了我的职业心理成熟度。再后来,无论学生有什么样的表现,我都会每节课放空。这种放空,是我作为教师的一种放下,我允许学生在我的课堂有一些不合作的言行,但我再次踏入这个课堂时,我只记得正向的东西,不会记住曾经发生过什么不愉快的事情。这样也会很好地避免因为我的一些看法导致学生产生抵触,从而更易在课堂上产生不合作。

这种放空,也是我对自己情绪的一种调节。就好像我最多用"不喜欢"而不是用"讨厌"一样,我用"有选择不参与的权利"而不是"对立",让彼此的感受都会好一些,尤其是我自己。

这种放空,更是放下对学生的预设,这里的预设是指对学生的陈见或者偏见。我发现有的老师在上课时预设的引导痕迹很明显,不太用开放式提问。当我问及原因时,得到的回答是:用开放式提问,他们就会乱说,答不到点子上,浪费时间。也有同行跟我说,你们学校的学生好,所以回答都很到位,我们学生不行。我们学校的学生是很不错,不过我也走进过不同类型不同层次的课堂,包括工读学校。我发现当一个贴合学生的问题被问及后,不同学校的孩子眼里泛出的光都是相似的。如果我们对眼前的学生缺乏期待,这不仅会限制学生的思考,其实也是对自己的束缚,我们又怎么能上好这门课呢?

一颗回归平实的心

心理课上得多了,心理课也看得多了,感觉要搞点"弹眼落睛"的活动创意真的是好辛苦。我们常常会发愁,心理课怎么才有新意?我们会花很多心思在活动和素材的选择上,期望能让人眼前一亮。能有这样的设计当然是锦上添花,但若没有或者比较少,怎么办呢?一堂精彩的心理课是什么样的?我觉得是听课的学生在这节课中和课后,有心里被触动,有思考被引发,课后还有"绕梁三尺"的感觉,这就是一堂精彩的心理课。

心理课是一个生命影响生命的课堂,我们选取学生中常见但又容易被忽视或急需要解决的主题进行深入的讨论,即便形式很老套、语言很朴素、教学手段也不先进,但只要学生记得其中某一个细节,对他的生活有一点改变,而不是嘻嘻哈哈地上了一节课,这就是心理课的价值和意义。心理课,有趣的灵魂远比花哨的形式更有意思。

大道至简,大美至简,所以我觉得我们可以抱持一颗平实的心,不要只把心思花在夺人眼球的形式上。静下心,沉下去,在家常课的基本功上好好琢磨积淀,在需要出彩的展示课、比赛课上才会从容应对。

我有一节有关幸福的课程。最初备课时,我想让学生讨论对幸福的认知,但发现就会落入对什么是幸福的不同界定中。而且对于个案的分析,由于缺乏真实感受,学生比较容易停留在理论的分析上,自身体验比较浅,这并不是我想要的结果。幸福和我们拥有什么并没有必然的联系,但却和我们感知幸福的能力密切相关。我们渴望幸福,却常常在追求未来幸福的过程中,在忙忙碌碌的节奏中,忽略了我们正在经历的幸福。其实我们的学生并不缺少理性的认识,所以我就回到幸福的起点——感知能力。

这节课真的很简单,除了实物投影仪、两三页 ppt 和黑板,其他什么道具都没用。整节课就是学生们的分享,他们带来了一件件物品,讲述着一个个故事和自己体验到的感受。讲的同学很动容,听的同学和老师也很投入,也引发了我们对身边幸福更多的发现。每个人带来了一件物品,但下课时我们每个人都收获了满满的感动和幸福。当我最后呈现课题"幸福会敲谁的门"时,我想每个人的心里都有了答案。

生活中有刻骨铭心的幸福,但更多的是那些平淡的点滴的幸福,而正是这些小确幸构成了我们真实的生活。能体验到日常生活中美好的人,其内在的稳定性和幸福感也会相对更高。就像新闻里那个在案板下学习的小姑娘,专注的神情、无邪的笑容,让每个人都能感受到她心里的幸福。

图 11-3　案板下学习的七岁姑娘柯恩雅[①]

图 11-4　案板下甜笑的柯恩雅[②]

一颗自我关爱的心

教室是一个有魔力的地方。那年我扁桃体重度化脓,痛得生无可恋。可走上

[①②] 图片来自新华社、浦东图书馆公众号

图 11-5 学生刮画作品

讲台,说着说着声音就响了,喉咙也不痛了。走出教室,立马成了瘪气的球,再也不想张嘴。有时中午做好咨询,赶紧整理好情绪就进教室上课。无论学生怎么样,我总是充满了耐心。但有时回到家,我对父子俩的态度就没那么和蔼可亲了。

心理教师的职业是一个助人的服务性工作,我们总想着怎么帮到别人。当看到学生露出笑容时,我们会有满满的价值感和成就感。但有时我们也会觉得无力无助。怎么可以让自己在助人的同时不心力交瘁、筋疲力竭呢?我想我们不仅需要有专业的能力,还要有一颗关爱自己的心,记得留出时间,温柔待自己。

今年疫情期间,赵旭东老师在"在灾难中学习与成长"的分享中,引用了德国专家森夫(Senf)教授的一张图来讲解职业倦怠的发展过程。这个过程像时钟一样嘀嗒嘀嗒地走,不及时关注的话,身心健康就会受损。

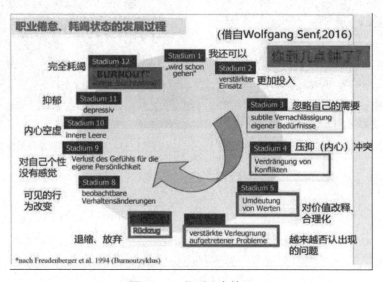

图 11-6 你到几点钟了

把12点这个地方当作1点钟。

1点钟：还可以。我行，我很牛。

2点钟：投入更多。

3点钟：忽略自己的需要。根本不要吃饭睡觉、家里什么事儿我都扔得开。

4点钟：压抑内心冲突。心里有别扭和压力，我都可以无所谓压下去。

5点钟：对价值改释、合理化。遇到麻烦，我就找一些理由来合理化，说服自己不在乎。

6点钟：越来越否认出现的问题。很多事情积累越来越多，还在否认，不处理。

7点钟：退缩、放弃。产生明显的副作用，很多事儿就不想做了。

8点钟：可见的行为改变。

9点钟：对自己个性没有感觉，对自己的需要越来越没有感觉，对自己的人格和价值观都麻木不仁。

10点钟：内心空虚。

11点钟：抑郁。

12点钟：完全耗竭。

这是在没有人帮助、自己也不寻求帮助、环境不好、压力持续存在的情况下容易出现的一种过程。我们最好努力让自己不要超过六点钟：当你已经不想干、不敢干的时候，可能就是需要求助。这是心理、行为上我们看得见的东西。身体的疲劳比较容易测量，但心理疲劳大家容易觉察不到。（摘自公众号致道中和：赵旭东：在灾难中学习与成长［文字稿］。）

我们不妨也来看看，自己现在几点钟了？

感谢玄佛，在我写这个主题时正好推送了一篇"学会爱自己"。就让我们一起跟着刘老师来制作一份"爱自己手册"吧。

[活动准备]

A4或B4纸一张(必选,按照下图折叠成8个相等的长方形);

彩笔、好看的贴纸(可选);

愿意陪伴自己的心(必选)。

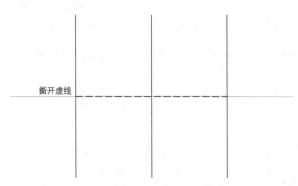

图11-7 纸张折叠参考图示

无论是A4纸还是B4纸,按照上图折叠后都会成为一本4页的小册子。

[活动过程]

1. 接纳真实的自己

在"手册"的第一面(封面的后2页),我们要写上自己的优缺点。自我接纳是对自己的优点、缺点不加评判地承认,接受自己当前的样子。

在完成手册的这一面时,请带着平和的心去看待自己,不否认那些闪光点,也不为那些小缺点、小毛病感到羞耻。

图11-8 手册第一面

尽管任何一个人都不可能对自己内外在的每个方面都满意,但爱自己的人愿意去承认、欣赏自己的可爱的那部分,也愿意接纳自己当下的不完美。

2. 学会自我照顾

我们每个人都是独一无二的,都有着不同的特质和经历,这些会形成我们专属的敏感点。不知道大家是否曾在一次次生病、不舒服、不开心时进行记录,记录身体或情绪发出不适信号时的状况?自己容易被什么触发坏情绪?自己最难以承受的压力是哪一类?

在"手册"的第二面,我们要分别记录那些给身体或心灵累加负担的行为或要素。例如,我会写:每当换季温差大、时间紧压力大任务多、睡不好的时候我容易生病。每当期待落空,参与激烈的竞争和比较,身体又脆弱的时候我容易自我怀疑、否定自己。

那么如何自我照顾呢?就是在上述总结的基础上,写下平常我们能为身体、心灵去做的事情。点滴积累对自我的关爱,可以让我们在真正面对困难时更相信自己的力量、更有勇气。

对常年头疼的我来说,身体照顾行动中写在第一条的就是出门记得戴帽子,不能吹风。是的,哪怕是这样简单的行动也是在自我照顾。关于内在的照顾,我写道:允许自己有时间、空间去释放,尽量不积压坏心情。

你有什么特别的自我照顾方法呢?都写下来吧。

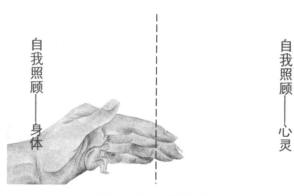

图 11-9　手册第二面

3. 写给自己的情书

我们可能曾经给失落的朋友写过鼓励的话,给收获成功的朋友送出过祝福,但是几乎可能不会给自己写这样的话。童慧琦老师在正念的慈心练习中说道:如果我们不能很好地爱自己的话,几乎不可能去很好地爱他人。

所以,今天花一些时间给自己好好写一封信,可以有对自己的感谢,对自己不容易的看见和对自己的祝福。或是以一个第三者的视角,给自己送一封"情书",夸夸自己的可爱,告诉自己是多么值得,值得世间所有的美好和幸福。

图 11-10 手册第三面

最后,我们可以按自己的喜好装饰"手册"的封面和封底,并写上日期。不知道完成这本手册的你会不会对自己有新的认识,会不会更爱自己一点点。记得常常翻阅,不止在今天,每天都要爱自己。

如果你觉得这样的手册还不够治愈,那么就看看动画师科尔斯滕·勒坡(Kirsten Lepore)的治愈短片你好,陌生人(*Hi Stranger*)吧。(视频和更多精彩内容详见刘老师的公众号"遇见 Olivia"。)

手册做好,耳边传来了刘若英的歌声:

> 大象长长的鼻子正昂扬,
> 全世界都举起了希望;
> 孔雀旋转着碧丽辉煌,

没有人应该永远沮丧；
河马张开口吞掉了水草，
烦恼都装进它的大肚量；
老鹰带领着我们飞翔，
更高更远更需要梦想。

心理课进阶实录

如果黑点会说话

上海市三林中学　杨琳琼

2012年,我执教的"特别的黑点"获得了第四届上海市心理活动课大赛高中组一等奖。这节课得到了专家和同行们的高度肯定,可以算是我专业发展的转折点,我也因此被更多心理老师认识。不过,关于这节课的前传和后续,知道的人就不多了。

"特别的黑点"的前传后续

【1.0版本到3.0版本:从一个创意到一节课】

"黑点"是当年心理系的实习同学从其他老师的课堂上听来并分享给我的创意:黑点代表一个人的缺点,学生在课上对其进行处理创作。我非常欣赏"黑点"这个充满象征意味的意象,于是就和实习同学一起设计了1.0版本的"我的黑点"。2012年,我想在市级心理课大赛上这节课,遂对它做了更多的反思、试讲和打磨,重新界定了"黑点"的内涵,在平衡预设与生成上下功夫,设计了2.0版本"特别的黑点"。之后的3.0版本则从课堂时长的角度考虑,精简了课堂环节。但这个版本并不成功,不恰当的导入方式限制了学生,导致课堂效果不佳。

【4.0版本:"黑点"贯穿全课,着力创设空间】

失败的3.0版本让我很沮丧,我提醒自己静下心来,沉下去认真分析问题、聚焦问题。我确定处理黑点的活动是精彩的,问题还是出在整堂课的组织上,我需要一个适切的导入方式。自画像的方式过于耗时,而名人案例的方式引导性过强会限制学生,还有更好的方式吗?我回顾了之前上过的每一堂"黑点"的课,得出的结论是,学生喜欢处理黑点,他们充分投入、乐意分享,在创意中获得领悟。那何不把这个"黑点"的活动做足,贯穿整节课呢?另外,每个学生的人生缺憾类型不同,对此的内心感受也不同,增设活动让学生以画黑点的形式来表达对于缺憾的体验和理解,可以创设洞察和表达的空间。同时,在隐喻人生的白纸上画下隐喻缺憾的黑点,也恰给学生创造了一个思考缺憾与人生之关系的机会。

目标和思路

目标:学生多角度认识自我,并通过对黑点的处理,来领悟对自己缺点的超越和接纳。

思路:这堂课从学生认识自我开始,先让学生从几个方面描绘自己,其中之一是自己的缺点。然后从缺点引到黑点,通过让学生处理黑点,来引导学生接纳和超越缺点。课的最后,播放尼克·胡哲(天生没有四肢却创造生命奇迹的澳洲青年)的视频,树立一个接纳与超越的榜样,点明这堂课的主旨。

1.0 版本

从一个活动创意开始设计一节课。

效果与反思

1. 学生能投入,有感悟,上课效果不错,教学目标达成。
2. "缺憾"比"缺点"更能贴切地表达"黑点"的内涵。用缺点来定义黑点,窄化了黑点的内涵。缺点是与同类事物作比较之后得出的结论,更多在于与他人的比较和外部评价。而自我接纳,更看重个人内部评价。
3. 学生处理黑点的方式超出教师预设时,往预设上引导,切断了学生的表达,导致说教味道太浓。

目标和思路

目标:学生通过"自画像"活动尝试认识自我,并在活动中拓宽自我认识的角度;通过处理黑点的活动,思考如何看待和应对缺憾,领悟接纳和超越。

思路:课从呈现教师自己的"自画像"开始,在给学生一个示范后,请他们用语言文字也做一个自画像并简单分享。之后,引入"缺憾"的概念,请学生在"自画像"中寻找缺憾,再将"缺憾"画作一个黑点,对黑点进行处理,之后分享处理方式。最后播放达人秀冠军刘伟(童年失去双臂)钢琴演奏的视频,请学生分享感悟,谈谈如何看待、应对人生的缺憾。

2.0 版本

在预设与生成、引导与尊重之间,寻找一种恰到好处的平衡。

效果与反思

1. 学生能够通过课堂活动领悟到对缺憾的接纳和超越,达成教学目标。但课堂内容过多,一节课内完成比较局促。
2. 用自画像的方式能促使学生更多样化地认识自己,并在互动中认识盲点,拓宽视界。
3. "缺憾"比起"缺点",有更深广的意涵,学生不再只提及对自己的评价,也提到了经历以及在经历中的感受。
4. 教师秉持更加开放的态度,花时间与学生有更多互动、倾听学生的想法,并允许暂时没有答案和继续思考。

目标和思路

目标:学生理解人的一生中总有缺憾,通过处理黑点的活动,思考如何看待和应对缺憾,领悟接纳和超越。

思路:用视频开始,讲述了达人秀冠军刘伟10岁时意外失去双臂的故事,直接引入缺憾的主题。再通过让学生处理黑点、分享,来深入对缺憾的思考和领悟。

3.0 版本

简化环节,并继续追求课堂的开放性与生成性。

效果与反思

用刘伟不平凡的故事作为导入,为学生设定了一个很高的标准,隔离了学生对于自己缺憾的体验,导致学生参与活动的投入度较低,活动体验受到限制,在这堂课上学生难以走心,得到的领悟也很浅,课堂效果不佳。

图 12-1 1.0 版本到 3.0 版本的设计与反思

我确定了比赛课的最终版本4.0，教学目标依然立足引导接纳缺憾，但也关注激发学生内心的能量，将缺憾转化为资源。

课由黑点开始，学生先充分发挥创意处理白纸上的黑点，并做分享，思考每种处理方式对于黑点和白纸分别产生的影响。第二个环节，学生思考自己的缺憾，并带着自己对缺憾的感觉在象征人生的白纸上画下象征缺憾的黑点，并分享自己对所画下的黑点的理解。第三个环节，播放尼克·胡哲的演讲视频，一起品味他对缺憾的诠释和处理方式，并分享观后的感受。第四个环节，学生带着讨论后的感悟，写一句话给自己或者自己的黑点，并做分享，最后教师总结全课。

课堂上，我注重倾听学生的观点和感受，重视课堂现场生成资源。师生相互启发、共同感悟，学生们非常投入，我也很享受。加上课堂组织、时间把控等细节都表现得不错，所以这节课上得很成功，获得了市级大赛一等奖。

【5.0版本：开放更大课堂空间，创造更多心灵可能】

比赛结束了，但"黑点"这一课还在继续，我继续琢磨它。在4.0版本中，课是带着思考的余味结束的，效果不错。但我也慢慢看到其中的遗憾：无论是我用尼克·胡哲视频做素材，还是我的课堂引导，其实都暗藏我的预设，带着刻意引导的意味。虽然我着力创设师生互相启发的空间，但实际呈现的还是一个过于注重答案的状态。我想，如果这堂课只创设空间，激发学生，不给答案，会不会不同？

学生在应对缺憾的过程中，最需要的恐怕不是答案，而是探索的勇气和智慧。如果被给予信任和空间、激发内心的能量、看见支持的力量、善用各种资源，学生的勇气和智慧也自会增加。如果创设更加不带评判和引导的空间，让学生聚焦黑点与白纸的关系、聚焦探索更多可能，他们或许就能获得更多的洞察和真正的领悟。

学习了叙事疗法后，我发现，"黑点"恰是对"缺憾"的外化，我或许应该给学生更开放的空间去解构"黑点"、去整合经验、去发现更丰富的选择，帮助学生获得更深的领悟，让这堂课收获比"接纳"更深的立意。

所以，5.0版本不引导学生"接纳缺憾"，而引导学生开始探索如何面对自己人生的缺憾。教学设计上,我舍去了尼克·胡哲的视频,将第三个环节设计为"我的特别黑点的故事",请学生对这个象征自己缺憾的黑点进行处理,并通过三个问题引导学生讲述自己特别的黑点的故事:黑点存在对于白纸的意义、白纸上有什么可以帮助处理黑点的其他元素、处理前后白纸和黑点的互动变化。

5.0版本没有使用任何外部素材,只给学生创设了思考和讲述的空间,利用学生的资源来丰满整节课,所以实践难度不小。我需要真正开放自己、呈现全然接纳的状态;我也需要用恰当的问题拨动学生,鼓励学生表达自己的思考和领悟;我还需要清晰的内在脉络,梳理整合学生课堂生成的资源,让这节课一直走在思考和感悟的主线之中。因为难,所以这节课目前的状态还不够成熟,我没有把握每次都能把它上好,但它让我看到了课堂生成的更多可能性,也看到了我想要追求的心理课堂。

为学生打开体悟黑点的空间
——课堂实录

心理课强调给学生创设空间,教师的语言,无论是引导语、还是对学生的应答亦或设问,就非常关键,要能撑起这个空间,也要把握好分寸,不能淹没了这个空间。

各位读者,以下是一些课堂语言实录,在对话部分,你不妨拿张纸遮盖着逐行读下去,一边设想:如果是我,我将怎么回应学生?

一、4.0版本中的课堂语言实录

表12-1 共情与鼓励学生

教师:我看到很多同学难以下笔,也许我们之前不曾省察过自己的人生,要画下自己人生的缺憾也确实需要勇气,我们给自己一个机会,来试一试吧!

表12-2 关注并引导学生表达感受

教师:我发现有同学画了一个缺了角的黑点,我想问一下,你面对这个黑点有什么感受? 学生:人生一定会有缺憾,这是一定有的,我不要让黑点来影响我的人生,我要用人生来消融掉(它)。

教师：你希望用这张白纸来慢慢淹没这个黑点，是吗？
学生：是的。
教师：面对这个黑点，你有什么感觉？
学生：信心满满。

表12-3　把自己的理解反馈给学生，与学生确认感受

学生：让黑点连成自己的图案也是一种方式，如果黑点也能够变成一种信仰，变成一种属于自己独特的东西的话，那黑点也没有关系。
教师：我能不能理解为你面对自己的黑点时是蛮愉悦的？
学生：嗯，是坦然接受。

表12-4　教师灌输价值观的反面示例

学生：我希望自己像白纸一样出生一样死去。
教师：你只有十七岁，你的人生还有大把大把的空间，我希望你的人生在结束的时候除了依旧舒展之外还有很多美丽的东西。
学生（再度站起来）：是有很多美丽的东西，但如果你能够很坦然、纯净地死去，也是一件很了不起的事情。
教师：在你眼里，纯净也是一种美丽。
学生：很美。

这段对话中我的应答，是这堂课中一个败笔，显示了我非常想要灌输我的价值观，也显示了我其实没有真正听懂学生。所幸学生坚持表达、澄清自己的观点，才让我有机会稍稍纠正我过于强势的表现。

二、5.0版本中的课堂语言实录

5.0版本的课堂教学，开放性的空间大了，学生的课堂发言也更丰富了。

1. 用问句为学生架设表达空间

学生：我没怎么画，这里就是个大概。

教师：嗯？（表示好奇）

学生：因为黑点应该是个动态过程，现在没法真的画出来的。

教师：你说黑点是一个动态过程，所以没法真的画出来。那么我很好奇，到了

人生终点,大概会是什么样子?

学生:其实我也不知道,不过这样不就特别有意思吗?这大概就是白纸存在的意义。

教师:白纸存在的意义?你能多说一点吗?

学生:可能有几个意思,一个是,缺憾的存在让人生有了意义,就像你讲过负面情绪也有意义一样,缺憾也是,会痛,但是有意义;另一个是,因为有缺憾,我们就会去行动,比如做各种改变,这就组成了人生,成为人生动力;还有一个意思,白纸不就是用来放各种东西的嘛?如果没有这些黑点,白纸干嘛用?

教师:那白纸上只有黑点吗?

学生:也不是,也有其他,但是黑点肯定是存在的。

教师:还有什么?

学生:我没画,不过可以有很多,比如彩色的东西,比如空白但是占位的东西。

教师:这些东西,会和黑点发生什么吗?

学生:肯定会的,会互相打架,也会互相帮助吧。互相打架就是互相促进吧。反正有互动,就有影响。好的坏的都有。

教师:说一个故事?

学生:比如,我现在有个黑点,缺憾,因为我的白纸比较新,所以它就显得挺刺眼的,我不就会难受嘛。不过黑点旁边也有其他东西,我就要想办法让它们凑在一起显得和谐。那么我就可以画点线条来连接,或者把黑点想象成其他东西,我还没有想好,不过肯定有办法相融。比如,就说我胖这事吧,胖确实挺苦恼的,不过我可爱,就和谐了。为了可爱,我下了功夫,其实减肥也下了功夫,不过效果不大,那就让自己可爱,欸,大家觉得我可爱不(班级同学回应"可爱",笑)。那现在想想,其实我的努力也都是很有意义的,所以胖这个黑点,也不是坏事,还让我有进步。

在刚才这段师生交流的过程中,其他学生也听得非常专注,可见这样的对话是有意思的、也是引发思考的。教师减少了引导性的语言,只是表达好奇,为学生架设表达空间,学生就可以说出很多自己的想法,而这些想法也自带启发意义。

2. 对学生表达好奇就可以鼓励学生表达更多

学生：黑点太多的话，只能毁灭白纸了。毁灭以后可以从头再来。

教师：毁灭，具体是什么意思？

学生：我没有想好。

教师：毁灭这个词在我听起来是很厉害的，所以有些担心。

学生：可能不是你理解的那个意思？你觉得是自杀？肯定不是。我只是说，如果黑点太多又看不顺眼，肯定特别想重头再来。比如我初三时成绩太差，觉得肯定考不上××中学，所以有一段时间特别想要重读初三。不过老师和家长都不同意就是了。

教师：对，我就是想到毁灭可能代表自杀，所以感到担心。不过你这样一解释，我理解到你说的毁灭是重新开始的意思。谢谢你分享自己的故事，我特别好奇，你当时在没有如愿重读初三之后，是怎么样的状态？

学生：很苦恼。不过慢慢就接受了现实。我想考××中学，也不是什么坏事吧，就是想让自己上好一点的学校，想优秀一点呗。那要优秀只能努力，所以就努力了。虽然还是没考上，来了这里，但是追求优秀这件事情，我还是一直可以做的啊。

教师：当时什么人或力量给过你支撑和支持吗？

学生：人？不能说。（学生笑）力量，就是想要自己优秀，我不想平庸。我也认为我可以的，很多人其实也对我说过，然后我就把优秀的战线拉长，也就不那么在意高中没有考上××中学了。

教师：那现在来看初三时想要"毁灭"——从头再来的心情，有什么感想？

学生：现在还是会这样想啊，肯定想没有瑕疵一路向前，想轻装上路的。有同学一路优秀，我心里就很羡慕，不过，接受现实还是很重要的。

教师：那么回忆你的这段经历，你大概可以画一幅怎么样的图画？

学生：黑点连起来，然后旁边也有其他东西连起来，构成一幅还不错的图画？我还没有认真地想。

这段对话也是我课后立刻记录下来的精彩对话。我很高兴看到自己当时按捺住任何臆断和说教，只是表达了感受，愿意用更多时间来倾听学生，对学生的话好奇,并最终听到学生开启了他的故事和思考空间。我也很感谢这个学生能够直言我没有明说的"毁灭"的意思,让我们可以在同一个层面坦诚对话,明晰彼此。在与这个学生的对话之后,我也邀请了其他学生来发表观点,说说对"毁灭"的看法。虽然"毁灭"听起来充满了危险性,但是打开探讨的空间,让学生去呈现各种可能,也就增加了学生的心理弹性。对于观点比较极端的学生,我也会在课后创造机会与他有更多对话,去倾听了解和评估,必要时给予辅导。

如果黑点会说话
——与同行分享探讨

一、课堂预设与生成的平衡

纵观这节课的设计修改,可以看到一个逐步放下预设,追求更多课堂生成的过程。我认为生成性好的心理课堂,给学生思考的空间大、学生得到的收获多,而对于教师,也是一次教学相长、被学生启发的美好享受。但,既然是课,有教学设计,就必定有课堂预设,课堂预设与课堂生成如何平衡,是一个有意思的问题。

首先,心理课需要有预设。课堂预设搭建了课的框架,教师结合学情分析,预设课的目标、内容、形式和可能出现的情况,课堂预设让教师应对有数。比如我对学生处理黑点的各种可能做了思维导图,并在每次课堂实践后不断补充,帮助我更有把握应对学生的各种反应。但同时我提醒自己要耐心倾听、积极互动来确认学生的真实想法,避免先入为主、误解学生。

第二,心理课的预设可以慢慢被放下。教师过多依赖预设会限制学生的收获。上4.0版本的"特别的黑点"时,我已非常注意放下预设,给学生创设思考与表达的空间。但之后我发现我还可以放下更多。我预设了"接纳"的方式,接纳固然是健康、正确的方式,但一定不是唯一的方式、不是一种我们要直接达到的方式。学生不应该由一节课被告诉要接纳缺憾,而应该通过一节课看到很多方式、去开始思考、看见自己的能力和生命里的支持与资源。所以,我要跳脱原来给自己、给学生的束缚,让学生在更大的空间里更加自由地相互启发。这些,是在2012年之后的几年里,我通过不断实践、不断学习、不断思考获得的领悟,也是我个人专业能力和个人成长日臻成熟的过程。当然,我相信,现在的我依然还有盲点,突破它们也正是我继续成长的动力,我期待去开发心理课堂更广阔的天地。

二、如何确保课堂安全

我在课堂中是这样定义"缺憾"的——"它有可能是你的一个特点,这个特点,你有点不太接受、有点不太喜欢;它也有可能是你人生中一次不愿意再经历的失败的或者痛苦的经历;它还有可能是你人生中摆脱不掉的境遇,比如不那么幸福的家庭等。"这也就意味着,在课堂上,有些学生会触碰到创伤体验,如何确保学生的安全就显得尤为重要。

首先,处理黑点是通过非语言层面的艺术媒介形式,用绘画来投射生活及内心,学生分享自己的作品并不会泄露隐私。这样的方式,可以让学生感到安全,减少阻抗,安心地表达自己的情绪和想法,也让每个学生都有参与课堂并获得洞察、学习和成长的机会。

第二,让学生画下代表自己人生缺憾的黑点时,并不要求学生具体表达黑点的所指,而更关注学生面对黑点时的感受和思考,并且在分享时尊重学生的意愿。

第三,对于课堂上学生特殊的表现,心理教师应该在课后做进一步的关心和了解,创造更多机会去了解学生的感受并在需要时给予帮助。

三、榜样启发 PK 内部能量激发

我曾担心,过于高大的榜样素材,是否与学生的距离太远?果然,在3.0版本的课上,我担心的事情发生了,刘伟不凡的故事,一下把学生心中缺憾的标准变高了,导致学生在课堂上失语,不少学生反馈自己的缺憾太微不足道了。但在我进一步与他们交流后,发现学生并非不在意自己的缺憾,只是在和刘伟对比之后担心自己表达出来后不被接受,于是羞于表达。缺憾是什么?不可能不基于外部评价,但它更是一种内心感受,如果榜样素材的使用束缚了学生的感受、约束了学生的表达,那么它在这节课上的使用就是弊大于利。

我曾请学生写一些在应对人生缺憾上启示过自己的人物,仅少数学生写了非凡人物,更多学生写的是自己的偶像、朋友、亲人,也有学生写自己,而且那些启示也常来自很小很日常的地方。这让我意识到,心理课上若希望用人物素材启发学生,就一定要贴近学生的生活、高度,才能真正达到动"心"启发的效果。

在 4.0 版本中,为了尽可能减少这种束缚,我非常谨慎地使用榜样素材。从素材剪辑到观后讨论,我弱化了榜样的非凡奇迹,更多聚焦于榜样的领悟和力量。在 5.0 版本中,我尝试不使用任何榜样素材,仅用叙事的问句,好奇学生"你是怎么做到的"、"是什么在支持着你",来让学生看见自己的力量,效果也很好。这让我相信,不借助任何外部素材,用学生自己的故事也足以激发学生内部的能量,启发学生思考成长。

榜样启发,还是内部能量激发,都是心理课可以选择的形式。无论选择哪一种,一定要立足于看见学生、了解学生、从学生的角度出发。

四、5.0 版本的挑战

在实践 5.0 版本的过程中,我遇到了这样一些挑战。

挑战一,观念的真正转换。5.0 版本没有预设任何关于应对缺憾的答案,而是设定在为学生创设思考空间上。这就意味着,我得放下"教给学生一点什么"的愿望,而要做到这一点,需要我真正相信学生是他们自己生命的专家。但事实上,这是一个易于被赞同却难以被真正践行的理念,在课堂上,我常常容易从平等、好奇的姿态不知不觉跳到老师的位置,要去引导学生。一个学生讲述自己黑点故事时说到自己为没考上好的高中遗憾,希望能考 211、985,如果到时候考不上,这个黑点就会更大,人生困扰也会越深。我当时的回应是,让大家来说说对于考上好大学与人生缺憾的看法,并自己举了两个充满正能量的校友的例子。课后反思,我很遗憾自己当时没有继续追问,听那位学生说说他现在与这个"黑点"相处的故事、"黑点"给他的困扰和帮助,错过了一个真正打开大家(包括我)思考空间的机会。我的引导也许对学生会有一点的帮助，却无形中隐隐传达了"老师有答案、听老师的没错"的意味，剥夺了学生独立思考的机会，偏离了这节课设定的目标，也伤害了这位分享的学生。我于是坚持不断地问自己，我真地相信每个学生都是自己生命的专家吗？如果相信，我如何能够把这份信任传递给学生？

挑战二，课堂上的深度倾听。这节课既然是邀请学生说故事，教师的倾听就是打开这个空间的钥匙。虽然心理课不可能也不追求心理咨询的深度，但课堂深度对话是学生点燃思维火花的种子，值得追求。倾听是构建课堂深度对话的基础，教师深度倾听让学生感受到接纳和安全、产生积极的情感并开启思考和表达的动能，最终促成课堂上真正的交融碰撞。但倾听绝不是一种技巧、一种姿态，而是真正对学生的尊重、关注和共情，只有这样才能真正听懂学生，达成真正的交流。作为心理老师，倾听是我的基本功，但对我来说，在课堂上，如何能够关注到、耐心听、听得深，依然是有难度的事。有一次，学生说她的一个黑点代表她去世的狗狗，我请她说说狗狗的故事，她在说了一些狗狗陪伴自己一起做的事情后，说了一句，"渐渐长大之后，我已经不那么难过了"，我匆匆接了一句"是慢慢从失去狗狗的悲伤里走出来了吧"，这时正好也有其他学生示意要发言，我说完这句话之后就请她坐下了。课后反思，我想起她坐下时欲言又止的表情，这才想起她画的这个黑点比其他的都大。很久之后，我才找到机会和她私下交流。说起这节课以及我的草率，她才和我说，其实那个黑点代表着失去狗狗之后的孤独，我才知道其实她想要分享的并不仅仅是失去狗狗的哀伤，更是对交朋友的渴望。而那天，原本只要我多点耐心、多点共情，就可以多听一会、多懂一些，然后就可能在听懂的基础上开启更大的思考空间。

挑战三，真正开启思考空间的问句。在这堂课中，作为教师的我真正重要的工作是创设活动，让全体学生参与思考；引导互动，既帮助发言学生思考与理解，也给全体学生示范如何激发内心的能量以及看见支持和资源。在这其中，最重要的工具就是对话。如何用好奇的问句，来开启学生的思考空间，是我的难点。当一个学生为自己的"黑点"命名为大黑，讲述了一小段他对大黑的负面感受之后，我想听他讲讲大黑是否对他有积极影响，但当时我语塞了，头脑中想出的几个问句都让我觉得难以启发学生。课堂上容不得我思量更多，我匆匆问出"那大黑有没有做一些对你来说还算比较好的事情呢",学生斩钉截铁快速地答道"不可能的"。后来,我看到吴熙琄老师那句"如果焦虑会说话,它最想告诉你这个主人的话语是什么?"我就想,如果我当时问他:"如果大黑会说话,它最想告诉你这个主人的话语是什么?"学生是不是会在这个问句开启的空间里找到比大黑带给自己的烦恼困扰更多的东西呢?之后,我开始学着使用这样的问句来与学生对话。我发现,它不会引起学生阻抗,并总是可以有效地启发学生从更多的角度去思考黑点的存在之于生命的影响。我愈发明白,在我的教师语言修炼中,好问句的储备和创造是非常重要的,我需要更多学与练。

挑战四,组织全体学生一起投入。这堂课能否上好,很依赖教师是否紧贴学生,学生是否紧贴课堂。在上这节课时,我最大的挫败感来自于我想要营造一个有交融碰撞能在教室上空迸发思维火花的课堂,现实却是学生常无法聚焦。我在与个别学生互动时,其他学生容易游离,这带给我一种心有余而力不足的负面感受。不过,令人意外的课堂效果带给我的巨大愉悦感,抗衡着这种无力感,才促使我不断想办法。我目前在实践的办法有:首先,在教学各环节中,鼓励全体学生参与,提高学生的参与愿望及参与度,对活动中游离的学生给予关注与提醒。第二,在与个别学生的互动中,一方面提醒学生聚焦与关注课堂对话,另一方面用自己真诚的专注和投入为学生做出示范,同时用复述和总结的方法来梳理课堂互动内容,并适时邀请其他学生一起参与分享讨论。第三,着力提高教师语言的简洁性、准确性和生动性,用好的课堂语言来吸引与凝聚学生。比如,我问"你的黑点叫什么名字,为啥叫这个,它有什么故事吗",就比"你的黑点代表什么缺憾,你怎么看待这些缺憾,它对你目前的人生造成什么影响",更加抓得住学生。还有一条,创设师生互尊重、人人可交流、重思考少评判、上课内容贴近学情的心理课堂,这就需要教师在日常不断注重营造与积累了。

附录

一、1.0 版本到 5.0 版本的进阶

1.0 版本到 4.0 版本,是从一个活动创意到一节完整的课的过程,在此期间经历了明晰"黑点"内涵、简化课堂内容、梳理课堂环节的过程,最终在课堂上生成一节有一定深度的心理课。而 4.0 版本到 5.0 版本,是一个减少带预设的引导而给学生开创更大思考空间、放下答案而为学生更多赋能启智的过程,这个过程尚不成熟,但却值得探索。

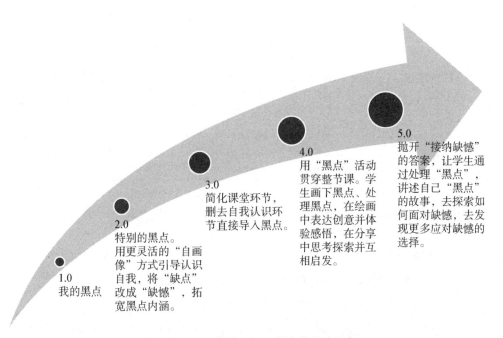

图 12-2　1.0 版本到 5.0 版本的进阶示意

二、"特别的黑点"教学设计(5.0 版本)

特别的黑点

◆ 教学目标:

1. 知道每个人一生中都会有各种缺憾。

2. 初步尝试思考缺憾对于人生的意义、探索如何面对自己人生的缺憾。（教学重点）

3. 激发内心的能量、看见支持和资源。（教学难点）

◆ 教学过程：

教学环节	活动过程	设计意图
一、黑点的N种处理方式	1. 导入：呈现黑点。 2. 学生处理黑点并分享。 3. 总结处理方式。	思考和领悟不同的处理方式对白纸和黑点产生的影响。
二、特别的黑点	1. 学生画出"特别的黑点"，感受它的"特别之处"并命名。 2. 分享。	通过"黑点"的意象感受缺憾，开始尝试思考缺憾对于人生的意义。
三、我的特别的黑点的故事	1. 学生带着对黑点的感受对它进行处理。 2. 分享。在分享过程中，引导学生做如下探索：①黑点存在对于白纸的意义；②白纸上有什么可以帮助处理黑点的其他元素；③处理前后白纸和黑点的互动变化。	引导学生继续思考缺憾对于人生的意义，探索如何面对自己人生的缺憾。激发学生内心的能量、帮助看见支持和资源。
四、小结	结合学生的分享进行小结，鼓励学生继续思考与探索。	总结全课，鼓励学生继续思考与探索。

【资源推荐】

1. 蒋薇美. 怎样上好心理课[M]. 上海：上海科技教育出版社, 2016.

（可在此书中查看本课 4.0 版本"特别的黑点"的教学设计）

2. 吴熙琄. 熙琄叙语——一个咨询师的成长历程[M]. 北京：中国轻工业出版社, 2013.

3. [美]吉尔·佛瑞德门, 金恩·康姆斯. 叙事治疗——解构并重写生命的故事[M]. 易之新, 译. 台北：张老师文化事业股份有限公司, 2000.

4. 公众号"上海中小学心理"。

（可在此公众号中搜索观看本课 4.0 版本的课堂实录）

一切皆有可能

上海市黄浦区海华小学　储　颖

一年一度的校级教学比赛又拉开了帷幕,作为一名教师评委,我也有幸参与听课评课活动。在整个比赛过程中,我发现年级越高,孩子们越是不爱举手发言,这一现象引起了我的关注。观察了一段时间后,我发现随着学生年级的增高,在课堂上经常会看到这样的一些现象:当老师提出问题后,学生们鲜于举手发言;教室里不但发言的学生极少,站起来发言的声音又极小,别人很难听清;指名上台表演,更是"相互谦让";和同伴一起表演时,总喜欢退到后面,动作不大方。课间休息时,有些学生也不主动与别人交往;与老师交流时,也常常不敢正视老师。这些现象告诉我,胆怯、害羞、不敢尝试的表现背后,其实是缺乏自信。如果孩子缺乏自信心,往往羞于交往,怯于表达,遇事畏缩不前,害怕困难,不敢尝试,长此以往,就很容易形成胆小、懦弱、依赖性强、优柔寡断等性格特点。因此,我决定以小学生自信心的培养为切入点设计一节课。

一、预设,找回孩子们的自信

"我能行"1.0版本

针对学生们表现出来胆怯、害羞等行为,我写了第一篇教案"我能行",想通过让学生寻找自己的优点来激发他们的自信,并通过两次不同的"跳舞"环节,让学生由胆怯、害羞走向成功,从而树立自信心。

【教学目标】

1. 充分认识自己的优点,并在游戏活动中乐于尝试,敢于表现。
2. 两次不同的"跳舞"环节,体验由胆怯、害羞走向成功,从而树立自信心。

【教学重点】

在活动中增强自信心,参与到整个教学过程。

【教学难点】

克服害羞、胆怯心理,相信自己的能力,找到自信的感觉。

表13-1 "我能行"1.0版本教学设计

教学环节	活动流程	设计意图	备注
导入	1. 游戏:猜一猜 2. 邀请学生跳舞	通过跳舞环节让大家知道害羞、胆怯,是对自己不够自信。	5分钟
活动一: 认识自身优点	1. 名人故事 2. 找优点 3. 四人小组猜优点	让学生看到自己的优点,帮助学生树立自信心。	15分钟
活动二: 拍手游戏	1. 预估5秒钟能拍几次手并实践 2. 挑战自己	通过游戏,让学生知道只要敢于尝试,就会有成功的机会。	5分钟
活动三: 跳舞	1. 再次邀请学生跳舞 2. 分享敢于上台时的想法和感受	通过第二次跳舞环节,让学生知道跳得好不好没关系,要敢于表现自己,对自己充满自信。	5分钟
课堂总结	读一读名言	升华点题	5分钟

教案写完后,我并没有第一时间试教,而是找了几位同行进行说课。我刚说完课,同行陈老师就对我教案中设计的活动提出了质疑:"孩子们不愿跳舞是不是就代表他们没有自信呢?"这一问题引发了我的思考,孩子们不愿跳舞的可能性真的是蛮多的,有可能是因为他们根本就不喜欢跳舞,还有可能是因为我们第一次接触大家还太陌生……有了这些想法之后我又问自己"什么是自信?是不是胆怯、害羞就是没自信?"

二、修改,培养孩子们的自信

(一)学习后的改变

我开始查阅资料,发现自信心是一种动态的心理特性,并不是一种静态的心境(思想境界)。戴安娜·麦克德莫特(Diana McDermott)在《如何让你的孩子充满自信》一书中提出,自信心由三个要素组成：第一要素是目标,即自信心是依托某一目标才彰显出来,没有目标事项,也就没有自信可言；第二要素是智慧,即决定如何实现目标的过程方法的智慧能力,没有智慧能力就没有自信心可言；第三要素是毅力,即实施具体步骤的行为意志力,没有意志力就没有自信心可言；只有在"三要素"存在的前提下才有自信心,只有在"三要素"都具备的情境下自信心才起作用。自信心不是空洞的心理现象,而是在"三要素"心理机制的共同作用下的心理产物。

学习了这些专业的理论之后,我再看自己写的第一篇教案,觉得对于学生的不自信我并没有做具体的分析,只是简单地从学生们表现出来胆怯、害羞等行为就认为他们不自信,这是不够恰当的。

教案中设计了"两次跳舞"的环节,是基于我认为学生们不愿跳舞就是没有自信。其实学生不愿跳舞的原因有很多：害羞、胆怯、不喜欢、环境不熟悉,等等。并不能一概而论。

认识到自己的教案中存在着很多不足之后,我便着手修改教案。

1. 设定确切目标

初案的教学目标我定位在"两次不同的'跳舞'环节,体验由胆怯、害羞走向成功,从而树立自信心。"这个目标其实有点空泛。心理辅导活动课的目标不宜过多、过大,更忌泛泛而谈,应该小而实。把抽象的概念具体化为活动课中可以训练、培养和评定的目标,目标越具体明确越便于操作。

于是我把这堂课的教学目标改为"在游戏活动中,乐于尝试,勇于面对困难,积极克服困难,并增强自信。"我想从团体心理游戏入手,让学生在游戏活动中有所感悟,因为游戏是儿童的天性,在游戏中,学生们能不知不觉地进入到一种生活的自然境界,流露出真实的想法。

2. 寻找合适载体

目标设定好之后我便开始思考匹配的游戏。最初我是想找三个游戏,分别体现自信的三个要素。仔细考虑后发现,游戏一多,学生们的感受肯定不会深刻,而且自信心只有在"三要素"都具备的情境下才起作用。

我转向寻找一个同时能具备这三个要素的游戏,曾经做过的"堆物挑战"跳入了我的脑海。在10×10厘米的木板上钉着一根5厘米长的铁钉,要求同学们不能借助任何物体,把10根同样长短的铁钉放在这根铁钉上。这个游戏对于小学生来说有一定的难度,能否顺利完成这个游戏便成了"目标要素",而怎样完成这个游戏就需要"智慧"和"毅力"两个要素的参与。显然,这个游戏是一个很好的载体。

3. 设计活动流程

找到了符合主题的游戏只是第一步,但更关键的是如何充分利用这个游戏。平时我在进行团体游戏辅导的时候都会由易到难,逐步加深学生们的感悟。这个游戏本身就有一定的难度,怎样帮助学生感受自信呢?在不降低游戏难度的前提下,我设计了三次尝试这个游戏的机会,但每次体验后的交流各有侧重,学生带着这些思考分享再尝试。在不断总结经验之后,学生乐于尝试,敢于尝试,也在整个过程中不断增强自信心。

"我能行"2.0版本

【教学目标】

在游戏活动中,乐于尝试,敢于尝试,并不断总结经验,走向成功,从而树立自信心。

【教学重点】

在活动中增强自信心,参与到整个教学过程。

【教学难点】

相信自己的能力,找到自信的感觉。

表13-2 "我能行"2.0版本教学设计

教学环节	活动流程	设计意图	备注
热身游戏,揭示课题。	猜一猜	因为是借班上课,通过热身游戏让师生间互相熟悉。	板书"我能行";5分钟

续　表

教学环节	活动流程	设计意图	备注
主题活动：堆物挑战	初次尝试： 1. 介绍游戏规则 2. 思考并分享： （1）你们小组想过什么办法？我们现在有几种方法(总结)？ （2）如果再给大家 5 分钟，你觉得能行吗？	第一次尝试游戏后通过交流，打开学生的思路，让学生们乐于尝试。	8分钟
	再次尝试： 1. 思考并分享： （1）你觉得这任务能完成吗？为什么？ （2）你们有没有想过问题究竟出在哪里？ 2. 揭示游戏中存在的问题并想办法改进。	第二次尝试游戏让学生勇于面对困难，并运用自己的智慧积极克服困难。	8分钟
	第三次尝试： 思考并分享：为什么不可能完成的任务竟然成功了？	第三次尝试游戏的目的是告诉学生成功还需要我们坚持不懈。	8分钟
课堂总结	1. 出示名言，读一读。 2. 写写自己的名言。	升华点题。	板书： 敢于尝试 不断总结 坚持到底 5分钟

（二）实践后的改变

【第一次试教】

写完教案后，我第一时间找了一个班级进行试教。三次堆物挑战游戏后的交流分享完全没有按照教案的预设进行，学生们一直沉浸在游戏的过程中。第一次尝试游戏后，同学们没有按老师的指令及时放下手中的铁钉，在分享游戏方法时不断有学生在悄悄进行尝试，教室里一直能听到铁钉掉落的声音。第二、第三次尝试游戏后，学生们在组内不断地小声交流，偷偷动手尝试，没有认真倾听同学们的分享。这次试教过程真的可以用"糟糕"两字来形容,课堂纪律十分不理想,我多次停下交流内容,提醒学生要学会倾听,感觉自己只是为了上完这节课而在走流程。

课上砸了是这个班级的原因吗?是游戏设计有问题吗?是我这位心理老师没有引领好大家活动吗?课后一连串的问题萦绕在我脑海中。这时,一位听课老师的一句话让我找到了答案,"学生们很喜欢心理游戏,我在教学时也会遇到这样失控的情况,但当我拍拍手,学生们就会明白我的指令,即便还想尝试也知道时间有限,会立即停止。"是啊,这次我是借班上课,我跟学生们并不熟悉,他们也不知道我的具体要求。面对有趣的心理游戏,学生们期望多多尝试,尽快完成挑战的想法和表现,再自然不过了。

想到这些,我便开始修改教案,把"热身游戏"——"猜一猜"改为"对暗号"。

师:双手向上　生:全体起立

师:双手向下　生:全体坐下

师:双手拍肩　生:小组间互相交流

师:双手叉腰　生:举手

师:拍手三下　生:全体坐正,停止一切活动

利用这个热身小游戏,既能让师生之间熟悉起来,又能将这些"暗号"运用在整个教学环节中,让学生明白下个环节的活动要求。

【第二次试教】

我进行了第二次借班试教。这次课堂纪律有了很大的改观,学生们听到我拍三次掌就会停下挑战游戏,进入交流分享环节。可是在第二次尝试堆物挑战时,我发现大部分学生仍在不断尝试不可能成功的办法,用一根铁钉顶着另一根铁钉,想把所有的铁钉一根接一根地竖起来,这种"执着"限制了他们去思考和尝试更多新的方法。看来,第一次尝试结束后的提问还需要调整。

【第三次试教】

第三次试教之后,我发现学生们在尝试"堆物挑战"的过程中,自信心的变化

得到了真实的反映。通过每一次尝试后的分享,学生们逐步感悟到自信并不等同于勇气,自信需要目标、需要智慧、还需要毅力,一个人的自信一定要经得起困难的考验。通过三次尝试,学生们离成功越来越近,这也让他们的自信心得到了增强。可是,课题"我能行"的出示给了同学们很大的心理暗示,获得成功的小组欣喜若狂,没有成功的小组却垂头丧气。同学们的这些表现与我的教学目标并不相符,于是我把"我能行"这一课改为"一切皆有可能",让学生明白三次尝试的结果并不一定能成功,但在尝试过程中大家拥有的神奇精神力量——自信心,有助于增强我们的意志力和承受力,增强战胜困难的勇气,激发我们的智慧和能力,不断去尝试。

【第四次试教】

这次试教,学生们经过三次堆物挑战的尝试,竟然没有一个小组成功。这个结果是我完全没有预料到的,以至于在后面的分享环节草草走过场,随后我就开始出示名言,激励学生要自信,坚持到底,一切皆有可能。整个环节并没有在我的预设之内,我也没能引导学生说出内心真实的感受,教学目标并没有达成。针对这种可能出现的"全军覆没"的结果,我在最后的分享环节预设了针对不同结局的问题进行交流。

根据几次试教的情况,3.0版本做出了以下改进。

表 13-3 2.0 版本与 3.0 版本教学设计对比

教学环节	2.0 版本	3.0 版本
课题	"我能行"	"一切皆有可能"
热身活动	猜一猜	对暗号
初步尝试挑战	分享游戏后的感受: 1. 你们小组想过什么办法?我们现在有几种方法(总结)? 2. 如果再给大家 5 分钟,你觉得你们能行吗?	在第一个总结方法的问题之后,增加了一个问题: 刚才我们初次尝试使用的那些办法中,哪种方法有可能把更多的钉子放上去?像这样的方法(竖)还有可能放更多的钉子吗?

续 表

教学环节	2.0版本	3.0版本
第三次尝试挑战	交流游戏后的感受：为什么不可能完成的任务竟然成功了？	问成功的小组：为什么不可能完成的任务你们竟然成功了？此刻你们心里是怎么想的？能不能结合刚才的游戏具体说说。 问没成功的小组：这次你们又失败了，此刻你们心里是怎么想的？你是怎么看待这连续的3次失败呢？有什么收获吗？能不能结合刚才的游戏具体说说。
课堂总结	1. 出示名言，读一读。 2. 写写自己的名言。	回音壁：写下自己游戏后的感受。

3.0版本的课堂，每个活动环节都很顺畅。学生们在三次堆物挑战中不断尝试，积极总结经验，慢慢走向成功。整个过程中，我能感受到学生们自信心的变化，即使最后挑战没有成功的小组，他们也表示不会放弃，课后还会不断尝试，他们相信自己能完成挑战。尽管学生们都想上台交流的热情导致每次分享环节时间延长，但这让学生们有了充分的体验和表达，我觉得这就是心理课的意义。

这节课的成功离不开一次次的试教，一次次与同行间的探讨。每一次试教，都让我发现课的设计在很多地方不够成熟，细节之处还需要更多关注。这时的我就会陷入思考，琢磨如何更好地完善教学设计。而每次与同行的探讨，总是让我会有"拨云见日"的感觉。当我遇到疑问时，我会直接把问题抛出，在与同行的讨论中逐渐理清思路；当我纠结于某个细节，不知如何更好地表达时，全程听课的老师，能站在旁观者的角度给我启发。在一次次与同行间的探讨中，我知道了自己的弱项，也开拓了我的视野。通过多次试教后的修改，我的教案逐渐完善。这种反复推敲打磨的经历，让我专业素养的厚度也不断增加。

更重要的是，我突破了以往固有的思维模式，不再局限于机械的规则"框框"，根据不同学生的实际情况、课堂面临的不同问题设计教学，根据学生的课堂反应做出即时的调整和应对，将课堂更多地留给学生，强调他们的主观体验与感悟。这种心与心的共鸣，才是真实而有效果的。

与同行分享和探讨

一、挑战与支持的平衡

学校开展心理辅导活动课程的目的是帮助学生获取相应阶段成长的经验,而这种直接经验的获得大多要通过一系列专门设计的活动才能完成。因此,心理辅导活动课的基点是"活动",发挥学生的主体性和主动性是其核心所在。依据辅导目标,创设有效、合适的活动或情境,是整个课程设计的重点。辅导活动设计是否能达到协助学生发展的目标,有三个关键性因素。

第一,角色的承担。心理辅导活动强调体验性学习,一个成功的辅导活动设计,必须提供一系列的角色活动,让学生取得角色扮演的机会,在安全的情境中尝试新的经验和行为。

第二,保持挑战与支持的平衡。在情境或活动设计时,要向学生提供适度的挑战性任务。所谓挑战性任务,就是有一定难度,但经过个人努力能够解决的任务。因为过分容易获取的成功体验,不具备强化的价值。与此同时,教师还要提供一定的支持:如鼓励、指导等,力争使挑战与支持达成平衡。

第三,促成持续发展。活动与情境设计完成后,要注意妥善安排各活动或情境之间的次序,循序渐进,环环相扣,以突出整体效果的衔接。

二、让游戏来说话

心理辅导活动课不同于一般的活动课,它既有自身独特的风格,又有一般活动课的普遍特点。其具体表现是:

1. 既"活"又"动"。这是心理辅导活动课的显著标志。在心理辅导活动课中,学生正通过积极参与各项活动,亲身尝试和感受,使其思维、情绪、交往也都活跃起来,进而培养形成良好的心理素质。

2. 凸显学生的主体地位。这是心理辅导活动课的核心。在心理辅导活动课中,学生是主体,主动参与、自主活动、自我领悟,充分发挥主动性、自觉性、创造性和想象力,主动支配和调节自己的活动。同时,教师要鼓励学生通过独立思考和主动探索,以获得直接经验,加深自我领悟并将所学内容内化。

3. 充满体验性和实践性。这是心理辅导活动课成败之关键。心理辅导活动课的成功与否,很大程度上取决于学生获得心理体验和感悟的程度。由于人的内心世界是隐秘的、复杂的,欲使学生形成良好的心理素质,光靠口头说教是不行的,必须在活动中注重训练,让学生参与和尝试,既动手又动脑,从而获得内心深处的体验和深切的感悟,促使其心理和行为状态的改善。

所以我认为团体心理游戏是一个很好的活动载体,也是最受学生欢迎和喜爱的活动形式之一。认知学派创始人皮亚杰认为,游戏是思考的一种表现形式。在游戏中,参与者的身心是处于放松状态的,由于是自主参与,积极性高涨,其思维也最活跃,他们可以自由地创造游戏内容、形式、规则,最大限度地发掘、展示自我。同时,由于游戏的团体性,团体成员之间的思维碰撞,激发的火花成为创造的又一源泉。

根据不同的教学内容找到合适的活动载体,设计恰当的活动流程和问题,让学生通过活动在课堂上获得体验和感悟,这也是心理辅导活动课成功的关键。

附录

一切皆有可能

◆ 教学目标

在游戏活动中,乐于尝试,勇于面对困难,积极克服困难,并增强自信心。

◆ 教学重点

在活动中增强自信心,参与整个教学过程。

◆ 教学难点

相信自己的能力,找到自信的感觉。

◆ 教学过程

教学过程:

一、热身游戏:对暗号

二、初步尝试堆物挑战

1. 介绍游戏规则

2. 交流游戏后的感受:

(1) 你们小组想过什么办法?我们现在有几种方法(总结)?

(2) 刚才我们初次尝试使用的那些办法中哪种方法有可能把更多的钉子放上去?像这样的方法(竖)还有可能放更多的钉子吗?

(3) 如果再给大家 5 分钟,你们还愿意尝试吗?

三、再次尝试堆物挑战

1. 交流游戏后的感受:

(1) 你们遇到了什么困难?能克服吗?

(2) 你们觉得这个任务能完成吗?

2. 针对游戏中存在的问题想改进办法。

四、第三次尝试堆物挑战

交流游戏后的感受:

问成功的小组:为什么不可能完成的任务你们竟然成功了?此刻你们心里是

怎么想的？能不能结合刚才的游戏具体说说。

问没成功的小组：这次你们又失败了，此刻你们心里是怎么想的？你们是怎么看待这3次连续的失败呢？有收获吗？能不能结合刚才的游戏具体说说。

五、总结

1. 师小结：我们每一个同学都想成功，可是成功还需要我们坚持不懈，只有这样一切才皆有可能。（出示主题：一切皆有可能）

2. 回音壁：写下自己游戏后的感受。

【资源推荐】

[美]戴安娜·麦克德莫特（Diana McDermott），C. R. 斯奈德（C. R. Snyder）. 儿童希望书：如何让你的孩子充满自信[M]. 金连柱，迟俊常，译. 海口：海南出版社. 2003.

趣在哪

上海市七宝中学　梅晓菁

青春是怀揣梦想的阶段,想想年少时的我,就曾因为对英语的喜欢而梦想成为外交官,也曾因为对历史的喜欢而想报考考古系,但现在的我成了一名心理老师,除了人生际遇之外,是什么在影响我们的选择呢?

在这众多的因素中,兴趣与能力似乎是学生们最为看重的。有意思的是,往往他们能感知到自己不喜欢什么,但对于能作为未来职业发展的喜欢,却颇为纠结。恰逢那时高一年级的学生需要思考小三门的选科,选科和高考专业的填报密切相关,也与未来的职业有所关联,所以我想设计一节和学生讨论生涯兴趣的心理展示课,通过动手操作等亲身实践的方式,帮助学生发掘自己感兴趣的内容,并能从性格、能力等方面综合考虑,合理规划高中生涯。

初案教学设计的目标和流程。

表 14-1　"趣在哪"初案教学设计

教学目标		
了解六大职业兴趣类型的特点;发现兴趣与未来大学专业和职业的关联,尝试规划生涯。		
教学环节	活动流程	设计意图
任务大挑战	每个小桌上放置六项任务清单及实验所需物品,每位同学挑选其中一项任务尝试完成。	动手操作的活动,体验深刻。
磁铁板活动"大学想读什么专业?"	每个小组有若干磁铁板,上面写着很多大学专业的名字,学生自己先阐述,然后其他同学进行补充,把适合这一兴趣类型的专业贴到黑板相应区域,教师做澄清,依次完成六个类型。	让学生了解专业大类的名字,帮助他们有意识地思考职业兴趣与大学专业之间的关系。
专业到职业的N种可能	活动"找不同":课件呈现几个热门专业可能涉及的职业工种,请同学去掉不合适的。	启发学生明白同一专业可对应多种职业。

🔗【关于活动的选择和设计】

在本节课中,我设计了三个主要活动。

一、基于六角理论的活动设计

最先跳入脑袋的就是霍兰德生涯兴趣六角理论,通过六个岛屿的选择来推测兴趣类型。但是这个活动有两个局限:其一是这个经典但老掉牙的素材,常规课可以用,但不太适合展示课或比赛课;其二,我在实际操作中发现,很多同学在做岛屿选择的时候,思考的情境很容易偏向将其作为休闲之地,而非工作之地。我也见过有老师对这个活动进行了改编,分为三次选择,分别是在岛上待三个月、待一年和待一辈子。这样的改动可以引发学生的思考,不过我个人觉得结果会有一些偏颇。

接下来进入思维里的就是在各种培训中积累的活动,台湾老师的一个"鬼屋"活动照搬进课堂也是可以的,当然根据这个活动"本土化"改造的六个类型社团探究活动,相对来说更为贴切。

如果和我一样喜欢自己再多一点设计的老师,就会想着能不能有更新、更有趣的活动呢?我于是设计了"任务大挑战",让同学们选择一项自己喜欢的活动,在课堂上体验。

表14-2 "任务大挑战"课堂实录

任务	课堂实录	问题
R:搭乐高、折纸 I:做化学小实验,生物小实验。 A:唱首歌,画一幅画,肢体表演(如:惊慌失措)。 S:听好朋友倾诉心事,安抚、鼓励他。 E:说服别人买上届学霸整理的笔记。 C:做一份收支记账单,做七宝老街一日游攻略。	R组同学立即选取了自己想要的乐高积木,拼接起来; I组同学向教师借用手机,百度搜索蓝瓶实验的步骤,摆弄起了烧杯和试剂; A组同学早已欢乐地聊起天来; S组同学说自己也很紧张,于是我临时更改了原来的问题,给出了一个考试后的咨询案例; E组的同学自主推荐了一位最佳销售员,和教师进行对垒; C组同学默不作声地观察,开始整理笔记或翻阅教师提供的老街旅游景点介绍资料。	学生们参与还比较积极,不过R小组出现了一些预料之外的情况: 1. 学生搭乐高太兴奋,整个课堂氛围注意力被分散。 2. R组花费时间更长,导致其他小组坐在那里,课堂无法同步,显得很割裂。 3. 折纸的设计是考虑男女差异,但课堂实践后发现,喜欢折纸的女生基本上更喜欢平面手工,并不能体现这一类型的特点,所以后续版本删除。

试讲后,我发现觉得样样都好的素材塞满了一节课却失去了重心,我没有办法依托它完成我的教学目标,于是我决定放弃这个动手操作的形式,改为耶鲁公开课里萨洛维教授使用的假想实验的形式,把之前设计的任务活动改为假想实验。因为他们在日常生活中大多体验过,所以是可以想出来的,于是我做了替换:如让一个学生描述用乐高搭某一个物品的情形;让一个学生描述曾经做过的某个实验过程,其他同学跟着一起想象,然后再来一同分析。

二、关于两个专业的很花时间和心思的活动

(一) 磁铁板活动——了解六大职业兴趣类型与其适宜的大学专业

高中生所处的环境较为单一,学习生活占据了大部分时间,所以导致他们用来了解大学专业的时间少,途径也少。我想通过这个活动,先让学生了解这些专业大类的名字,帮助他们有意识地思考职业兴趣与大学专业之间的关系。

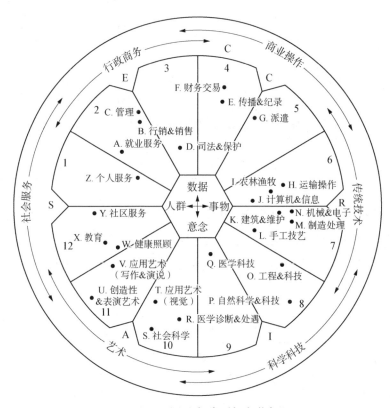

图 14-1 职业兴趣类型与大学专业

"三年后大学想读什么专业?"活动形式是每个小组有若干个磁铁板,上面写着很多大学专业的名字,学生自己先阐述,然后其他同学进行补充,把适合这一兴趣类型的专业贴到黑板相应区域,教师做澄清。依次完成六个类型。

表 14-3　职业兴趣类型与大学专业(磁条上事先准备好的专业名称)

职业兴趣类型	大 学 专 业
R动手型	核工程与核技术　软件工程　土木工程　机械工程　能源动力工程　电气工程及其自动化　航空航天工程　飞行器制造工程　建筑学　计算机科学与技术　测控技术与仪器　电子信息工程　光电信息科学与工程　车辆工程　工业设计　数字媒体技术　自动化(汽车电子工程)　康复治疗学　航海技术　通信工程(轨道交通技术方向)　应用物理　物联网工程
I研究型	数学系　临床医学　生物医学工程　化学类　食品科学与工程　化学工程与工艺　材料化学　制药工程　药学　环境工程　地理科学　高分子材料与工程　中医学　园林　水产类　生物技术(海洋生物制药)　医学检验技术　心理学(认知心理学、心理测量方向)
A艺术型	设计类　表演　音乐表演　动画　服装与服饰设计　广播电视编导　广告学　播音与主持　摄影
S社会型	社会学　历史学　汉语言文学　旅游管理　哲学　学前教育　心理学(心理咨询方向)　翻译　社会工作　政治学与行政学　思想政治教育
E管理型	法学　金融学　工商管理　市场营销　国际经济与贸易　金融工程　物流管理
C常规型	会计学　人力资源管理　行政管理　统计学　审计学　档案学　资产评估

(二)"找不同"——专业到职业的 N 种可能

这个活动的设计意图是启发学生明白同一专业可对应多种职业。

采用活动"找不同":课件呈现几个热门专业可能涉及的职业工种,请同学去掉不合适的。

表 14-4　同一专业可选择的不同职业

专业	不 同 职 业
机械工程专业	设计工程师　设备工程师　工艺工程师　操作数控机床　机电方向　车间管理　生产管理　采购　产品工程师(PE)　销售　咨询顾问

续 表

专业	不同职业
化学类	药物合成　老师　分析、质检行业　化工行业的技术员　公务员　市场营销　<u>医生</u>
新闻专业	报社记者　电视台后期编辑、出镜记者　公司企业的宣传策划岗位　新媒体运营岗位　广告文案　广告设计　<u>数字媒体技术</u>
中文专业	作家　行政管理　记者　出版社编辑　电台电视台的节目制作　广告文案　互联网公司网编宣传　文秘　初高中老师　对外汉语老师　<u>药学分析人员</u>
金融专业	银行柜员　保险公司销售　证券公司客户经理　私募操盘手　会计　<u>电气工程师</u>
法学专业	公务员（检察官、法官、行政机关公务员）　律师　公司法务人员　文秘　人力资源管理　司法鉴定　<u>设计师</u>
会计专业	出纳　小会计　总账会计　财务经理　税务经理　审计师　风控经理　财务分析师　基金经理　财务总监　部门经理　<u>销售</u>

　　磁铁板和"找不同"这两个活动的设计，是考虑到以"兴趣—专业—职业"层层推进，但这两个活动的充分展开都需要时间。所以，如果在日常教学中，时间比较充分，可用两课时来引导学生充分探究自己的职业兴趣与专业，再到职业的关联。但如果只有一个课时，就建立"兴趣—职业"的连接也可以。因为我在实践中发现，较之于专业，学生对职业的了解还更多一些，这跟日常生活中与家人、朋友的交流有关。有些学生会迫不及待地发言，也有些同学会主动分享他们同伴的理想和目标。所以课堂上可以请目标定位较清晰的学生发言，这也是对课堂资源的有效利用。

　　在一课时的公开课版本上，我采用了较为静态的讨论分享，且直接是由兴趣到职业的关联。"你会根据自己擅长的那个职业兴趣类型去选择相适应的工作吗？"一分钟的时间小组讨论。然后请3个左右的小组回答：你们想过的职业是什么？你们想做的是什么？

　　在两个课时的教学中，在"兴趣与专业"的探讨中，我会先和学生一起了解每个兴趣类型适配的大学专业，再抛出一个问题，也是一些学生的困惑："是不是说我属于某一个兴趣类型，比如说我属于动手型，我就只能去报老师你前面讲过的那些专业,不能去报艺术、社会型的专业,是不是这样?"

这个问题的目的是让学生明白,职业兴趣只是人在做选择时的一个参考因素,不要狭隘地去找一一对应的专业,而是需要综合考虑自己的性格、能力、价值观以及各方面的因素。

这之后,再进行专业发展成职业的 N 种可能活动。

【关于生成性环节的问题设计】
一、针对每个小组的特点设计问题

表 14-5 各小组的提问内容设计

小组类型	小组特点	提问内容	设计意图
R 动手型	相比较讨论,他们更喜欢动手实践。	我们有什么特质特点,性格上的特点或者能力上的优势,可以让我们在做这件事情的时候做得很得心应手,做得很好?	思维能力强,由前面的活动选择出发,比较容易捕捉到自身的特点。
I 研究型	喜欢思考,对数据分析感兴趣。	我想请你描述一下,你某一次做化学或者生物实验的过程吧!	这个小组几次用和第一组一样的问题,都没办法澄清出一些特征,而具体描述实验的过程之后,分析就变得容易,比较符合他们观察现象而后分析归纳的特点。
A 艺术型	敏感、有创造力、不爱被拘束。	1. 假设班里要开一个狂欢PARTY,老师同学都请你设计方案,你会怎么安排?会参考去年的旧方案吗? 2. 提问班长:"这个组的人管理起来费劲吗?"	这个小组基本属于踊跃发言的,对自身的特点也观察得很仔细,不过创造力和不爱被管束这两个特征有时候出不来,所以特地设计了这两个情境,一下就能捕捉到。
S 社会型	喜欢与人交流,表达能力好,善于同理他人。	学生实践,挑战一个日常的咨询实例。	这个小组的优势在咨询的对话中能体现得很充分。
E 管理型	特别爱表达,爱说服别人,目标定位清晰。	现场角色扮演推销学霸笔记。	这个内容的设计能现场展示出他们的口才,耐挫力和对目标的不懈追求。

续 表

小组类型	小组特点	提问内容	设计意图
C 常规型	按部就班、稳重踏实。	请优点轰炸班级生活委员。	我感觉班干部也能呈现各个兴趣类型的特点,而生活委员是较典型的常规型,从身边寻找实例去分析,更真实。

除了这些问题以外,还有一个挖掘的方式是追问"还有吗?"在把学生的思维"逼上绝路"的过程中,一串串的思维火花就会诞生。我们不要恐惧问完"还有吗?"之后的短暂沉默,那是创造性思维的酝酿阶段,值得等待留白;即使孩子们说出相近的也可以,我们也可以找寻相近的差异,引导到我们期待的部分。

二、心理咨询技术在澄清环节的使用

(一)质疑澄清

以 R 组为例。为了捕捉这个类型"喜欢一个人待着"的特点,我设计了三个类似于咨询中挑战认知的"质疑"提问:

"如果我邀请你们去体验一下推销学霸笔记,瞬间你的情绪感受是什么?"

最经常遇到的是学生一时语塞和尴尬的表情,我就尝试先用封闭性的问题引导他们想一想这方面的特点:"我想问问看你们小组为什么前面特别不喜欢去推销笔记,是不喜欢跟他们讲话吗?"

然后再问:"那么你平时更喜欢一个人在教室里做事情,还是更喜欢跟他们在一起交流?"

"要是我们真得承担这个任务会发生什么?"

有时候学生会说:"我想我卖不出去。"追问原因时,他们会认为任务难度高,会流露万一别人不买我该怎么办的担忧。

从开放性到封闭性,澄清出他们那个其实并不是缺点的特质。这个质疑的问题也不是随意找的,是考虑到动手型的对角是与人打交道的类型,所以设计了这个需要沟通的问题,对比呈现他们的特征。

质疑的澄清可以打开学生的思维广度,从更多角度去思考问题,同时也可以让学生通过对质疑的回应,更清晰详实地澄清。

（二）箭头向下技术

箭头向下技术是一种识别核心信念的方法，通过反复问自己"如果这是真的，对我来说意味着什么？"这样就可以让深埋在自动化思维下的核心信念显露出来。

以 S 型小组为例：选取摸底考后一个女生的咨询实例来让学生实践、挑战。"刚刚考完模拟考，可是我的数理化加起来的总分没有我英语高，老师出题为什么这么难？"

通过这个问题，先启发的是情感共情，让学生体会到求助学生的情绪状态，这个事例也是他们中蛮多人会遇到的，甚至还有学生当堂说，我会告诉她："我的三门比你更低。"体察到求助学生的难过相对并不难。

箭头向下提问方法的演示：

师：表面看求助学生在抱怨卷子难，抱怨老师，实际上，你们听出来她在抱怨什么吗？

生：是我能力不好，才考这么差。（这实际是对自己能力不满的抱怨。）

师：如果是这样，对她来说意味着什么？

生：我很糟糕。

这个"难"难在哪儿？这样就能体会出"难"和自己对能力的觉察有关。

对于学生的反馈，我这时要给予及时的肯定：你对他人的理解很好，心理学上有个专用名词叫"共感"，你对别人情绪的那种感受体验能力是比较强的。那么如果你听完他这么说，你可以怎么回应呢？

然后我会请学生尝试回应，如果课堂里学生可以自主生成我们想要的回答自然好，如果做不到，我们也可以演示一个更好的回应，对于学生来说，这也是学习方式，有利于他们日后的能力发展。

通过这样的方式，学生领悟到社会型的人具有很好的沟通能力。

在其他课程内容中，也可以使用箭头向下法来澄清。它的明显效果是可以透过表面的行为、言语、想法，挖掘出内在起着影响作用的核心思想，把课堂效果提升一个层次。

和同行分享探讨

一、如何回应学生可能的意外回答

　　心理课堂虽然没有价值观的灌输,但是很多老师认为还是要有积极正向的影响,所以我们会担心课堂上学生的发言流露出负能量,不作回应肯定不行,以一句"你的想法是个别化的问题,我们下课进一步交流"回应,自己也觉得没底气,如果立马找有想法的同学或老师自己积极回应,强压之感特别明显,那么到底该如何应对合适呢?

　　这节生涯兴趣课里,有一个学生直接说:"光喜欢有什么用?考不上还不是白搭!"

　　各位同行,如果你听到学生这么说,你会怎么想?又会怎么回应他呢?

　　也许有的老师会综合一下说:"成绩确实重要,但兴趣也是我们需要考虑的,是动力源。"

　　有的老师会把问题再次抛给学生:"你们大家怎么看兴趣与成绩的问题?"

　　我当时是这样回应的:

　　师:你提到了成绩,表明你考虑到生涯规划除了兴趣之外,还有其他的因素需要考虑,成绩就是其中之一,这很好;不过透过这句话,我感觉到你有自己喜欢的方向,但是可能觉得自己目前的能力还不能帮助自己趋近那个目标,有些焦虑,不知道是不是这样?

　　生:嗯,是有。

　　师:我们一开始都希望自己的能力能帮着去支持自己的爱好,这当然最好,那如果不一致呢?怎么办?

　　生:可能需要做调整吧。

　　师:对,我们可以对某些部分做调整,即使当下会有些郁闷、挫败,但这探索会帮助我们找出适合自己发展的路。

　　其实如何回应和我们听到什么程度有关,能听出言语背后的情绪情感、内心需要,并适度表达出来,学生会感到被理解、被支持,这已经做了一大半的工作了,剩下的我相信学生是有内驱力的,可以自我探索与规划,这部分就留着在个别咨询中处理。

二、如何让心理课堂更精彩顺畅

以前我很喜欢在心理课堂讲专业的内容,设计教案时总想着可以塞进去什么心理理论、心理学知识,似乎不这么做就显得我很不专业。但这种"专业"的体现,其实是对自我不安的掩饰,我怕一节课没内容可讲,这些现成的理论知识,让我手中有粮,心里不慌。不过这些确实很专业、很有用的心理知识、心理分析,学生能记住吗?未必,因为不是学生亲身感悟到的。随着教学实践的不断深入和反思,我发现原来一节课的内容,现在可以拆成两到三节课来讲了,可以讲的内容越来越多,为什么?因为我们有能力去关注学生的反应了,会更好地与学生讨论和回应,自然课也就饱满了。不需要刻意地从选择心理学理论知识到活动设计,而是可以从身边现象的心理思考入手,更贴近学生。

而这些,需要我们日常的积累。和很多同行一样,我看了很多书、专业介绍视频以及很多公众号,这才能在课程设计时想到很多"点",所以我们心理老师一直在学习的路上。

在课程设计时,我喜欢把平时看到的书里的精彩内容设计成一节心理课的内容,但发现简单直接地引用进入真实课堂后,就会显得如白开水般平淡,少了很多阅读时内心的激情澎湃。多次实践后,我发现精彩的内容可以作为课堂的核心部分,但它与课堂生成性有机融合,需要我们设计或嫁接某种表现形式去呈现,这种感觉就好似给人做形象设计一样。

同时,在上课前,我会把教学流程和内容以及可能的情况写在纸上,在脑海里反复预演。这么做的好处是能增加我上课时课程衔接和回应学生的流畅度,遇到一些预设以外的情况也能从容应对。

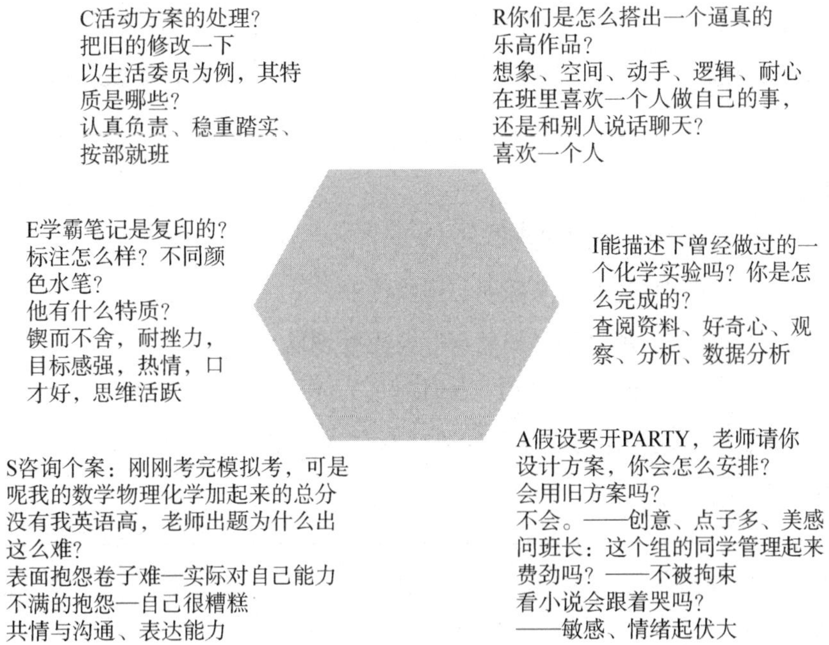

C活动方案的处理?
把旧的修改一下
以生活委员为例,其特质是哪些?
认真负责、稳重踏实、按部就班

R你们是怎么搭出一个逼真的乐高作品?
想象、空间、动手、逻辑、耐心
在班里喜欢一个人做自己的事,还是和别人说话聊天?
喜欢一个人

E学霸笔记是复印的?
标注怎么样?不同颜色水笔?
他有什么特质?
锲而不舍、耐挫力、目标感强、热情、口才好,思维活跃

I能描述下曾经做过的一个化学实验吗?你是怎么完成的?
查阅资料、好奇心、观察、分析、数据分析

S咨询个案:刚刚考完模拟考,可是呢我的数学物理化学加起来的总分没有我英语高,老师出题为什么出这么难?
表面抱怨卷子难—实际对自己能力不满的抱怨—自己很糟糕
共情与沟通、表达能力

A假设要开PARTY,老师请你设计方案,你会怎么安排?
会用旧方案吗?
不会。——创意、点子多、美感
问班长:这个组的同学管理起来费劲吗?——不被拘束
看小说会跟着哭吗?
——敏感、情绪起伏大

图 14-2　课前的预演框架

趣在哪　　163

附录

趣在哪？

◆ 教学目标：

1. 了解自己的职业兴趣类型。

2. 发现引起你兴趣的未来职业与适宜专业。

3. 认识到职业兴趣类型是如何与职业生涯规划相关的。

重点：霍兰德职业兴趣六大类型的特点。

难点：发现引起兴趣的职业及其适宜专业。

◆ 教学过程：

课时安排	活动名称	活动流程与内容	时间
第一课时	发现兴趣：任务大挑战	选择最喜欢做的事，按选择的任务类型坐到相应的小组。 R：搭乐高。 I：做化学小实验或生物小实验。 A：唱首歌，画一幅画，肢体表演（如，惊慌失措）。 S：听好朋友倾诉心事，安抚、鼓励他。 E：说服别人买上届学霸整理的笔记。 C：做一份收支记账单，做七宝老街一日游攻略。	5分钟
	认识兴趣	1. 分享完成活动过程中的感受。 2. 小组讨论：你有哪些性格特质、特点、能力是帮助你在前面活动的过程中很顺利地完成任务？各小组依次交流，教师澄清。	32分钟
	小结	你越了解自己的自然倾向和偏好，则越容易发现一条能够最大限度发挥你与生俱来的能力的职业轨道，并从中得到乐趣和满足感。	3分钟
第二课时	认识兴趣与专业	1. 磁铁板活动：你会根据自己擅长的那个职业兴趣类型去选择相适应的专业吗？三年后大学你想读什么专业呢？" 2. 提问喜欢什么学科，把学科和职业兴趣类型结合呈现在一起。	20分钟

续　表

课时安排	活动名称	活动流程与内容	时间
	专业到职业的N种可能	1. 提问：我读了大学的某个专业是否只能做一项工作？ 2. 游戏"找不同"：课件呈现几个热门专业可能涉及的职业工种，请同学去掉不合适的。	15分钟
	小结	生涯是个动态发展的过程，我们需要了解自我、了解大学、了解社会发展趋势的变革，顺势而为，做出最好的生活和职业的选择。	5分钟

【资源推荐】

1. 台湾生涯规划学科中心网站 http://hscr.cchs.kh.edu.tw/resourcelist.aspx?Page=1&PageSize=10&mid=&cid=49.

2. 专业院系介绍 http://major.ceec.edu.tw/search/cee-sch.asp.

你好，愤怒

上海市宝山区行知外国语学校　朱夏艳

提起"愤怒"，你的脑海中会出现什么形象？是动画电影里的愤怒小鸟？还是面红耳赤的激烈场面？无论是由于愤怒导致的人际冲突，还是愤怒失控酿成严重后果的情况都不少见，近年来，关于学生难以管理愤怒情绪的事件也屡有报导。小学生心智发育尚未成熟，缺乏觉察和表达情绪的能力，当出现愤怒情绪时，更容易采取冲动行为，给自身身心健康和他人带来不良影响。

在学生的普遍认知中，愤怒是一种负性情绪，让人避之不及。但其实和正性情绪一样，负性情绪是每个人都会出现的，也有它的功能和作用。因此，我设计了这节有关"愤怒"的情绪课，期望从"愤怒"情绪入手，引导学生觉察、关爱自身情绪，提升情绪管理能力。

小学生的认识水平处于感性阶段，艺术性的表达方式更容易被他们接受，因此我觉得可以运用叙事治疗"问题外化"技术和表达性艺术辅导的方法，通过画出愤怒，帮助学生将"愤怒"和自己分开，从而找到应对方法。在设计课题时，我在"愤怒"前加入"你好"二字，一是表示对于"愤怒"我们可以友好接纳，不抗拒地接纳，是积极应对的第一步；二是和"愤怒"保持距离，站在旁观者的角度和它打招呼，可以更清楚地观察它，了解它，也与课程中用到的叙事治疗"问题外化"技术相呼应。"你好，愤怒"一课由此而生。

把愤怒画出来
——1.0版本教学设计

教学目标：

1. 初步了解愤怒情绪，体验愤怒时的感受。
2. 尝试学会外化愤怒，看清愤怒，思考愤怒影响。

3. 掌握应对愤怒的方法,拥有积极的情绪体验。

表 15-1　1.0 版本教学设计

教学环节	活动流程	设计意图	备注
一、热身活动	游戏《谁是表情帝》 活动规则: 1. 每组有一张情绪卡(分别为:开心、惊喜、得意、放松、愤怒)。 2. 学生在组内做表情,每组选 1 名表情帝。 3. 表情帝上台做表情,其他小组竞猜。	游戏开场,活跃课堂氛围。学生通过不同表情,感受不同情绪,引出愤怒主题。	5 分钟 板书: 你好,愤怒
二、主题活动	(一)画出我的愤怒家伙——外化愤怒 1. 绘本阅读《喷火龙》片段一,学生联想自己的"愤怒家伙"。 2. 学生画出"我的愤怒家伙"并介绍,包括长相特点等。	运用叙事治疗"问题外化"理论,学生通过画出自己的"愤怒家伙"、给"愤怒家伙"命名并介绍,做到外化愤怒。	10 分钟
	(二)愤怒家伙惹的祸——看清愤怒 1. 绘本阅读《喷火龙》片段二,学生联想自己的"愤怒家伙"惹的祸。 2. 学生交流愤怒后果。	从外化愤怒到看清愤怒,层层递进,并为应对愤怒做铺垫。	7 分钟
	(三)对待我的愤怒家伙——应对愤怒 1. 绘本阅读《喷火龙》片段三。 2. 学生交流对待"我的愤怒家伙"的方法,老师总结。	在学生交流应对愤怒的方法后,老师进行板书总结,帮助学生习得应对愤怒的方法。	8 分钟 板书:深呼吸放松,转移注意,表达倾诉,合理宣泄,换位思考。
三、总结活动	共读小诗《你好,愤怒》 　　你好,愤怒! 　　你来啦!我看见你啦! 　　让我拍拍、抱抱你, 　　安慰、鼓励、陪伴你。 　　你好,愤怒!	帮助学生正确认识愤怒情绪,学会接纳并应对它的出现。	5 分钟

🔗【课堂实录与反思】

初案试教后,我感觉课程整体框架设计比较合理,逻辑顺序比较清晰,但发现有一些部分还需要深入打磨。

（一）部分学生不能理解"外化提问"

在主题活动"画出我的愤怒家伙——外化愤怒"这一环节，学生聆听绘本故事《喷火龙》片段一："古怪国的阿古力很爱生气，今天一大早，阿古力被蚊子叮了一个包！他非常非常生气！他愤怒了！阿古力大叫一声，喷出了大火！啊！喷火龙出现啦！"

老师总结并提问："阿古力被蚊子叮了一个包，有一个叫'喷火龙'的愤怒家伙就找上了他，阿古力变得非常生气！小朋友，你愤怒的时候，是谁找上了你？请大家画一画并介绍。"

大部分学生能够用某个抽象的事物代表自己的愤怒，做到"外化愤怒"。学生们非常有创意，把"我的愤怒家伙"呈现得栩栩如生。

表 15-2 "我的愤怒家伙"举例

我的愤怒家伙	特　　点
火山哥	它浑身红色， 头顶上的火山爆发的时候， 喷出的岩浆可以把周围的一切都淹没。 当我觉得别人不理解不关心我的时候， "火山哥"就会找上我。
哪吒三太子	它是彩色的， 它有三个脑袋六条手臂。 当我打鼓打不好被老师批评时， 它就会找上我。

续表

我的愤怒家伙	特　点
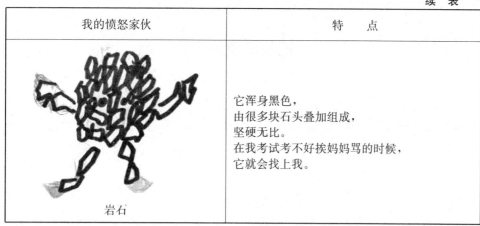 岩石	它浑身黑色， 由很多块石头叠加组成， 坚硬无比。 在我考试考不好挨妈妈骂的时候， 它就会找上我。

在我的预设中，学生都是能画出"我的愤怒家伙"的。但没想到一个孩子提问到："老师，我愤怒的时候，我妈妈就会找上我，我是不是要把她的样子画出来？"

这个提问让我一时不知如何接话，本以为精心设计的提问方式"你愤怒的时候，是谁找上了你？"能够很好地帮助学生将愤怒和自己分开，结果却被学生的意外反问问得措手不及。看来，还是会有学生对于活动的理解有所偏差，将外化语言"谁找上了你"理解成了现实生活中的他人找上了自己，这说明我的教学设计有待改进。

（二）学生被动接受，没有内化

在主题活动"对待我的愤怒家伙——应对愤怒"这一环节，我提问："阿古力想了哪些方法对待喷火龙？你还有别的方法吗？来帮他出出主意吧！当我们自己的愤怒家伙出现后，又会怎么做呢？"学生自由发言，我随后进行总结："当愤怒家伙出现时，我们可以采用深呼吸放松、转移注意、表达倾诉、合理宣泄、换位思考等方法。"滔滔不绝地说了一串，外加贴板书——注明，自以为大功告成，整理得万分妥帖，但学生的反应告诉我，我错了！学生跟我读了一遍板书方法后，大部分人似懂非懂地点头回应，看得出他们只停留在被动的接受，并没有内化成自己的方法。

同样，总结活动"共读小诗——你好，愤怒"部分，延续了"应对愤怒"环节的设计，学生共读小诗时缺乏情感共鸣，听着特别生硬。总结部分应该是全课的提炼和升华，但由于学生之前习得的是照本宣科的讲解，没有打开思路寻找自己应对愤怒的具体方法，读出的小诗脱离自身实际，自然就显得生硬了。

把故事说出来
——从 1.0 到 2.0 的设计修改

针对以上问题，经过和前辈们的探讨，反复打磨，我将 1.0 版本教学设计做如下修改。

（一）增加故事主线，理解"外化提问"

1.0 版本中，课程主要围绕绘本故事展开，逻辑顺序比较清晰，但在主题活动开始环节，就有同学出现"卡壳"，无法理解如何"外化愤怒"，导致后续活动无法顺利展开。由此考虑在主题活动中，增加老师的"愤怒家伙"故事主线，与绘本故事主线共同推进，相互融合，贯穿始终。

在两条故事主线的引导下，学生可以做更深入抽象的思考，将愤怒外化。"炸毛"的故事在主题活动中步步推进，激发学生深入学习的兴趣和热情，学生参照老师的示范，说出自己"愤怒家伙"的故事，这就形成了课堂的第三条主线——学生主体活动。

表 15-3 2.0 版本两条故事主线梳理

活动环节	《喷火龙》绘本故事主线	老师"愤怒家伙"故事主线
主题活动"外化愤怒"	古怪国的阿古力很爱生气，今天一大早，阿古力被蚊子叮了一个包！他非常非常生气！他愤怒了！阿古力大叫一声，喷出了大火！啊！"喷火龙"出现啦！	当我们感到愤怒的时候，有个愤怒家伙会找上我们，它长什么样呢？也许，它长得像一个动物、一颗植物，又或是什么奇特的外星生物。 看！这是老师的愤怒家伙"炸毛"，它牙齿尖尖，怒发冲冠！老师前两天备课时，电脑突然死机，课件没有保存，全部白做，那时"炸毛"就找上了我！我感到非常愤怒！

续　表

活动环节	《喷火龙》绘本故事主线	老师"愤怒家伙"故事主线
主题活动"看清愤怒"	没想到，大火把他的家烧了一半！他的汉堡包变成了烧焦的碳堡包！他不能刷牙了！玩具也被烧焦了！就连邻居吉普拉也惨遭他的毒火！才一会儿功夫，他就烧掉了一间房屋，两棵树和三个油桶！古怪国的居民都不敢靠近他。	那天，"炸毛"找上我后，我狠狠地敲了一下桌子，结果，敲到了本就受伤的小拇指，疼得我哇哇大叫！
主题活动"应对愤怒"	阿古力尝试了更多的办法来灭火，用灭火器灭火，躲进冰箱里，吹熄它……可是都不行。没办法了吧！又饿又气的阿古力伤心地哭了起来，哭了好久好久……没想到，鼻涕和泪水竟然把火浇熄了！	老师那天起身喝了杯水，做了几次深呼吸放松，没想到后来就很快备完了课！原来"炸毛"还能让我加快速度呢！看来它也不是什么坏家伙呀！下次它再来，我会对它说："你好，炸毛！你来啦！我看见你啦！我来做个深呼吸放松，一二三！"

（二）课堂交给学生，叙说精彩故事

1.0版本"应对愤怒"教学环节，成了照本宣科的理论说教，失去了鲜活的色彩。因此在2.0版本中，我将老师的生硬总结改成学生发散性的方法收集，继续运用绘画等表达性艺术辅导方式呈现，鼓励学生用自己的力量应对问题的挑战。学生将画作贴在黑板上，介绍自己"愤怒家伙"的故事，包括它的长相、特点、惹了什么祸、用了什么办法应对它的出现等，每一个故事都是生动形象、鲜活饱满的。

同时，将总结活动"共读小诗"改成"共编小诗"，学生在老师的带领下一一站起，每个孩子独一无二的方法都在优美的诗歌中呈现，学生的所思所想更加缤纷多彩。

教案调整后，学生"外化愤怒"的环节更为顺畅，"看清愤怒"、"应对愤怒"和"共编小诗"部分，老师更多关注到每一个学生的感受，学生真正成为了自己故事的主人，叙说着属于自己的生命故事。

表15-4 应对"愤怒家伙"举例

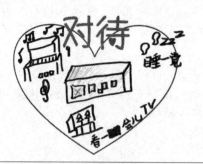	"岩石"找上我的时候， 我会弹会儿钢琴，听听音乐， 或者看会儿电视，然后睡一觉； 有时候我也会把愤怒的事情写在盒子里， 然后把盒子关起来， "岩石"就走了。
	"夜黑如人"找上我的时候， 我会冲个澡， 看会儿书， 睡个觉， 或者把愤怒的事写下来扔掉， 愤怒家伙就走了。
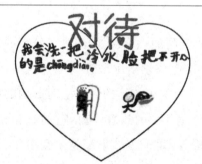	愤怒家伙找上我后， 我朝同学大喊大叫， 害得同学们都不敢和我玩了！ 这时，我会洗把冷水脸， 把不开心的事冲掉， "辣辣"这个愤怒家伙就一起被冲走了。

陪孩子遇见美好的自己
——与同行分享探讨

【巧用绘本媒介，走进儿童世界】

课程的设计要从学生实际出发，才能走进学生内心，引起学生共鸣，引发学生思考,心理课更是如此。本课活动对象为小学二年级学生,他们尚处于儿童期,天真活泼,充满丰富想象。课程设计时需要基于儿童视角、符合儿童认知、走进儿童世界,精彩有趣的绘本故事便是非常好用的媒介。

主题活动各环节由绘本故事《喷火龙》的三段阅读串联引入,每段故事开头基于儿童视角预设问题,如"让我们听听爱生气的阿古力的故事,看看他愤怒的时候,出现了什么?""愤怒家伙找上我们后又发生了什么事呢?让我们继续阅读阿古力的故事吧!""愤怒家伙会惹出这些祸,那我们会如何对待它们呢?让我们看看阿古力是怎么做的。"学生带着问题阅读绘本,在充满童趣的故事中,了解愤怒、看清愤怒、应对愤怒,实现课程目标。

【借用理论基础,人与问题分开】

心理辅导活动课的专业性离不开心理学理论的有力支撑,本课运用叙事治疗"问题外化"理论基础,帮助学生外化愤怒情绪。叙事治疗是后现代家庭治疗中的一种,主张将人和问题分开,认为问题就是问题,而人不等于问题,提倡对人尊重。如果认为自己就是问题,人们就没有力量去面对和解决问题。叙事治疗认为每个人都是自己问题的专家,能通过自己的方法去面对问题的挑战。

二年级学生心智尚未成熟,当被贴上一些"问题"的标签后,他们往往认为自己就是"问题"本身。出现愤怒情绪时,容易将愤怒情绪认同为自己本身,给自己贴上"暴脾气"等标签,无力应对。本课通过"画出我的愤怒家伙",帮助学生看清愤怒长相,将自己和愤怒分开,做到"问题外化";通过老师的一系列外化语言,引导学生看清愤怒由来,思考愤怒影响,积极应对愤怒。

【善用艺术表达,互动体验成长】

表达性艺术辅导是一种通过游戏、活动、绘画等艺术媒介,以非言语的沟通技巧,帮助人们表达释放难以言说的情感经验。二年级学生语言表达尚在发展中,很多内心感受无法通过语言确切表达,绘画便是非常好的辅助手段。活动中,学生画出自己"应对愤怒家伙的方法",这本身就是一种情感的宣泄和疏通。绘画帮助学生表达了愤怒体验,一个个鲜活的"愤怒故事"跃然纸上,对于听到看到这些故事的同伴也是一种治愈。

　　心理辅导活动课，重"活动"、重"辅导"，好的"辅导"并非来自于老师的理念灌输，而是来自于学生在活动中的相互学习和成长。课堂活动中，学生发现老师同学也都有这样或者那样的"愤怒故事"，明白了自己出现愤怒情绪是正常的，是可以被表达和接纳的；同样，聆听同伴应对愤怒的方法，也可以帮助自己正视自己的愤怒情绪，找到自己的方法应对它的挑战，在互动体验中共同成长。老师要做的，就是带领、引导以及静待花开的陪伴，陪孩子遇见美好的自己。

附录

一、初案与终稿教学设计对比

教学环节	1.0版本	2.0版本	修改理由
一、热身活动	谁是表情帝	谁是表情帝	
二、主题活动	(一) 画出我的愤怒家伙——外化愤怒 1. 绘本阅读《喷火龙》片段一。 2. 画出我的愤怒家伙。 学生交流。	(一) 画出我的愤怒家伙——外化愤怒 1. 绘本阅读《喷火龙》片段一。 2. 画出我的愤怒家伙。 (1) 老师分享。 (2) 学生交流。	主题活动中学生交流前,增加老师分享自己"愤怒家伙"的故事,帮助学生抽象化理解"愤怒家伙",而不是把它定义为某个身边人。同时,参考老师的介绍,说出自己的故事。
	(二) 愤怒家伙惹的祸——看清愤怒 1. 绘本阅读《喷火龙》片段二。 2. 愤怒家伙惹的祸。 学生交流。	(二) 愤怒家伙惹的祸——看清愤怒 1. 绘本阅读《喷火龙》片段二。 2. 愤怒家伙惹的祸。 (1) 老师分享。 (2) 学生交流。	
	(三) 对待我的愤怒家伙——应对愤怒 1. 绘本阅读《喷火龙》片段三。 2. 对待我的愤怒家伙。 学生交流,老师总结。	(三) 对待我的愤怒家伙——应对愤怒 1. 绘本阅读《喷火龙》片段三。 2. 对待我的愤怒家伙。 (1) 找一找自己对待愤怒家伙的方法。 (2) 画一画,写一写。 (3) 说一说,贴一贴。	将老师的生硬总结,改成学生开放式回答,通过绘画等表达性艺术辅导方式呈现,使得课堂更加灵动。
三、总结活动	共读小诗: 　　你好,愤怒! 　　你来啦!我看见你啦! 　　让我拍拍、抱抱你, 　　安慰、鼓励、陪伴你。 　　你好,愤怒!	共编小诗: 　　你好,愤怒! 　　你来啦!我看见你啦! 　　我来做个深呼吸放松,一二三! 　　我来＿＿＿＿! 　　你好,愤怒!	开放式的共编小诗,学生可以进行自我总结,运用自己的力量应对问题的挑战。

你好,愤怒　175

二、终稿教案

你好，愤怒

◆ 活动目标

1. 初步了解愤怒情绪，体验愤怒时的感受。

2. 尝试学会外化愤怒，看清愤怒，思考愤怒影响。

3. 调动自己的力量找出应对愤怒的方法，拥有积极的情绪体验。

◆ 教学重点

通过绘画将愤怒情绪外化，找到自己的方法应对愤怒情绪。

◆ 教学难点

将愤怒情绪外化为抽象事物。

◆ 活动过程

一、热身活动：谁是表情帝

（一）活动规则

1. 每组有一张情绪卡；

2. 在组内做表情，每组选 1 名表情帝；

3. 表情帝上台做表情，其他小组竞猜。

（二）揭题

师：今天就让我们一起聊聊愤怒这个家伙，听听阿古力的故事，看看他愤怒的时候，出现了什么？

二、主题活动

（一）画出我的愤怒家伙——外化愤怒

1. 绘本阅读《喷火龙》片段 1。

师：阿古力愤怒的时候，喷火龙找上了他。你愤怒的时候，谁找上了你？

2. 画出我的愤怒家伙。

（1）老师分享；

（2）学生交流。

师：愤怒家伙找上我们后又发生了什么事呢？让我们继续看看阿古力的故事吧！

（二）愤怒家伙惹的祸——看清愤怒

1. 绘本阅读《喷火龙》片段 2。
2. 愤怒家伙惹的祸。
（1）老师分享；
（2）学生交流。

师：原来，愤怒家伙会惹出这些祸，那我们会如何对待它们呢？

（三）对待我的愤怒家伙——应对愤怒

1. 绘本阅读《喷火龙》片段 3。
2. 对待我的愤怒家伙。
（1）找一找自己对待愤怒家伙的方法；
（2）画一画，写一写；
（3）说一说，贴一贴。

三、总结活动：小诗《你好，愤怒》

你好，愤怒！
你来啦！我看见你啦！
我来做个深呼吸放松，一二三！
我来_____！
你好，愤怒！

附：画纸

【资源推荐】

1. 黄锦敦. 陪孩子遇见美好的自己[M]. 北京：北京联合出版公司, 2017.
2. 赖马. 我变成一只喷火龙了！[M]. 石家庄：河北少年儿童出版社, 2011.

和乐观做伙伴

上海市黄浦区曹光彪小学　王瑞安

作为学校的心理辅导老师,我的悄悄话信箱中时不时会收到来自学生的来信,他们向我吐露着自己的烦恼,倾诉让自己情绪不佳的事情。我发现,孩子们在遇到问题时,往往因为缺少方法,容易陷入消极的那一面。所谓的情绪调节也不过是"事情过去久了,便算了"。这样的情况,尤其出现在中低年级。为此,我做了一项针对三年级的学情调查,结果发现:有82.3%的学生面对消极情绪时会采用"注意转移"的方式来进行调节,只有极个别学生会运用"转换思考角度"这类方式来进行调节,而后者也被心理学家认为更具有适应性与持久性。

那么,这是不是意味着学生常常遭遇消极情绪体验呢?依据《中小学积极成长幸福区本课程指导纲要》的数据显示,77.8%的学生感到平时愉悦、快乐的情绪状态较多;40.0%的学生经常会有烦恼、伤心、难过等情绪;70.0%以上的学生有时遇到困难会尽量去发现其中的积极意义或对自己的帮助;77.3%的学生遇到困难,会积极面对,尽力解决;82.25%的学生相信未来的自己是一个乐观的人。

由此可见,学生是具有积极、乐观心态的基础的,他们有自助的内在能量。教师可以帮助他们找到一些方法、一些路径,让学生通达乐观人生的道路更有方向,也更为顺畅。所以,我开始着手设计一堂与乐观心态有关的心理辅导活动课。

磨课:从围着老师听到围着学生问

当我在设计这堂课时,我希望先通过活动诱发学生产生情绪体验,随后用"换个角度思考"的方法,最后促进自己行为的改变。特别是当学生面对问题和困难时,能用乐观的心态接受并积极面对,找到一些较为乐观的解决问题和应对困难的行动方法。

【直接被否决的1.0版】

通过了解的数据以及在本校的学情分析,我自认为能够设计出一节让学生喜爱的乐观主题心理课,信心满满地制作了1.0版本的教案。

表16-1 1.0版教学设计

教学目标: 1. 了解乐观心态的重要性。 2. 学习帮助自己和他人获得乐观心态的方法。 重点:建立以乐观心态处事的观念;学习获得乐观的方法。 难点:初步掌握用动作和语言的方法来帮助自己和他人获得乐观的心态。
教学过程: 1. 导入视频,思考乐观产生的影响。 2. 教师介绍乐观精神的人物故事。 3. 改写句子,练习乐观的想法。 4. 情景表演,用乐观精神解决自己的问题。 5. 乐观的大集体,乐观精神解决班级问题。

第一次说课,听课教师就提出了许多问题:(1)视频故事和乐观人物故事功能有所重复。(2)教师说教过多,学生体验不足。学生改写句子也不过是在重复教师的"心灵鸡汤",并非自我体验后生成的内容,缺失了心理课的特色。(3)由于体验不够,情景表演是不是能把学生真实掌握的方法体现出来,这需打上一个很大的问号。(4)最后的环节比较跳跃,突然从自助跳到了集体问题的解决,不建议实施。这份被否决的教案不仅开启了我之后不断打磨课程的旅程,也让我始终在思考如何设计出真正有心理特色的心理课。

【缺乏共鸣的2.0版】

在这一版本的设计中,我想通过一些有趣的小游戏来增加学生的自主体验,所以在导入环节增加了说一说"太好了"的环节,把课题也改成了"太好了"。

想法是美好的,现实却往往背道而驰。

场景一：说不出口的"太好了"

> 教师：我想先请同学们一起来和我说一说"太好了"这句话。
>
> 部分学生：太好了。
>
> 教师：我们可以面带笑容，再说一次。
>
> 更少的学生：太好了。
>
> 教师：我们还可以配上一些肢体动作，比如给自己点个赞。再说一次，试试看。
>
> 学生互相张望后，模仿老师最后说了一遍：太好了。

原本我想象的画面是，学生在一开始就能体验到这样一种面带笑容的、积极的情绪体验，从而激发他们想要了解、学习更多让自己乐观的方法，但现实是整个课堂氛围越来越尴尬和低沉，有的学生声音轻得几乎听不见，有的学生已经露出了"丈二和尚摸不着头脑"的神情，有的学生干脆就不看我，低头看书。效果不是"太好了"，而是"太糟了"！

课后，我向学生了解上课的感受。学生反馈说，一上课老师就让大家喊"太好了"，还需要配合表情与动作，他们觉得莫名其妙，不知道为什么要喊"太好了"，也不知道有什么可以"太好了"，而且自己课前刚和同学有磨擦，实在做不到面带笑容说"太好了"。虽然云里雾里，但既然老师要求，便只能照做，效果也就可想而知了。

学生的情绪需要自然引发，重点应落在"共鸣"上。在之后的几稿中，该环节被取消，取而代之的是"乐观小人"道具，学生很自然地会好奇它是谁，它有什么作用，它和我们今天所学有什么关系，他们和"乐观小人"产生了一种联结，也就更愿意去学习 TA 带来的内容。

场景二："老师，她是谁？"

> 教师：同学们，听完了邓亚萍的故事，你们觉得是什么品质让她能取得这样高的成就呢？

> 学生甲：老师，她是谁？
>
> 学生乙：老师，是刻苦练习吧。

我找寻乒乓球冠军邓亚萍的案例，是希望通过她的乐观心态赢得冠军的经历启发学生：在面对一些困难和挫折时，能调节情绪，调整心态。但现实再一次说明，不懂学生心的教学设计是不能让学生产生共鸣的。我选择的名人故事距离"10后"的学生实在太遥远了，和他们没有交集，无法引发共鸣，也引不出我想从他们口中听到的"乐观"品质。学生的反应，暴露了我在学情分析和材料的选择上做得很不到位，之后设计的案例改成了学生比较熟悉的书本中的人物。

∞【只想玩硬币的3.0版】

"太好了"这一主题，有些空泛和过度，所以3.0版本的课题我换成了"微笑面对"。"乐观小人"道具的出现，不仅吸引了学生的注意力，也启发了学生的主动思考，让学生更为投入地进入学习。

在活动的选择上，我觉得如果学生能在某一事件中，通过自己的体验寻找到积极的资源，愿意有尝试的行动，即是一种乐观。所以我选择了一个有挑战性，但又不会太难的活动——让硬币站起来。

场景三：硬币、硬币，都要硬币

> 学生A：老师，我硬币呢？
>
> 学生B：老师，TA晃我桌子！
>
> 学生C：老师，再多给我几个硬币吧。我要搭东西。
>
> 学生D：老师，我觉得和同桌弹硬币更好玩。

游戏的想法虽然美好，但是操作的效果似乎欠佳。这节课的游戏环节可以说陷入了一片混乱，硬币丁零当啷落地与碰撞的声音此起彼伏。学生在课堂的表现完全偏离了我预想的设计，之后的分享与小结也形同虚设。

在后续与学生的了解中，学生表示，玩硬币的时候只是在想挺好玩的，没有想到将之前学习的方法运用到游戏中。再说坐着听了大半节课,终于有机会可以动动手,还可以跟同伴说说笑笑,哪还顾得上学了什么。其实,老师说的道理大家都懂,但一动手就忘记使用了。

学生的反馈像是一记闷锤,让我深感自己的教学设计很失败,我压根没有顾及学生作为课堂的主角应有的发挥空间,只顾自己将道理硬生生地灌输给他们,这种方式当然不会得到学生发自内心的喜爱,也无法成为学生"我想学"的动力。我的"原以为"都变成了"打脸"现场。

【开始聚焦学生生成的4.0版】

之前的教学设计,我基本都以"教师"为中心,我的语言、描述占据了课堂的大部分空间,学生只能在很小的范围内按我给的规则作出表达。严格来说,直到这一版本的备课时,我才真正"看见"学生的空间被淹没,开始将课堂的主角交还给学生。教师需要做的是引导,而不是给学生的想法套上太多的条条框框。我尝试用追问的方式挖掘学生表达背后的深层想法。

场景四:当学生没跟着剧本走

> 学生:老师,我觉得这件事就是糟糕的,没什么好。
> 教师:你可以再想一想,努力挖掘一下。

课后在听课堂教学录音时,我感到这一段对话很不合适。当学生发现了一些消极情绪时,我并没有让他意识到,情绪不分"优秀的"和"差劲的",我反而给了他一种印象,是因为他做得不够好,所以没有达到老师的要求。这一刻,让我意识到,在课堂中我仍旧对自己的流程顾及过多而未充分观察学生。即使学生在游戏中产生了体验,产生了想法,我也没有及时捕获,进行深入分析,只是跟着自己的剧本推进。

如果我当时回答"你感觉这件事情很糟糕,如果还有机会,你觉得什么样的想法可能对结果产生不同影响呢",也许课堂的效果就会截然不同了。我虽然意识到心理课的主体是学生,但还不够完全。我对心理课堂的"生成"认识是不足的,导致课堂呈现的生成性内容浮于表面,我的每一次提问仍需仔细设计。

在4.0版本中,我将课堂主题活动换成了用扑克"搭房子"的游戏,希望先通过第一次游戏让学生的情绪体验自然发生,找到积极的想法,再解决一些具体问题;然后通过第二次游戏找到积极的行动,并再解决一些实际问题。虽然在课堂中也达到了情绪"生成"的效果,但是游戏与学习之间的流程安排不够合理,两次游戏之间内容过多,学生疲于转换操作对象,在操作上感到混乱,思考和表达更容易流于形式。

【让生成走向预设的5.0版】
一、教学设计

这一次我将纸牌搭建的游戏重复了三次进行,每做一次学一个乐观的方法。在方法全部学完之后,再让学生进行问题解决。同时,主题也改为《和乐观做伙伴》,让学生给道具小人画一画表情,写一写对话,也是他们对本节课学习内容的外化。

表16-2 5.0版教学设计与效果

实施流程	实践效果与反思
1. 第一次扑克搭"房子"游戏。 2. 发现乐观的想法。 3. 第二次扑克搭"房子"游戏。 4. 做出乐观的行动。 5. 第三次扑克搭"房子"游戏。 6. 给道具小人画表情,写对话(一小段冥想活动)。 7. 尝试用学到的方法解决实际问题。	1. 学生情绪体验以及表达充分。 2. 通过追问,学生对同一件事表达出更多的内涵。 3. 学生深刻理解了乐观的内涵并能够用学到的方法解决实际问题。

二、教学实录:捕捉与追问

在课堂上,我注意到有个学生在第一次尝试的时候把纸牌甩在了桌上,所以当大家开始分享感受的时候,我特地请他来说一说,并在之后几次尝试时,继续请他分享,最终他也成功地搭建起了他的纸牌"小房子"。在我不断的追问下,从这位学生的回答变化里我们就能读出他对"乐观"的理解过程。当他把乐观的想法与乐观的行动结合起来,也就是这节课想要传达给学生的主题了。

场景五:为什么?为什么?为什么?

> 教师:在刚才的尝试中,你有什么感受?
> 学生:很生气。
> 教师:你为什么会产生这样的感受?你是怎么想的呢?
> 学生:因为塌了,很失败,我不想做了。
> (此时,我先停止追问,邀请其他同学也来分享自己的感受和想法,并罗列在黑板上。随后,我又邀请了这位同学继续追问。)
> 教师:如果还有一次机会,你更愿意怎么想呢?
> 学生:我还想试试看,也许有成功的可能。
> 教师:你能鼓励鼓励自己吗?
> 学生:一次失败不可怕。多试几次,说不定就找到方法了。
> (第二次搭建后,我继续追问。)
> 教师:这一次你搭得怎么样?你有什么感受?
> 学生:差一点点。我还挺开心的。
> 教师:为什么呢?
> 学生:只差一点点了,我觉得再给我点时间,我就能(搭)好了。
> 教师:你找到什么具体的方法吗?可以说说看吗?
> 学生:我刚才这样(折)一下,觉得可以。

这一版的设计给了学生充分的发挥空间,教师要做的是藉由追问搭建一个框架,至于其中的美好内容,就留给学生去生成。

本次疫情期间,这堂课进行了特别录制,作为"黄浦区积极成长·幸福课程"中的一课,也成为了网课资源的一部分。从网络学习的反馈来看,越来越多的学生正在和"乐观"成为伙伴。

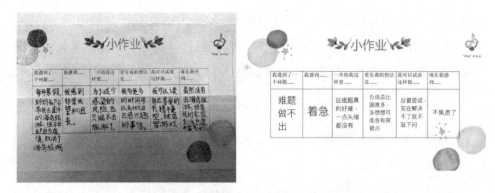

图 16-1 疫情期间学生课堂小作业反馈

同行分享：磨出来的小经验

【心理辅导活动课的大忌讳：说教】

直接被否决掉的 1.0 版教案，最大的问题就是说教内容过多。回看当时的设计内容，仿佛能看到一位教师在讲台上发号施令，学生木然地做些模仿，看不到学生的思考。在之后几版中虽然我把教师说的部分越改越少，学生的活动越放越多，但实际上，直到 4.0 版我才开始摆脱说教风格，朝着学生生成的方向迈进。

心理辅导活动课不同于其他知识学习类的课程，其更注重的是学生本身的探索。在心理课上，没有需要死记硬背的知识，也没有标准答案。只有看见学生内心真实的想法，教师才能够进行相应的引导。

在我彻底抛弃说教的欲望，把学生作为教学设计的中心后，课堂的反馈才出现了质的改变。我欣喜地发现，孩子们的方法可真多呀！作为教师我又何必非要灌输自己那一套呢？当孩子们把他们的所知所想一一展现出来时，我需要做的其实就是帮他们梳理和辨别，找到适合自己的那一部分，达到自助的目的。

【达成教学目标的游戏才是好游戏】

在对儿童进行心理治疗时，游戏经常会作为一种治疗的手段。心理学家埃里克森认为游戏可以帮助孩子获得胜任感和成功感，因为游戏是一种克服困难的经验,从中可以获得掌握的感觉。

　　游戏在心理课堂中也经常得到妙用,尤其是在小学的课堂,游戏是让学生怀着兴趣学习的助力剂。作为一线心理教师,我也非常渴望找到更多适宜的游戏,好让学生在玩中学。但既然是课堂中出现的游戏,它的主要功能显然不只是让学生觉得有趣,它需要为教学目标服务。与教学目标紧密贴合的游戏会给人意想不到的效果。无论选择哪种游戏,重要的是能否达成教学目标。

　　以本课为例,纸牌游戏并不是唯一的选择,只要是围绕"给学生制造一些困难,让他们在操作中产生积极或消极的情绪体验"的目的即可。如果不是纸牌,也可以是纸杯;如果有条件,也可以是限时拼图。总之,最终评价游戏设计的还是教学目标达成度。

　　纸牌游戏在本课中不仅仅得到了充分利用,在课堂实践中也呈现了亮眼的效果。它简便易实施,但是在限时条件下它又对小学生有一定的难度。通过三轮尝试,学生在老师的引导下,从丰富多样的情绪,到乐观的想法,最后生成乐观的行为。整个活动过程流畅,贴合课程目标,学生自我生成了对"乐观"层层深入的感悟。

附录

表16-3 初案与终稿的对比

教学环节	设计初案	实践终案	修改理由
导入环节	说一说、做一做"太好了"。	教师简短背景介绍。	简洁的语言引发学生好奇心即可，让主题活动时间更充裕。
主题活动	"唱唱反调"，写句子和说行动方法。	纸牌搭建游戏，并在游戏过程中体会乐观思维带来的影响，并积极找寻问题解决的方法。	主题活动进行充分展开，让学生紧密围绕该项游戏想出乐观思维、做出乐观行动，把活动与教学目标牢牢联系在一起。
实践练习	硬币游戏。	情境问题解决与方法交流。	在充分的游戏体验之后，再请学生从认知层面进行思考。通过联系平时生活中常见的问题，让学生尝试用刚学到的乐观方法来解决。

实践终稿

一、教学目标

1. 在游戏中体验乐观思维带来的积极情绪体验。
2. 找寻并实践培养乐观思维、应对问题与困难的行动方法。

二、教学重难点

重点：培养乐观思维，找到行动方法。

难点：积极寻找一些解决问题和困难的行动方法，用乐观的心态面对问题与困难。

三、教学过程

（一）导入

教师："心语屋一直很受同学们的欢迎，为了更好地为大家提供服务，这学期我找了一个伙伴。如果你在心语屋门前看到它笑脸相迎，那说明我正等着同学们来找我说说心里话。如果你看到它背过身去,那说明我正外出,你们可以给我写信、留言,我依旧会悄悄地帮助你们解决困扰。为了与它合作得更愉快,我想给这个伙伴搭一个稳稳的纸房子,让它舒舒服服地待在里面。你们愿不愿意挑战一下,一起来搭一搭呢?"

(二)主题活动一:搭房子游戏

1. 第一次搭房子

(1)出示游戏规则,学生搭建。

(2)学生分享心情并说说心情背后的想法。

(3)提问:不同的想法可能会对搭房子的结果产生什么影响呢?什么样的想法能更有助于我们搭建成功?

(4)根据同学回答,追问,如果有机会再搭一次,你们更愿意带着哪种想法来尝试呢?

2. 第二次搭建

(1)拿出纸牌再次搭建小房子。

(2)学生分享体验。

提问:这一次你搭房子时的心情和之前有什么不同吗?你是怎么想的呢?

(3)比较两次成功同学人数,揭示:能够使用积极的想法会更接近成功。

(4)通过两次尝试,学生归纳方法。

3. 第三次搭建

(1)建议学生使用找到的方法再搭建一次。

(2)比较3次搭建房子的成功人数,揭示:积极的想法加上合适的行动方法,成功的把握更大。

(3)小结:学习乐观不仅需要一个积极的心态,还需要主动去寻找解决问题的方法,去行动。

(三)主题活动二:和乐观成为伙伴

教师:"在刚才的小游戏中,同学们都发现了'乐观'对我们的影响。希望同学们都能和乐观成为好伙伴。"

(1)领取道具小人。

(2)将乐观进行外化。

提问：请大家想一想，你的乐观小伙伴是什么颜色的？有着怎样的表情？它会对你说一句什么话？

(3)学生分享自己的乐观小伙伴。

(4)体会乐观带来的感受。

(四)实践练习

教师："相信同学们在刚才的活动中感受到了乐观这个小伙伴带给我们的温暖与力量。请你们带着乐观小伙伴来帮助一下同龄人。"

(1)说明小组讨论规则，使用学习到的乐观方法应对问题。

(2)出示实践练习事件：这次的作业错了很多，心情低落。班级里有同学老和我闹矛盾，叫人生气。家长和老师常常唠叨我，真让人心烦。

(3)以小组为单位分享交流。

(五)总结

(1)教师小结："同学们，我们今天一起体验了乐观精神会对我们产生怎样的影响，还学习了可以怎样培养我们的乐观精神。老师相信，同学们都愿意和它成为长久的好伙伴。当然，你们这个小伙伴的身上还有很多了不起的地方值得去发现和探索，我们下节课再分享。"

(2)课后练习。

请你写下你遇到过的学习或生活中的一个问题，它可能让你心情不太好。然后用今天学习到的一些想法和做法来试着帮自己解决一下。

我遇到了一个问题……	我感到……	一开始我这样想……	更乐观的想法是……	我可以试着这样做……	现在我感到……

【资源推荐】

1. 拉梅什·马诺查. 安静吧,头脑[M]. 朱臻雯,译. 上海:华东师范大学出版社,2017.
2. 阳志平,彭华军. 积极心理学:团体活动课操作指南(第 2 版)[M]. 北京:机械工业出版社,2016.

杯塔叠叠乐

上海市宝山区鹿鸣学校　林　洁

缘起：雾里看花喜未昏
——勾勒教学框架

我喜欢在课间休息的时候，走到教室门口的小花园里，和嬉戏的孩子们聊聊天，这也是多多了解他们的机会。远远蹲在草地旁孤零零的心心引起了我的注意，我走到她身边蹲下来："你看上去好像有点不开心，可以和老师说说吗？"她抬起头，眉头紧皱："老师，我觉得我好失败啊，遇到困难总是退缩。昨天爸爸问我要不要和小伙伴一起攀岩，我心里挺想去的，可是一想到要爬那么高，好难啊，我就拒绝了。现在又挺后悔，和好朋友一起参与挑战也很有意思吧……"

心心的烦恼被我记在了心里。三年级的她和同伴们正处于意志发展的关键期，在生活和学习上会遇到各种各样的困难。如果这些困难产生的负面情绪不断累积，孩子便会悲观地评价自己的能力；但倘若从这些困难中提取正向累积效应，孩子的抗挫能力就会有很大的提高。当孩子从"蚂蚁"成长为"骆驼"，再回头看山的时候，山也没有那么高了。有时候，一个人无法应对的困难往往也需要依靠同伴的力量来解决，和同伴一起战胜困难所产生的积极情绪体验，必定会令他们无比欣喜。

于是，一堂与耐挫力有关的心理课渐渐地在我脑海中产生了。我设计了一个略带挑战性的主题活动——"杯塔游戏"，期望孩子们在共同面对挫折，分析解决问题，寻找最佳方式的过程中，勇敢地克服挫折。

表 17-1　1.0 版本教学设计

齐心叠杯塔			
【活动目标】 1. 通过"进化论"游戏，让学生认识到挫折的存在。 2. 通过"杯塔游戏"，让学生在体验挫折的过程中，寻找有效应对挫折的办法。 3. 通过活动，让学生在团队合作中共同战胜困难，拥有积极的情绪体验。			
教学环节	活动流程	设计意图	备注
暖身活动	进化论 活动规则：按照鸟蛋、雏鹰、雄鹰的升级顺序。两两一组进行猜拳，赢者进化，输者退化。 分享感受。	通过进化论游戏，引导学生认识到生活中困难的存在。	5 分钟
主题活动	1. 杯塔游戏 第一次：用十个杯子搭建杯塔（图 17-1）。 第二次：小组成员分别拉着皮筋上的线（图 17-2），一起移动纸杯，将这十个杯子搭成杯塔。限时 5 分钟。 第三次：规则同第二次	从第一次初步体验到第二次尝试挑战，学生在活动中体验挫折，寻找团队合作有效应对挫折的方法，带着感悟进行第三次挑战，获得积极的情绪体验。	 （图 17-1） 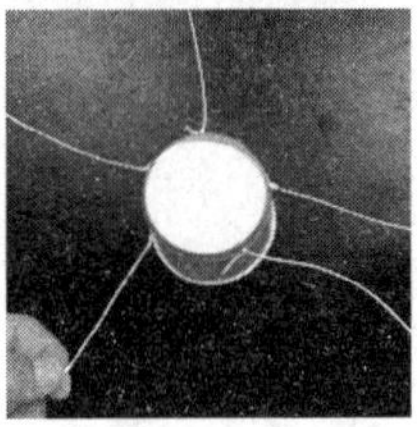 （图 17-2） 20—25 分钟
	2. 观看视频 *It's smarter to travel in groups.*	通过观看视频，强化体验，感受通过团队合作共同战胜困难后的积极情绪。	5 分钟
课堂总结	总结本课	升华点题	2 分钟

【课堂实录和反思】

怀揣着自己的设想与思考,我胸有成竹地走向了课堂。然而,下课铃声响起的那一刻,我明显地感受到,这节课,真的上"砸"了。

从热身游戏"进化论",到"杯塔游戏"梯度挑战,孩子们玩得很投入,也很尽兴,一路"欢声笑语",导致后面的分享环节匆忙,整节课显得有些头重脚轻。心理课堂最吸引人的地方应是那浓浓的"心理味",而我这节课的"游戏味"似乎更重了些。

活动多了,孩子的问题便也多了。"老师,要是提前完成任务怎么办呀?""老师老师,我们橡皮筋断啦!时间怎么算呀?""老师老师,我们杯子倒掉了!是用手拿还是用绳子弄啊?"……我在兴奋又着急的孩子们之间来回穿梭,应接不暇。

到了分享环节,我和往常一样,期待着孩子们的发言:"谁愿意分享一下你的活动感受?"小手一个个地举起来,他们有的告诉我团队合作的重要性,有的分享了和伙伴在挑战中是如何从毫无默契到完全一致,有的发泄了对同伴的不满,也有的分享了挑战成功的喜悦……我也努力地一一应对,但我究竟想把他们带向哪里?我着重引导的点又在哪里呢?

最后我用一个视频动画 It's smarter to travel in groups 做了总结,但好像并没有起到实质性的升华作用,以至于我自己也没什么底气。

课堂结束,学生的体验还只停留在"这个游戏好难",感悟也只是很粗浅的"合作很重要"。我把各种活动拼凑在了一起,却并没有真正地由浅入深地进入孩子们的内心。

带着满满的遗憾,我走出了教室。

打磨:向青草更深处漫溯
——推敲教学设计

耳边响起于漪老师说的:"我当了一辈子的老师,我一辈子学做教师,我上了一辈子的课,我上了一辈子遗憾的课。"遗憾是因为不完美,不完美就预示着还有提升的空间。我一边安慰着自己,一边冷静下来,和教研员老师一起继续打磨。

片段一:"合作很大,你要把他们带向哪里?"

一堂心理课,主题背后的研究必不可少。除了课前调查和对辅导对象的年龄特征与心理特点的正确把握,我们还需要关注对有关核心概念的辨析。本节课源于平时和学生相处中的点滴小事,我决定以小组合作克服困难作为主题,但是上课过程却给人走马观花的感觉。

"合作很大,你要把他们带向哪里?"教研员的话在我耳边响起。

孩子们在课堂中分享了许多成功合作的秘诀,但我好像并没有将他们的观点聚焦凝练出来,导致课堂内容很散。究其根本,问题出现在教学目标的制定上。这节课的出发点在哪儿,我没有理清楚,才造成了最后不知道该回到哪儿的局面。于是,在教研员的引导下,我明白了首先要做的是把问题聚焦于小组合作怎样克服困难,找出中心点在哪里。这都是我需要思考的。

片段二:"老师老师,这个怎么办?"

心理课,这个自由与规则并存、开放性与引导性兼在的课堂,决定了课上会遇到更多丰富多样、出人意料的故事与插曲。有些对活动有推动作用,让心理课变得有趣且走心,有的则会影响课堂节奏,导致完全丢失了心理课的氛围。

"课设计得再好,没有好的纪律,就不会有效果。所以,纪律不好时,宁愿先不要上课。"很多有经验的老师都告诉过我这个道理。但这次试教却给了我更加深刻的感触。孩子们出现的各种意外状况,提出的各种问题仿佛在不停地对我说:"老师,这个游戏规则怎么不清不楚的?"由于备课不充分导致了课堂教学秩序混乱,影响了活动的顺利开展,也影响了学生在活动中真实的思考与成长。

于是,利用课余时间,我邀请个别学生来参与游戏,记下他们遇到的各种问题,邀请同事参与游戏,预设课堂中可能出现的情况,细化游戏规则和要求,事先做好应对的准备:活动规则是否清楚?文字表述会不会产生歧义?学生能不能理解?需不需要老师示范?

就这样,我重新思考了每个活动要求,尽量避免学生在课堂中出现和教学目标达成无关的问题,努力营造一个温暖、安全、有序的心理课堂,让学生更好地投入到活动中。

片段三:"×××,你愿意来分享一下吗?"

再有趣的游戏也仅仅是一个手段,而游戏后的分享则是凸显心理课价值的灵魂所在。

每到这个环节,我好像都习惯于以固定句式开头:"哪位同学愿意来分享一下?"然后寻找跃跃欲试的学生。孩子们似乎每每都很给我面子,积极地举起他们的小手,畅所欲言。

"咦,你有没有注意到,你连续点到的几个孩子说得都大同小异?""做游戏时他们那组有个孩子好像被孤立了,有点不开心,你注意到了吗?这可是个可以抓住的点哦!"果然是当局者迷,旁观者清。看来我的分享环节,还是过于流于表面了,没有发挥出带领者的作用。分享,不仅仅是听学生分享而已。

经过反复琢磨,重新确定了本课的2.0版本。

表17-2 2.0版本教学设计

【活动目标】 1. 认识困难的存在和领悟齐心参与团队互动的要素。 2. 在团队互动的过程中齐心战胜困难,拥有积极的情绪体验。		
教学环节	活动流程	学习任务单
暖身活动	1. 进化论 2. 特别提醒:要注意通过动作判断对方的身份,因为只有同类之间才可以进行游戏。音乐停止的时候,不管你是什么身份都请你立即回到座位上。 3. 小调查:游戏中一直输的同学请举手?一直赢的同学请举手?	
主题活动	杯塔游戏1: 出示任务要求:1分钟之内小组成员合力将10个纸杯搭成一座杯塔。	强调需要团队合作,人人参与,避免小组中出现有的孩子没有任务的情况。
	杯塔游戏2: 出示任务要求:每名成员拉一根皮筋上的线,共同控制皮筋的松紧,代替手的力量移动纸杯,并将这十个杯子搭成刚刚那座杯塔。限时5分钟。 注意:搭建杯塔的时候,手不可以直接触碰杯子。活动期间老师会在周围巡视,发现有违规现象的小组需要回到起点重新开始挑战。	学习任务单: 1. 你们小组挑战成功了几个纸杯? 2. 在活动中你们遇到了哪些困难? 3. 如果再给你们一次机会,你们会做出哪些改进?

续　表

教学环节	活动流程	学习任务单
	观看视频	学习任务单： 1. 它们遇到了什么困难？ 2. 它们最后解决困难了吗？怎么解决的？
	杯塔游戏3：带着上一次游戏经验和视频中获得的感悟和力量，再次进行杯塔挑战。	
课堂总结	活动：兔子舞	

【课堂实录和反思】

梳理过后的逻辑主线更加明了，课堂脉络更加清晰。像是重新经历了一场旅行，有了明确的目的地和清晰的路线规划。

教学设计的完善也让师生互动的分享更有深度，在一次次的分享中，学生试着将内心的思考和体验沉淀下来，内化成新的认知，最终领悟到齐心参与团队互动的要素（目标明确、遵守规则、方法多样、鼓励同伴），进而拥有积极的情绪体验。

> 师生互动记录1：
> 师：视频中的小动物都遇到了自己的？
> 生：敌人。
> 师：他们解决困难是为了什么？
> 生：应对他们的天敌来保护自己不受伤害。
> 师：一只小动物的力量也许是单薄的，一群小动物却能够用他们的智慧赢得共同的目标。就好比我们搭建杯塔，一个人不行，要靠一个团队的力量来完成。如果再给你们一次机会，要记住你们的目标是？
> 学生齐声回答：齐心建杯塔！

师：你们愿意再挑战一次吗？

师生互动记录2：

生：我们发现杯子老是掉下来。

师：你能说得再具体一点吗？为什么总是掉下来呢？有没有想一想可能是哪些原因导致了这样的结果？

生：因为这个皮筋老是会碰到杯子。

师：那你们想到办法解决这个难题了吗？

生：我们每个人的力气不一样，应该要保持用力均衡。

师：是啊，你这边拉紧了，他那边松掉了，绳子就会碰到杯子掉下来了，那么下一次你们会怎么改进呢？

生：力气大的人放松一点，力气小的人要再加把劲儿，大家相互匀一匀。

师：是的，这是一个好办法！还有小组想到其他什么办法控制好力度？

生：……

著名史学家阎崇年谈到康熙读书有四种境界——欣然、愤然、敬然和陶然。在这次磨课的过程中，我好像也体会到了这类似的四重境界。欣，是欣喜。试讲前，那个自信满满的我不正是怀着满腔欣喜与期待走入课堂的吗？愤，是发愤。不愤不启，不悱不发。意识到自己教学上存在诸多的问题，反复琢磨，改进，不断总结，不断实践。敬，是恭敬。经历几多磨课，对课堂产生更多的是敬畏感，每个教学细节都要反复斟酌，不管是试讲课还是展示课，我们都需要以一颗虔敬之心去站上讲台。陶，是陶醉。陶醉于课堂，应是我一生的追求。我将把对心理的无限热忱，对心理健康教育的无限热忱，对孩子们的无限热忱投入到我的课堂中。当我和学生都陶醉于心理课，课堂便真正成为学生的精神休憩地，体验到心灵的愉悦和成长，进而演奏出一曲最美的心育之歌。

备课是一门艺术。路漫漫其修远兮，吾将上下而求索。

反思：吹尽黄沙始到金
——与同行分享探讨

回顾一次次细节的打磨，经历一次次方向的迷茫，欣喜于一次次思路的明朗。就这样在磨炼中感受着蜕变，在蜕变中丰盈着成长。

厘清结构，共绘心灵发展图谱

无论什么学科，主题明确，逻辑清晰都是一堂优质课的标志。心理课是一种以体验式学习为主的课程，需要教师结合"活动"和"体验"这两个核心要素进行设计和完成教学。心理课的活动必须坚持课程主题，并围绕这个主题进行逐层递进的活动设置，做到"形散神不散"。

记得有位数学老师对我说过："解决问题时，当你左右冲突找不到出路时，不妨退回原点，重新思考"。当觉得迷茫混乱的时候，不妨试试重新回到起点，从头出发，找到这节课的本质，定位它的起点和终点在哪里。

正如诗文讲究起承转合，课堂同样也讲究起承转合。以本课为例，一开始，通过进化论的游戏，引导学生认识到困难的存在，同时利用游戏引导学生进入心理课的氛围，这是"起"；接着通过层次递进的三轮"杯塔游戏"的体验，学生在体验中遇到困难，再解决困难，这是"承"；在一次次新的挑战中，学生收获了不同的体验与感悟，带着新的体验与感悟进入新的游戏中，最终领悟到齐心参与团队互动的要素，进而拥有积极的情绪体验，这是"转"；带着这样的感悟，在结束活动兔子舞的挑战中，孩子们愉快地结束了本节课，这是"合"。在跌宕起伏的起承转合中，一幅学生心灵成长图谱便跃然纸上了。

营造氛围，创造积极心理磁场

良好的课堂秩序是创造积极心理磁场的前提。在以活动为主体，以体验分享为纽带的心理课中，课堂氛围往往是轻松活泼的。但轻松活泼也容易演变成课堂秩序紊乱，导致教学效果大打折扣。

小学生的注意力是有限的，为了帮助学生集中注意力，更好地理解活动要求，我们可以这样说：

> "听清楚游戏规则的小朋友请你冲老师点点头/微微笑/跺跺脚……"

联系教学主题,我们也可以做一些引导:

> "有的小组齐心协力,成功搭建了好几个杯子,现在我想看看大家能不能齐心地安静下来?"

还可以做一些特别提示:

> 特别提醒:你要注意通过动作判断对方的身份,因为只有同类之间才可以进行游戏。音乐停止的时候,不管你是什么身份都请你立即回到座位上。

恰当的组织引导是创造积极心理磁场的关键。我曾经想要刻意营造出一种自由、接纳的环境,甚至不止一次地在课堂上说过这样的话:"希望同学们可以把自己的感受想法都大胆地表达出来,我们都不会去判断对错。"但到了分享的时候,往往还总是那几个固定的学生主动发言。与其苦于氛围的营造,不如优化教学设计,尤其注重对细节的处理,把握好"力度",让孩子在积极的氛围中自觉接纳,获得能力的提升。就像做菜的时候,盐要放得合适,味道才鲜美。

如何能让学生认真思考,乐于分享,让分享的能量流动起来,更好地促进学生成长呢?

首先,积极关注学生,主动"寻梗"。在学生小组活动的时候,保持专业的敏感,注意观察,捕捉细节,寻找亮点。

其次,调整教学语言,深入"寻梗"。例如可以变换句式:"在刚才的活动中,我注意到你们小组……可以来和全班分享一下吗?"用积极正向的语言多多引导学生,也可以融入咨询技巧,让分享更加有序,深入。

最后,注意能量提升,巧妙"接梗"。孩子的回答是散乱无章的,老师要善于抓关键词,及时总结归纳。

【师生互动举例】
生:我们发现杯子老是掉下来。

师：你能说得再具体一点吗？有没有想过可能是哪些原因导致它掉下来？

生：因为我们的皮筋老是碰到杯子。

师：原来是这样呀，那你们想到办法解决这个难题了吗？

生：嗯，有想过，拉着橡皮筋的力度要差不多，对不对？

师：是的呀，你这边拉紧了，他那边松掉了，绳子就会碰到杯子掉下来。那么你们会怎么改进呢？

生：下一次我们要心往一处想劲往一处使，而且这个劲还要控制好，尽量保持是一样的劲儿。

师：看来你们找到办法了，老师也为你们感到高兴。

凝练语言，解读学生心理密码

在我上课的过程中，有时候突然不知道该说什么，为了避免停顿，我会本能地说出一堆无厘头的话，好似跟课堂主题有关，但学生又听得不明所以。记得于漪老师说过：教课要一清如水。因为清晰，学生才能头脑清楚。教师语言的修炼也尤为重要。说出来的每个字、每个词都要经过反复推敲、咀嚼。精炼的课堂语言能营造温馨、安全的课堂氛围，搭建师生之间的桥梁，作为润滑剂整合起课堂的教学。

要让课堂的心理味儿更浓，考验的当然还有老师对学生活动反馈的归纳、总结和引导能力，老师可以巧妙运用心理咨询中的会谈技术为学生赋能。

表17-3 心理咨询技术在课堂中的应用

情境	技术	例句
学生寡言时	具体化技术	团结一致是什么意思呢？你能具体地讲讲吗？
学生言行不一致时	面质技术	我刚刚看到你们小组好像要举手却又放下来了，能说说为什么吗？
学生情绪欠佳时	情绪反应、内容反应等技术	你觉得他总是不合作，老师能理解你着急的心情。但是如果一味责备他的话，他会怎么样？想让小组尽快完成任务，你们有没有什么好办法？

续 表

情境	技术	例　句
学生不会组织语言时	非言语技术、指导技术	一层一层地搭……老师听明白了,你们不是杂乱无章的,而是有计划地在搭,对不对?
学生沉默时	鼓励和非言语技术	有没有想一想是哪些原因导致了这样的结果?

咨询技术在心理课堂的妙用,不仅可以挖掘学生内心的真实想法,让学生畅谈内心的真实感受,提高分享的深度和教学的有效性,而且是引领学生心理成长的法宝。

附录

1. 初案与终稿的对比

教学环节	设计初案	实践终稿	修改理由
热身活动	生进行游戏 分享感受	生进行游戏 师展开调查 小调查：游戏中一直输的同学请举手？一直赢的同学请举手？	特别提醒帮助学生再次明确活动要求，规范活动秩序。 小调查则是为了更好引出本课主题：在游戏中，我们并不是一帆风顺的，而是有输也有赢，有进也有退，为后面参与挑战有成功失败做铺垫。
主题活动	1. 分三次进行游戏 分享感受 师小结	1. 分两次进行游戏 完成学习单 分享感受 师小结	在填写学习单的过程中沉淀，静心思考，提高分享的质量。
	2. 观看视频 分享感受 师总结	2. 观看视频 3. 生第三次游戏	结合前两轮游戏总结出的经验，孩子们观看视频，获得满满能量，带着体验与感悟再次进行挑战，增加感染力与冲击力。
总结活动	师总结，结束本课	学生跳着兔子舞走出教室	"兔子舞"也是需要孩子们齐心完成的一项挑战，将整节课的感悟内化到挑战中，呼应主题，在欢声笑语中圆满落幕。

2. 终稿教案

齐心建杯塔

◆ 活动目标

1. 认识到困难的存在和齐心参与团队互动的要素。
2. 在团队互动的过程中齐心战胜困难，拥有积极的情绪体验。

◆ 活动过程

一、热身活动，初识困难

（一）热身游戏：进化论

(二)小小调查

二、主题活动,体验齐心

(一)杯塔游戏1

1. 活动规则:小组活动,在1分钟之内合力将10个纸杯垒成一座杯塔。

2. 分享秘诀

(二)杯塔游戏2

1. 活动规则:小组活动,在5分钟之内利用橡皮筋的力量代替手的合力移动纸杯,垒成一座杯塔。

2. 分享秘诀

(三)欣赏视频

1. 播放视频

2. 分享讨论:

(1)它们遇到了什么困难?

(2)它们最后解决困难了吗?怎么解决的?

(四)杯塔游戏3

1. 活动规则:小组活动,在5分钟之内利用橡皮筋的力量代替手的合力移动纸杯,垒成一座杯塔。

2. 分享感受

三、总结活动,结束本课

(一)教师总结

(二)结束活动:兔子舞

【资源推荐】

1. 袁章奎. 做一个优秀的心理教师——20位心理教师的专业成长案例[M]. 北京:教育科学出版社,2013.

2. 黄锦敦. 陪孩子遇见美好的自己[M]. 北京:北京联合出版公司,2017.

3. 钟志农. 班主任心育活动设计36例[M]. 北京:教育科学出版社,2012.

4. 吴增强.青少年心理辅导——助人成长的艺术[M].上海：华东师范大学出版社,2013.

5. 杨敏毅,孙晓青,吴权.透视孩子的心理世界——给教师和家长的心理学建议[M].北京：中国人民大学出版社,2018.

6. 简·尼尔森.正面管教[M].玉冰,译.北京：京华出版社,2016.

一堂情绪课的"进化论"

上海市同济大学附属七一中学　金小燕

∞【课从哪里来】

我们学校有个传统,每年的10月都会开展家长开放日活动,意在让家长了解孩子进入预初后的学习适应情况,我的心理课也成为每年开放日的保留节目,毕竟治愈系的心理课非常适用于安抚家长和孩子的焦虑情绪。基于日常工作中家庭教育和学生咨询的经验,"情绪"是一个非常能引起家长和学生共鸣的主题。加上情绪主题的活动多具有表演性和感染力,非常适合在家长开放日呈现,毕竟每个来学校的家长,他们的首要需求是看自己娃的课堂表现。于是,第一个家长开放日,我呈现了一堂热闹版的"情绪彩虹糖"。

热闹版的心理课:情绪彩虹糖

教学目标:

1. 认识情绪及其基本类型与表现形式。
2. 学会辨析在情境中自己的情绪反应,为情绪管理做准备。
3. 学会运用理性情绪疗法ABC理论调节自己的情绪。

教学重点: 识别情绪及其基本类型与表现形式。

教学难点: 学会辨析在情境中自己的情绪反应,试着用理性情绪疗法调节情绪。

教学设计流程:

课堂实录：

就家长开放日的一节展示课来说，课堂效果是不错的，还收到不少正面的反馈。因为活动设计活泼有趣，互动参与性强，学生受众广，让来观摩的家长看足了热闹。

开放日的展示课，想要讨孩子和家长的"喜"，确实也讨到了，只是在欢愉过后，这节课真地解决了家长和孩子们情绪困扰的问题吗？给家长和孩子们留下了什么，值得他们去思考的呢？

表 18-1 "情绪彩虹糖"教学设计及课堂情况

教学环节	设计意图	实践结果
环节1：情绪我发现——音乐视频导入 讨论： 视频里感受到的情绪是什么？有什么关于情绪的发现？	剪辑音乐MV《Black Or White》的片段45秒，欢快的音乐和不断变化的人脸，活跃课堂气氛。	课堂气氛确实非常活跃，缓解了孩子们被家长听课的紧张，但有同学在反馈情绪时表示"惊"大于"喜"。关于情绪的发现，预初的孩子很难提及"情绪是可以跨越年龄和种族"这点。
环节2：情绪我认识——学生互动游戏 情绪成语：怒发冲冠、欣喜若狂、心惊胆战、唉声叹气、泪流满面	通过对不同情绪成语的演绎和猜谜这个游戏活动，了解情绪的不同种类、表现形式。认识人类最基本的四种情绪。	游戏非常受孩子欢迎，家长看到孩子们的有趣表演也非常欢喜。几个情绪成语也都能猜出来，有学生还能说出我们在悲喜时也可能泪流满面。通过讨论，学生们能意识到负面情绪对我们的生存有积极意义。
环节3：情绪我来读——识别网络表情、解读情绪	网络中的文字聊天常因缺乏情绪表达而引起误会，例如：你妈叫你回来吃饭了！配上不同的表情，意思大相径庭。通过对网络表情的识别和解读，学生看到情绪的复杂性和理解的差异性。	确实有更多孩子参与到讨论中，他们对网络使用表情有很多想法。活动过程热闹到有些混乱，对表情和情绪的概念也变得模糊，是一个展开又没能充分讨论完成的任务。
环节4：情绪我体验——创设故事情境、体验情绪	人的情绪是随情境变化而体验变化的，教师创设三个孩子们常见的情境，用随机抽取信封的方式来读取事件，并谈谈假如自己是小明，当时的想法和情绪。借"境"抒"情"，增强学生对自己情绪的觉察。	活动形式仍然非常受学生的欢迎，三个事件的呈现过多，情绪讨论的时间很匆忙，不够深入，个体差异性也没有时间做探讨。

续　表

教学环节	设计意图	实践结果
环节5：用ABC理论调节情绪	结合前面小明的三个事件，学生们看到我们常以为是事件导致我们情绪的变化。引出情绪ABC理论，了解调节情绪的关键是调节我们看待发生事件的想法。	学生还是能很快理解调整我们的想法是调整情绪的关键所在。只是明白一个道理和实践还差着好远的距离。而且因为前面活动过多，时间来不及，没办法回顾课程做总结，只能草草收场。

实践后的自我反思：

如果说好的课堂呈现是有"起承转合"的话，这节课简直就是"起起起起……"每个活动单看效果都不错，但活动之间缺乏有层次的推进，更像是些漂亮的珠子堆在那里，没有主线来串也没有整体设计可言。

我在选材时求新求异，吸足眼球，但深入思考后，发现所选择的素材未必能达成教学目标，很多预设点孩子都没法说出来。同时，自己在挑选素材时，往往选择一些自己偏爱的"文艺"形式，容易忽略教学对象的年龄特点和认知水平，这节课让我意识到选材应更大众化一些。

虽然这节课摆了一些事实，也讲了一些道理，但并没有完全贴着学生的实际需求走，其实是一节看着漂亮，形式大于内容，"华"而不实的心理课。这就是为什么内容塞得很"满"，上完之后自己感觉很"空"的原因。

针对这些反思，我对第二年的家长开放日同一主题的教学设计进行了修改。

【课往哪里去】

这一次我决定缩小课题切入口，聚焦学生最困扰最常见的一种情绪——生气，探讨如何调整。

改良版的心理课：生气管理术

教学目标：

1. 认识生气这种情绪及其表现形式，增强自己对该情绪觉察的能力。

2. 学会辨析在情境中自己的情绪反应,为情绪管理做准备。
3. 学会运用理性的方式调节自己的情绪。

教学重点:认识生气这种情绪及其表现形式,增强自己对该情绪觉察的能力。
教学难点:学会辨析在情境中自己的情绪反应,试着用理性的方式调节情绪。
课堂实录:

表 18-2 "生气管理术"教学设计及课堂情况

教学环节	课 堂 实 况
环节 1:音乐视频导入	新课导入换成了更贴合学生年龄特点的视频素材"冰雪奇缘"的火焰版。在轻松搞笑的同时,意识到生气时如不能好好控制情绪,可能就会把火气随意释放,伤人伤己,引出管理生气情绪的主题。
环节 2:情绪表演讨论	让学生表演自己生气时的样子,关注自己生气时的表情、想法、身体反应,并标注在该图上,同时也观察他人生气时的反应。学生讨论能聚焦在自己生气时,身心一系列的变化,发现个体之间的反应有差异。
环节 3:生气问卷讨论	关于激起学生生气情绪的事件,课前给每位学生做了一份〈生气小问卷〉调查,选出所在班级最容易引起大家生气的 5 种情况,大家一起探讨在愤怒的冰山下是什么需求没有被满足,或者触及到自己非常在意的一个核心信念。让学生减少一些对快的情绪产生的反应,增加一些对自己的情绪觉察和向内的探索和思考。
环节 4:生气原则小组讨论	四人小组讨论,生气时我们可以做什么、不可以做什么。还可以补充同学平时生气时有效的管理情绪的方法。各组分享之后,老师概括大家生气时的基本原则是:不伤害自己、不伤害他人、不破坏公物和贵重物品。小组讨论热烈,大家分享积极,都能提到不伤害的原则,同伴教育的效果良好。
环节 5:生气时的管理术	教师根据对学生日常生气时的情况了解,给学生两个调节生气情绪的心理小工具。父母和老师最担心孩子在生气时的不告而别或把自己关在房间里,如果能用(暂时离开小纸条)告知一下,也能给生气者留出空间和时间冷静下来。愤怒的小鸟也非常生动形象地帮孩子们记住了处理生气的五步管理术。同时也让家长知道在孩子情绪失控时要冷静处理,不能激化矛盾。

改良版实践后的自我反思:

虽然改良版的环节还是保留了第一版的样貌,但整堂课的设计可以说是推倒重来,只聚焦一种情绪"生气",选材更贴合学生的实际需求,不再是热闹表演性强的一节展示课。视频的导入、游戏表演的形式、引发情绪事件的讨论不是教师自己编写的情境,而是根据课前问卷聚焦班级普遍的困扰。在情绪的管理中,我们通过小组讨论的同伴教育,特别强调了情绪失控时的"不伤害"原则。学生们也了解了当情绪失控时,如何利用心理学小工具告知身边人以及自己如何去处理愤怒情绪。这样的改良版是在深入讨论困扰学生的一个情绪问题,真的会对学生觉察和管理自己的情绪提供一些指导。虽然课堂没有第一版看起来热闹,却不再是飘在空中的情绪课,开始走近学生和家长。

【课还可以往哪去】

本以为改良之后的这节情绪课就可以一直上下去,但我发现孩子们小学阶段心理课的学习已经非常丰富了,对情绪的话题有了越来越多的了解。同时又频繁地听到学生提及情绪话题时,都和家长管他们作业、日益增长的学业压力有关,于是我决定把情绪课的授课对象由学生扩充到家长。家长不再只是观众,我想要做一次打破"金鱼缸"次壁的尝试,让家长来一场"沉浸式"的听课学习。

扩充版的心理课:情绪新配方

教学目标:

1. 觉察情绪在个人生活中所造成的影响。
2. 接纳自己的情绪反应,学习理性的情绪调节的方式。

教学重点:让家长和孩子都觉察到情绪是如何在个人生活中对我们产生影响的。

教学难点:用情绪调节象限图梳理自己有效调节情绪的方式。

课堂实录:

表 18-3 "情绪新配方"教学设计及课堂情况

教学环节	课堂实况
环节1:热身游戏情绪天气预报	摒弃观看视频的导入,改为全体学生参与的互动游戏,身体在体验情绪变化的过程中也得以释放情绪。 互动结果良好,学生非常投入,尤其跺脚和摇晃身体,笑成一片。

续 表

教学环节	课 堂 实 况
环节2：视频播放（街头采访同龄孩子对家长辅导的真实感受）学生案例〈情绪九宫格〉	借由街头采访说出孩子们的心声。继续使用课前问卷调查的形式了解每位孩子的情况困惑，挑选一些最具代表性的行为编写一个代表人物的故事。这些素材都是学生们的"代言人"，帮他们呈现日常回家做作业的真实情境和情绪，让家长了解。师生共同讨论，黑板板书帮助梳理出觉察情绪的线索：表情、想法、行为反应、肢体动作和语言表达等。
环节3：情绪自定义	有了前面故事的梳理，概括出觉察情绪的线索，让学生尝试用自己的话来自定义情绪的概念。学生都能讲得八九不离十，也开始思考自己调节情绪的有效方式。
环节4：情绪调节象限图	小组收集大家日常情绪调节的方法。然后根据对情绪调节有帮助和对问题解决有帮助两个维度来对有效调节情绪的方法进行分类，鼓励孩子多用上面两个象限内积极调节情绪的方式。

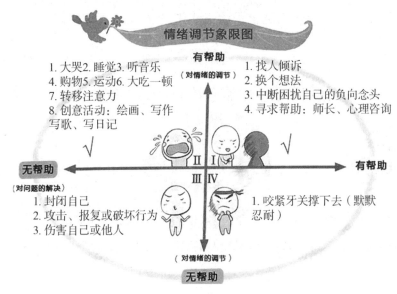

图 18-1 情绪调节象限图

扩充版实践后的自我反思：

本堂课结束后，有家长特意留下来和我交流听课后的感受，表示自己非常有触动，对孩子做作业时自己的情绪失控有了更多的觉察，觉得情绪调节的方法不仅孩子受用,家长也非常受用。还有家委会代表在开放日的家校会议中特意表达了对心理课的认可,觉得心理课搭起了家长和孩子之间沟通的桥梁,有助于家长真实了解现在家庭的情况,看到孩子们的感受和需求,也看到现在的孩子懂得很多,能力很强,在学习指导中也要多信任孩子,让孩子去解决问题。这次课后,我的心里不再是热闹后的"空",而是切实贴近家长和孩子的踏实感,也确信自己不怕麻烦地修改和不断地尝试是值得的、有意义的。

【课还可以继续进化】

一次课的更新也是我的一次更新,我喜欢这种不断成长和变化的备课过程,虽然磨课过程是改了又改,伤了又伤,有些滋味在夜里尝了又尝,但我喜欢拿着一节充满诚意和思考的心理课站在讲台上,用我的行动告诉孩子们:生命舞台会发光的人,绝不会只是说。此次正值疫情复学阶段,情绪的调节适应成了重中之重,原创的活动设计希望能更贴近孩子的个性化需求,留出更多空间给孩子自我探索,学会自我照顾。

创意版的心理课:我的情绪"防疫包"

活动目标:

1. 尝试用创意涂鸦瓶子的方式,从动、静两方面、打开身体五感等多角度梳理自己的情绪减压方法;

2. 建立一张实用性强,让身心放松愉悦的个性化自我愉悦清单。

活动准备: 画笔(油画棒、水彩笔和彩色铅笔)、心理活动单每人一份。

活动过程:

引导语: 复学后,你的书包里会装些什么?钱包、手机、钥匙、笔袋、你的防疫"健康包"?和健康防疫同样重要的还有我们的心理防疫情绪"防疫包"(我们心理的情绪"防疫包")。在你面对压力、情绪失控(程度是不是重了一点)时,可以拿出"防疫包"里的各种神奇药水,化解烦恼,恢复元气!今天我们就一起来制作你的情绪"防疫包"吧!在瓶子下方写出当你做哪些行为时会让你的情绪好起来,涂抹不同的颜色,也可使用更多创意绘画的形式来表达你情绪恢复的程度!

制作过程:

- "运动"心饮料

肌肉的拉伸可以缓解身体的疼痛,运动后的多巴胺带来幸福的感觉,内啡肽能缓解我们痛苦的感受。日常你会用什么"动"的方式让自己情绪好起来?在瓶子下方写出该行为的名称,用涂色创意绘画的方式制作你的"运动"心饮料!

- "眺望"眼药水

情绪低落时,看一些美好的照片、图片、视频也会帮我们恢复情绪,日常你会看些什么内容让自己情绪好起来?在瓶子下方写出该内容的名称,用涂色创意绘画的方式制作你的"眺望"眼药水吧!

- "动听"舒耳液

听海浪、鸟儿、风吹树木的声音,舒缓的音乐,偶像读的诗,哪些声音听了会让你放松下来,对你有疗愈力,一起来制作属于你的"动听"舒耳液吧!

- "清新"香薰油

嗅阳光晒过的被子、闻舒缓芳香的精油、花香、果香、炸鸡香,哪种香味让你感到满足舒畅,来制作属于你的"小清新"精油吧!

- **"美食"储存罐**

吃新鲜的食物,尝儿时的味道,食物温暖我们胃的同时也温暖我们的心,哪些食物能安抚你的情绪?来制作属于你的"美食"储存罐吧!

- **"抚平"忧伤水**

安抚触摸我们的皮肤,按摩我们的肌肉,轻柔地对待我们的发肤,都能缓解压力,身体的放松也会带来情绪的舒缓,哪些触觉的体验能缓解你的紧张?记录下来,制作属于你的"抚平"忧伤水吧!

- **其他小瓶子**

让我们情绪好起来的小妙招还有很多,比如和谁聊聊天,聊什么内容你会感觉好些,冥想或天马行空的畅想,打个盹、睡一觉,去晒个太阳,学做糕点、做个手工,说些搞笑的段子……只要是能让你情绪好起来的都可以记下来,自由组合,创作更多这样的小瓶子去丰富你的情绪防疫包吧!

提示:整个情绪防疫包可任意挑选上面环节制作,数量没有要求,可随时添加。清单的名字、分类都可以自定义。

创意版实践后的自我反思:

这个活动是把疫情下网络正流行的涂鸦小瓶子和 DBT 中情绪稳定的方法相结合,一方面让学生能用艺术表达的形式宣泄情绪,另一方面通过罗列自己往常有效处理情绪的方法,让学生意识到遇到情绪问题方法总比困难多。

实践表明,这种上手容易、可以自由表达创意、非常个性化的原创设计是学生需要而且乐于参与的,男生的参与度也非常高,反馈很好。同伴在互动过程中,拓宽了情绪调节方式的视野,更多地理解了他人的需求。如果有机会,我们也非常希望家长能看到孩子的创作,在孩子情绪困扰时,知道做哪些事情是孩子真正需要的,家庭中可以多去营造让孩子恢复元气的氛围。

此外,这些作品中也能看出有些学生自我调节方式单一,或者有一些调节方式并不利于他们的身心健康,这也给我们心理老师提供了一个信号,让我们可以多关怀一下这些学生。

【和同行分享讨论】

一、关于形式和内容之间的平衡进化

还记得热闹版的情绪课上完,在我为学生积极的参与,家长开心的笑容心生欢喜之时,听到了同伴的提醒:好的形式确实让人耳目一新,在热闹过后,还能给学生留下些什么?是呀,"还能给学生留下些什么?"这句话一直回荡在我的脑海。

形式是为内容服务的,如果一味追求形式的新颖,偏离了内容的传递,当下看着讨喜,其实并不扎实,老师心里也不踏实。有些问题的设计不是顺应学生认知的走势,而是顺着老师想要的答案去的。比如关于情绪的发现,预初的学生很难概括出"情绪是可以跨越年龄和种族",他们更容易被视频中不断变化的肤色和头像吸引。而后每一版的改良,我都常常问问自己:"热闹过后,还能给学生留下什么?"形式和内容的选择都以不断贴近学生的实际需求为准绳,让形式不抢"内容"的戏,"内容"有了形式的"加持",更容易被孩子接受和掌握。

二、关于感性和理性之间的兼容进化

我是一个非常感性的人,常常会为了课堂生成的东西,发散出去,导致课堂缺乏结构性,导入铺垫太长,核心内容没法讲透,来不及总结,不是烂尾就是拖堂。自我反思后觉察到,每节完不成的课背后,常常都有焦虑情绪,怕给学生的不够。所以课堂总是容易塞满,缺乏详略适宜。后来有一个阶段我会训练自己每个教学环节都要清晰。好不容易课能按时按量完成了,一位资深的心理老师听完我的课后,表达了这样的感受:"每个教学环节清晰,结构也很完整,只是有很多重要的点触碰到了,转眼又滑走了,有广度,但深度探讨不够。"我意识到自己有些矫枉过正了,一味想克服感性的流动性,结果把自己原来顺势而为的优势给弄没了。是不是可以做做减法,减少一些不必要的旁枝末节,也不要一心想着用理性去控制感性,而是找到它们兼容互补之道。随着年龄的增长,我的课的内容在减少,把对自己的训练放到了如何把思维的广度和深度平衡好上面。

三、关于传统和创意之间的互融进化

作为一名 15 年教龄的心理老师,我最近几年常被同行反馈课程设计有"创意"。我会非常开心,毕竟"创意"于我有"年轻、有活力、开放态度"的意涵。"创意从何而来?"我没有可以推荐的创意书,因为我也没读过。

每一次创意的萌发，并不是凭空而来。首先有对传统的尊重，那些朴素的教育理念，心理学科的理论基础，那些老法师口口相传的经验，都是我创意的"基石"。

然后是对时代变迁流行事物的敏感性，"这个拿来用用，那个也可以玩玩，试一下又没关系……"大概就是这样的想法，推动我不断翻"花头"。除了能和学生聊到一起去，也和我自己性格中的"怕无聊怕无趣"有关，无法忍受每年都拿着同样教案走进教室的尴尬。

同时，我认为"创意"是孕育出来的，不是制造出来的。我自己是个文艺青年，喜欢一切美好可能无用的事物。每天唤醒我的就是各式各样的音乐，曲风作者不限，选曲只有一个原则——好听。边听边放空，任思绪天马行空徜徉。多看画展让我对色彩的感受非常敏锐，多看戏剧、演唱会让我对现场即兴发挥的部分会更有感觉。回想扩充版的心理课，打破家长观摩的界限，让现场有共同参与沉浸式的想法，也是源于自己体验了沉浸式戏剧。书、电影、路边的树和花、美食的香味、鸟鸣水流声、和宠物孩子玩耍的午后，正是我自己全情投入地去生活过，在情绪低落的时候被这样自然发生的点滴美好治愈过，才会设计情绪小瓶子这样的活动，引起那么多人的共鸣。我们所感受过的体验都被留了下来，有些渗透进来的被我们内在加工后会换一种形式流淌出去，鼓励学生也去勇敢地体验和感受各种滋味。

附录

生气小问卷

（ ）1. 被告知不行或没有	（ ）11. 被区别对待	（ ）21. 玩游戏输了
（ ）2. 等待	（ ）12. 测验或被检查	（ ）22. 事情是不公平的
（ ）3. 饿	（ ）13. 要迟到了	（ ）23. 被冷落
（ ）4. 被骗	（ ）14. 被批评	（ ）24. 被欺凌
（ ）5. 被触碰、触摸	（ ）15. 太累了	（ ）25. 说话或做事被打断
（ ）6. 太多事情要做	（ ）16. 被忽视	（ ）26. 事情不按计划进行
（ ）7. 传关于你的谣言和八卦	（ ）17. 别人大声喧哗或吵闹	（ ）27. 突如其来的事情或者意外
（ ）8. 受伤或疼痛时	（ ）18. 不被尊重	（ ）28. 不明白要做什么
（ ）9. 被吓一跳	（ ）19. 被撞到	（ ）29. 必须按他人要求去做
（ ）10. 得到一个坏消息	（ ）20. 被误解	（ ）30. 没睡醒

以上什么事情会惹你生气，可在括号里打勾表现。如果以上没有适合你的选项，也可在结尾处补充说明。

我的情绪"防疫包"

班级：_____ 姓名：_____

一堂情绪课的"进化论"

- 欣赏自己的情绪防疫包,有什么感觉?
- 看看其他小伙伴的情绪防疫包,有什么你也同样喜欢、也愿意采用的呢?有什么是你在自己的好朋友需要的时候,能为 TA 做的吗?

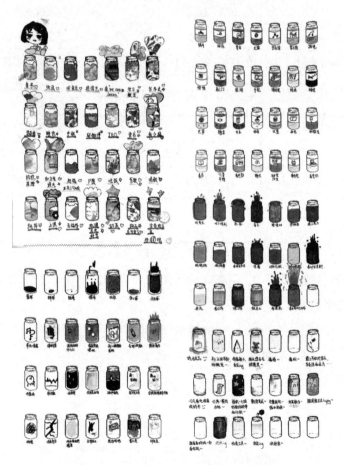

图 18-2　学生"情绪防疫包"作品组图

好习惯,你在哪?

黄浦区卢湾三中心小学　陈　嫣

一场难忘的红毯秀引发关于"好习惯"的探讨

那是一场学校组织的"优秀学生表彰红毯秀"。事后社团小记者采访了走秀同学,想了解他们能够得到这份殊荣的原因。没想到,大家不约而同都说到了自己养成了一些"学习好习惯",这对他们的学习进步起到了关键性的作用。

我们知道,良好的学习习惯有利于学习策略的形成,最大限度地发挥"下意识"的作用,提高学习效率,使人在不知不觉中获得事半功倍的效果,对学生的全面发展也会产生深刻的影响。

然而小学生兴奋性高,智能发展尚未成熟,随着年级的升高,课程的门类不断增加,学习内容逐步加深,要求也越来越高,容易出现被动、忙乱现象而影响学习效果。就大部分学生而言,他们也许并不清楚自己有哪些学习习惯,哪些是合适的可以提高学习效率,哪些是不合适的给自己的学习造成了困难。即便是了解到良好的学习习惯的重要性,也缺乏有意识地去养成的方法。

所以,我设计了一节关于"学习习惯"的心理课,希望通过本课的活动,使学生了解什么样的学习习惯对自己来说是合适的,并在探索、讨论、分享自己和别人经验的同时,尝试发现更多的学习好习惯。从活动流程来看,我设计了三个主要的教学内容:一个故事、一个习惯自测和一场经验交流。在具体实施时,由于目标定位的不同,这三个教学内容的使用也发生了变化。

1.0版本：预设与生成失之交臂

【教学目标】
1. 了解养成良好学习习惯的重要性（教学重点）；
2. 在借鉴别人经验的同时，尝试有意识地改进自己的学习习惯（教学难点）；

【教学设计】

表 19-1 "学习好习惯"初案教学环节设计框架表

教学环节	活动流程	设计意图	备注
导入	观看采访视频，提问：你们有什么发现？出示课题：学习好习惯	借鉴别人的成功经验，初步了解养成良好学习习惯的重要性。	3分钟
活动一：猜猜谁的成绩好	出示《双胞胎的故事》小组讨论：你觉得他俩谁的学习成绩会更好？为什么？	借鉴别人的故事，明白只有养成适合自己的学习习惯才有助于提高学习效率。	12分钟
活动二：自我诊断、求医问药	进行"好习惯自测"，分组讨论填写"学习习惯改进表"，大组交流	通过自测，了解帮助自己提高学习效率的好习惯和自己在学习习惯养成方面还有哪些不足，借鉴别人的经验，尝试改进自己的学习习惯。	15分钟
活动三：好习惯大爆料	分享10条内容以外的学习好习惯。	拓展延伸	5分钟
总结			

【课堂实录与反思】

绝大部分学生都知道良好学习习惯的重要性，问题是不良习惯已经成了自然，自己还蒙在鼓里。所以，我希望通过别人的实例和自己的自测，唤醒学生对自己学习习惯的认识，从而在伙伴互助的氛围中，逐步有意识地养成良好的学习习惯。因此，我把大部分的时间都留在第三环节。出于对学生的了解，我知道很多孩子对"质疑提问"的习惯是最难做到的,那么课堂中的这个"寻医问药"也正好给学生提供了这样一个锻炼的机会。

良好学习习惯的养成不是靠这么一堂课就能够完全实现的,但是我期待这堂课能成为一次"破冰",促使孩子们去关注这个问题,寻找自己的不足,从而具体落实到自己的行动中去。

但初次试教后,我发现整堂课并没有按照我的预设那样大家侃侃而谈,相反,教学氛围相当沉闷和尴尬,学生也不是很投入。

一、怀疑但没有质疑的课堂

师:有一对双胞胎,都在读小学四年级,不过他们有着不同的学习习惯:哥哥每天做好老师布置的作业后,喜欢先浏览一下课本后面还没有讲过的内容;而弟弟对此有不同的看法,他认为课本后面还没有讲过的东西看不太懂,与其似懂非懂,还不如上课时认真听老师讲。"大家猜一猜,兄弟两个哪个的学习成绩会更好呢?

生:哥哥!(几乎异口同声)

师:大家都这么认为吗?有没有同学有其他选择?

(学生沉默)

师:看来大家都很认可哥哥的学习习惯,觉得课前预习一定能帮到他提高学习成绩。那么弟弟的想法是不是完全没有可取之处呢?

(有部分学生开始有点松动、犹豫,但还是没有吱声)

师:我们再来看看故事中弟弟对于课前预习这件事他是怎么想的?虽然他不喜欢先去看课本后面没有讲过的内容,但是他在课堂上却是愿意"认真"听老师讲述的。这个"上课认真听讲"有没有可能是弟弟的学习好习惯呢?

师:所以,弟弟是不是也有可能学习成绩不错?其实学习习惯本身没有好坏之分,只有适合自己的才是最好的。

课前我的预设是预习是被广泛认同的学习好习惯,但并不是唯一的学习习惯,不能凭这一条就断定哥哥一定学习成绩好。如果有学生有其他选择,那么我可以给他说说理由的机会。即便没有做课前预习,他可能还有什么别的学习习惯足以提升他的学习效率或者学习能力。所以弟弟学习成绩也未必会不如哥哥。遗憾的是,没有学生有不同想法,即便看上去有点犹豫的同学,我再追问他也不吱声,我只好自己一个人唱独角戏。

学生们对我的这种说法看上去是点头认同的,但似乎又有点憷,估计心里面也在嘀咕:不做课前预习只要上课保证认真听讲就可以吗?可惜没有学生提出质疑,而这时,我急于进入下一环节的内容,也缺乏合适的追问来让学生进一步澄清他们的想法。

二、"病人多,医生少"的窘境

生:我觉得自测里面我很多学习习惯我都还没有养成。

生:我觉得这些学习好习惯我都有做到的。

生:不是吧,你明明迟到过的……

在"好习惯自测"环节,大部分学生觉得自己都没有这些好习惯,只有小部分学生觉得都有的,于是在"寻医问药"的环节显得很尴尬,"病人多,医生少",学生问来问去都问不出结果。也有学生觉得虽然自己每条都符合,但因为不是每天坚持,得不到周围同学的认同,所以在填写"学习习惯改进表"的时候花了大量的时间,最后只得草草结束。

怎么会有这样的现象呢?我从教学目标入手进行反思。初案的目标定位于"从找到不良学习习惯入手,目的是要尝试改进,并从中体会到养成学习好习惯的重要性"。从课堂导入开始,我就不停地在重复"学习好习惯"的话题,既然学生也从《一对双胞胎兄弟》的故事中发现了弟弟没有课前预习的学习习惯,看上去这就是所谓的"不良的学习习惯",可是我另一方面又告诉学生"学习习惯虽然很重要,但是本身并没有好坏之分,只有适合自己的才是最好的。"那这个学习"好"习惯又从何说起呢?这不是有点自相矛盾吗?看似随口的一句口误,其实背后是我自己对这个观念有逻辑上的错误理解。关于弟弟的学习好习惯似乎又是通过抠字眼的方式才被发现的,显得有点勉强和缺乏说服力。我这"一误导、二缺乏说服力"的提问,难怪学生憷憷地不吱声。

其实我想表达的是:每个人都有属于自己的学习好习惯,怎么才算是好,因人而异,不是别人说好才好,而是适合自己的,能够帮助自己提升学习能力和学习效果的,才是好的。既然这样,那是不是就不该从"不良"入手呢?思考再三,我觉得我应该把目标定位在"了解自己有哪些学习好习惯,目的是要体会养成学习好习惯的重要性,尝试发现更多有助于提高学习效果的学习习惯"。前一个教学目标是"问题导向",后一个是"积极发现",引导学生去发现适合自己的学习好习惯是如何帮助我们形成自己的学习风格的。

从积极心理学的角度来说,学生拥有愉悦的情绪和乐观的人生态度,能更加帮助他们促进人格的健全发展。教学目标是一堂课的灵魂,目标适切与否,关系到一堂课的成败。相同的教学内容,可能因为教学目标定位不同,使得整堂课发生质的变化。两种不同的目标定位,显然后一种更带有积极的意义。

2.0版本:目标的重设带来新生

教学目标的转变使得三个环节的顺序有了调整,板书和学生活动单也有了相应的改变。

(一)教学目标的重新定位。

【初稿】

活动目标:

1. 了解养成良好学习习惯的重要性(教学重点);
2. 在借鉴别人经验的同时,尝试有意识地改进自己的学习习惯(教学难点);

关键:认识到良好的学习习惯对促进学习的重要性。

【终稿】

活动目标:

1. 思考什么样的学习习惯对自己来说是好的(教学难点);
2. 了解自己有哪些学习好习惯并尝试发现更多的学习好习惯(教学重点)。

关键:尝试发现更多的学习好习惯。

(二)课堂板书的调整。

【初稿】

学习好习惯

好习惯自测

求医问药

【终稿】

学习好习惯
提高学习效率
激发学习兴趣
形成学习策略

（三）学生活动单的重新设计。

【初稿】

学习习惯改进表

姓名　　　　年级　　班　　　　年　　月　　日

存在的问题：_____
_____
_____

改进的措施：_____
_____

评议结果：优（　）　良（　）　须努力（　）

【终稿】

学习任务单

我的学习习惯……	它能帮助我……
1.	
2.	
3.	
4.	

每人选择一个自己最满意的,用"我有一个……的学习习惯,这个学习习惯能够使我……"的句式,进行大组交流。

【课堂实录与反思】

2.0版本的课堂,我把《双胞胎的故事》换成了《小力和小欣的故事》。因为前者只有一个学习习惯的描述,而后者安排了小力和小欣的一日学习生活经历乃至周末的安排,有着丰富的场景,很有代入感。学生们不再需要通过抠字眼来寻找和猜测两个孩子之间不同的学习习惯,也不需要从"好和不好"上来判断,只是看某个习惯带来的学习效果。因此关于"学习习惯"的讨论一下子被打开了思路。原先没有觉察到的,可能已经成为一种定势,现在受到了启发被重新发现并愿意稳固下来,这对学生来讲是一个非常不错的体验。我明显感觉学生从别人的身上得到了许多借鉴经验,挖掘了自己个性化的经历、认识。

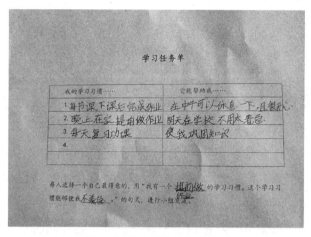

图 19-1　学生学习任务单示例 1

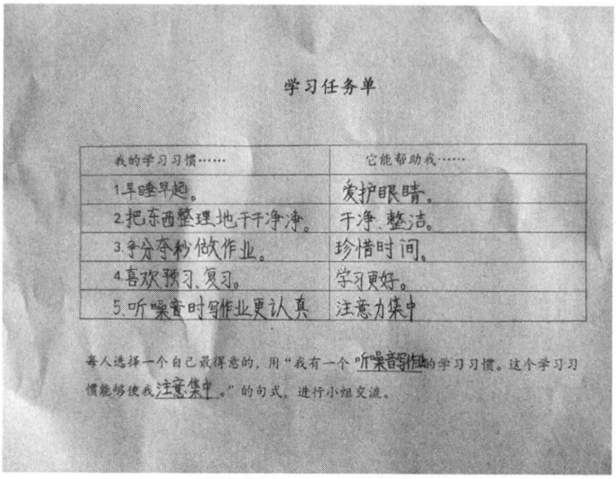

图 19-2　学生学习任务单示例 2

想想也是,我们每个人包括学生在内,谁愿意在大庭广众下承认自己"有病",还要当场"寻医问药"?与其拼命挖掘那些"不良习惯",还不如去梳理自己到底有哪些习惯已经不知不觉成为了自己的一种"学习风格",继续保持甚至发扬光大。

这也和多年来我们一直在探讨和研究的积极心理学理念不谋而合。我们逐渐重视学生学习个别差异的研究,以及学习者个体在学习过程中的主观能动性和创造性。

每个学生在自己长期的学习过程中,因为先天和后天因素的影响,学习方式都会有所不同,渐渐地,每个人都会偏爱某种学习方式,进而形成自己的学习风格。而我们要做的,就是引导学生充分认识并合理利用自身学习风格中的优势动力,从而树立学习的信心。关键不是问题辅导,而是发展辅导、需求辅导。

学生的身心发展特点和规律是心理活动课教学的一个重要依据。我们的课就是要适应并促进学生的身心发展。看似简单的改变,但改变的绝不仅仅是一份教案,而是我对学生发展需求的理解,以及我个人成长方向的认识。

第二次的课堂实践我感觉学生投入了很多,反馈效果也不错,但是没有了以往心理课堂上的热闹,却又让我有点忐忑。对小学生来说,讨论和分析类的教学内容是不是感觉会有些枯燥?我设计的活动学生究竟是获得了真实充分的体验,还是只停留在"理智的反思"?抑或是同样的教学内容是否可以通过更合适的教学方式和载体来达成?我期待随着课堂实践的不断深化,还会有 3.0 版、4.0 版……

与同行分享讨论

一、教学设计中对教学目标定位的价值取向

说实话,我不知道同行们有没有过这样的经历:"先有教学内容,后有教学目标",凭着一股热情感觉自己特别想上一个内容,但是对目标并没有想得很深。这次的经历,让我非常直观深刻地感受到,教学目标才是整堂课的灵魂。"好看的皮囊千篇一律,有趣的灵魂万里挑一。"我当下就是这种感受。

话说回来，我们的教学目标又是来源于什么？来源于对学生发展需求的理解和定位。我们学校心理健康教育的总目标到底是什么？我感觉不只是为了消除症状、弥补缺陷，而应该着重于培养学生积极的心理品质，帮助学生了解自身的优势。这意味着我们应该更加关注学生积极向上的自我力量、自身优势。借助这种积极向上的力量对抗心理困扰、消除问题行为，建立抵御挫折、心理创伤和障碍的预防机制。为此学校育人环境的着力点不再是着重克服人的缺点，而应该是鼓励人人都精彩、人人都自信的人文精神。

二、教学内容中对教学活动取舍的准则把握

一直以来总感觉小学心理健康活动课应该着力在"游戏活动"上，几乎是"无游戏活动不心理课"，学生们似乎也是抱着这样一个心态来上课的。课前经常有学生会问："老师，今天我们玩什么？"所以一到讨论环节或者理性思考环节，就会"不受欢迎"。那么如何把类似"学习主题"这种看似比较"严肃"的主题上得活泼生动呢？我想这里有一个准则就是，心理课更注重体验，无论是讨论还是反思，都要建立在体验的基础上。如果我们设计的活动是让学生有所体验的话，学生就有话可说，有话能说。如果我们设计的活动只是为了告诉学生一个"道理"、教给学生一个"方法"的话，那就脱离了体验，变成了"说教"，那就会让学生觉得枯燥，无话可说。所以我觉得，课堂气氛活跃，不应该纯粹追求热闹与否。相比热热闹闹一节课，但课后学生啥也没留下，我还是更喜欢那种能够激起学生思维火花，在学生心里泛起涟漪的课堂。

附录

一、初案与终稿的对比

表 19-2 "学习好习惯"初案与终案教学环节设计对照表

设计初案	实践终案	修改理由
一个故事 1.《双胞胎的故事》， 提问：你觉得他们俩谁的学习成绩会更好？为什么？ 2. 小组讨论，大组交流。	一个故事 《小力和小欣的故事》， 提问：1. 你能看出他们俩有哪些学习习惯吗？ 2. 他们的学习习惯给他们的学习带来了什么帮助？ 3. 什么样的学习习惯对你来说是好的呢？	借鉴别人丰富的学习生活场景，能够帮助学生更好地代入自己的生活学习情境，更好地挖掘自己个性化的经历和认识，提升培养适合自己的学习习惯的意识。
一个自测 1. "好习惯自测"，了解自己到底有哪些学习习惯？哪些能够帮助自己提高学习效率？哪些又是存在问题，需要改进的？ 2. 学生自测，对照分值范围了解自己的情况。	一场交流 每人选择一个自己最满意的好习惯，用"我有一个……的学习习惯，这个学习习惯能够使我……"的句式，进行大组交流。	初稿的交流侧重点在"求医问药"，而终稿的交流侧重点在"发现更多好习惯与别人分享"，因为这个发现是重头戏，所以终稿中把"好习惯大爆料"的交流放到了第二环节。 交流的侧重点不再是带着问题寻求别人的帮助，而是与同伴分享良好的学习习惯为自己带来的收获，并在分享中带来愉快的体验。 自测的目的不再是让学生判断自己有哪些不足，而是启发学生去发现自己还可以培养更多更好的学习习惯。
一场交流 1. "求医问药"：通过自测结果，你有哪些需要改进而又苦于没有对策的学习习惯，向同学请教。 2. 分组讨论填写"学习习惯改进表"。 3. 大组交流。	一个自测 1. 出示自测内容。 2. 对照一下自测表内容，看看专家总结的哪些好习惯跟你学习单上写的不谋而合，你就打个勾，还有哪些好习惯是在你的学习单上没有的，是你没有发现的，就在你的学习单上补上去。	

二、实践终稿

（一）导入

出示照片，从采访中发现的共同点引出课题，出示：学习好习惯。

(二)活动一：小力和小欣的故事

小力和小欣是同班同学，是邻居，是同桌还是好朋友。但他们有不同的学习习惯。

小欣喜欢早睡早起。她会在起床后整理好书包，再看看昨天上课的内容。小力喜欢睡懒觉，不到最后一分钟不起床。但是晚上他的精神很好，会在睡觉前复习当天的功课，整理书包。

上课时，小欣喜欢积极举手回答问题，哪怕她对这道题的答案不完全肯定。小力很好面子，没有十分的把握绝对不举手发言。

课间休息时，小欣喜欢争分夺秒做作业。而小力肯定要到操场上玩一玩，放松一下紧张的情绪。

中午的时候，小欣喜欢去图书馆看看书、上上网。这会儿呢，小力会抓紧时间做作业。

放学后，小欣一回家就马上做作业，一般晚饭前都能完成了。她会尽量把作业做得慢一点，因为她不喜欢做完再检查一遍。她喜欢一边做作业一边吃零食，特别是遇到难题时，她觉得只有先狂吃一把巧克力，才有脑力解开难题。如果还是做不出，就会问妈妈或者打电话问同学。

小力喜欢在学校打一小时篮球再回家做作业，一般吃过晚饭还会再做一会儿。他作业写得很快，难免会犯粗心的毛病。不过他不怕，因为最后妈妈会帮他检查一遍。遇到难题，小力不喜欢问别人，总是想方设法自己做，实在不行就先随便写上一个答案上去。

做完作业，小欣喜欢预习后面的内容，她觉得这样对第二天的学习会有帮助。而小力认为提前看完了后面的内容，听课的时候就没那么有趣了。

晚上，小欣写完日记，早早地就睡觉了。小力则是夜猫子，学习完，不上一会儿网、打打游戏就睡不着。

周末，小欣要去好几个辅导班，从作文到奥数再到英语。小力喜欢自己复习，只参加了一个少科站的航模兴趣小组。

思考：你能看出他们俩有哪些学习习惯吗？你觉得他们的学习习惯能给他们的学习带来什么帮助？

板书：提高学习效率　激发学习兴趣

(三) 活动二：好习惯大爆料

虽然学习习惯是有好坏之分，但也因人而异，别人眼中的"学习好习惯"未必适合你。没有最好的，只有最合适的。那么，你有没有想过什么样的学习习惯对你来说是合适的呢？利用今天这节课的机会，我们就来回忆并梳理一下吧。

1. 学生填表并在小组中交流。

我的学习习惯……	它能帮助我……
1.	
2.	
3.	
4.	

2. 每人选择一个自己最得意的，用"我有一个……的学习习惯。这个学习习惯能够使我……"的句式进行大组交流。

板书：形成学习策略

过渡：看来大家确实拥有不少学习好习惯。这些好习惯，不仅帮助大家提高了学习效率，激发了学习兴趣，而且还形成了不少学习策略。我们有一些专家也和我们小朋友一样，非常善于归纳总结。你们想不想看看专家们都总结出哪些学习好习惯呀？对照一下，看看专家总结的哪些好习惯跟你不谋而合？还有哪些好习惯是你没有发现的，就补上去。

(四) 活动三：好习惯自测

学习好习惯自测

① 每天按时上学不迟到。（　　）

② 每天晚上都会整理好明天需要的学习用品。（　　）

③ 上课认真听，不开小差。（　　）

④ 每天按时完成功课，不抄袭别人的作业。（　　）

⑤ 制定自己的学习计划，并认真执行。（　　）

⑥ 遇到困难首先独立思考,或者自己查阅资料解决。(　　)

⑦ 每天都复习当天学习的内容。(　　)

⑧ 每天都预习明天要学习的内容。(　　)

⑨ 善于向老师提出问题。(　　)

⑩ 平时细心观察周围的事物。(　　)

……

小组讨论,大组分享。

(五)拓展总结

综合刚才你收集到的学习习惯,制定一个最适合自己的学习作息表。为了让自己能坚持这套习惯,记得一定要搭配一套奖励措施哦!

时间	事情	方法	奖励措施

超级特工队

上海市黄浦区北京东路小学　陈　霏

信箱里的一张小纸条
——教学设计的缘起

某天,我在心理室的小信箱中收到了这样一张小纸条。

"老师,我觉得每天做作业学习好没意思。班级里的其他人每天还能打游戏,但我光是做作业就得做到深夜。"

这是五年级的学生递交的一张小纸条,从文字的信息来看,他对学习的态度有些消极,没有什么兴趣,觉得辛苦。这个情况并不是个别现象,在日常与班主任的交流中,我也发现,学生之间的学习状况差距比较明显。有些学生掌握了方法,学习轻松有效率,但也有一批学生毫无章法,学得很辛苦。有些学生缺乏主动学习的内在动力,也有些可能缺乏适当的学习方法。由此,我萌发了设计一节关于学习主题课的想法。

学习这个话题给学生的感觉总有些枯燥,怎样让这节课更有趣、新颖呢?我的师傅是个极具想法和创意的人,她建议我把这节课设计为游戏闯关的形式,放开了让他们玩!虽然我内心有些忐忑,但还是接受了这个挑战,抱着试试看的想法着手开始了教案设计。

课前,我对学生的状况进行了探索,发现他们自省能力还在发展阶段,对自己的学习偏好方式仅是一个模糊的概念。于是我想到利用《多元智能量表》以及《学习风格与多元智能的关系表》相结合,让学生初步梳理自己擅长的、偏好的学习方式。在此理论的背景支持下,模拟情境,引导孩子在喜爱的任务式活动中运用自己的学习风格,感受利用自己所长去学习的轻松和愉悦。同时,设计课后探究表,将学习风格与学科学习相结合，思考适合自己、能够在实际学习中运用的小窍门，从而改善、提升学习的效果，以进一步挖掘学生学习的内在动力。

于是，"超级特工队"的初稿孕育而生。

风中凌乱的初案课堂
——教学框架初设计

教学目标：

1. 通过故事解析，初步感受每个人都有各自不同的学习优势和特长。
2. 通过"特工任务卡"活动，进一步尝试探索自己的学习优势和特长。
3. 通过"超级特工队"活动，初步尝试利用自己的特长和优势学习，体会学习的快乐。

教学重点： 尝试探索自己的学习优势和特长。

教学难点： 初步尝试利用自己的特长和优势学习，体会学习的快乐。

教学设计：

表 20-1 初案教学设计

教学环节	活动流程	设计意图	备注
导入：视频《狗狗特工队》	播放视频《狗狗特工队》。思考问题：为什么遇到各种各样的困难和任务，狗狗特工队都能顺利完成？	通过视频观摩、启发思考意识到各自都有不同的特长和优势。	7分钟 若学生无法总结，可先让他们回忆故事内容再引导
主题活动：超级特工队	组建特工小分队 1. 利用五色卡找到自己的学习优势，并分组。 2. 小组分享：每个人分享自己擅长和喜欢的一件事。	通过五色卡的翻阅，自省探索自己的学习优势。通过讨论分享再次思考，总结各项学习优势。	10分钟 若学生对自己所选出的优势不认可，可以再次选择一个小组加入。
	超级特工队救援任务 1. 利用优势完成救援任务。 2. 分享任务中的收获和体会。	通过小组任务，体验感受利用学习优势完成任务的快乐。通过讨论、总结，找到适用自己的学习方法。	15分钟 完成任务较快的小组，也可加入其他小组。

续 表

教学环节	活动流程	设计意图	备注
总结	课后任务 完成学习档案的绘制	通过课后任务,进一步总结自己的优势和适合自己的方法。	3分钟 给出样例,可以图文并茂。

【课堂实录和反思】

课前我对于课程设计还是比较有信心的,没想到实践的过程与我原本的设想大相径庭,总的感受就是:一节有趣的课变得无趣了。

一、低龄化的导入视频让学生兴趣索然

镜头1:松散而迷茫的眼神

可爱的动画在屏幕上播放,而座位上的眼神却是松散的,好像在说:"这有什么意思?""为什么要给我看这个?"

"为什么遇到各种各样的困难和任务,狗狗特工队的成员都能顺利完成呢?"

提问下去,举起的小手寥寥无几,一个手指就能扳过来。不是不会回答,而是不愿回答。毫无灵魂恐怕是最好的形容,就像是被动、形式化地完成老师布置的任务,没有动力的驱动,也没有探究的兴趣。

都说好的开始是成功的一半。我原本以为学生会非常喜欢我精心制作的导入视频,现实却是"狗狗特工队"的故事,并没有引起学生很大的共鸣。他们认为这个故事像给小朋友看的,有点幼稚。这个开头让我感受到的是挫败,学生和老师之间是会互相影响的。刚上来就被打击到的我在后面的活动中越来越力不从心。

结合学生的反馈,我也进行了反思:"狗狗特工队"的故事虽与这节课主题密切相关,但对于五年级的学生来说,过于卡通的画风确实显得有些低龄化,难以吸引他们的注意。

二、主题活动的流程让学生不知所措

镜头2:频频举起的小手

平淡地结束了导入环节,进入到我认为激动人心的主题活动了。当我宣布完

规则后,我看到了频频举起的小手。心里一激动,孩子们这么快就思考好了?

"老师,这个卡片要选几张?""老师,我找不到我的小组!""老师,他一直拿着这个道具不放,我们没法做任务!""老师,……"

整节课的流程串联显得松散和凌乱,不论是五色卡分组还是救援任务,部分学生无法明确自己要做什么。原本一心想沉浸于课堂的我不得不花费更多的精力解释规则、控制纪律。这些导致活动的顺利进行都存在问题,活动效果大打折扣,更别提分享和感悟了。

课后采访小朋友,他们表示:拿到五色卡片盒时不知所措,不太明白要干什么。而后续的"特工队"任务活动量比较大,但由于缺乏一些明显的规则,使得课堂松散杂乱,打乱了课堂的节奏。

镜头 3:"你说,你说!"

主题活动结束后的分享环节,我本想着让大家自由发表感想,没想到孩子们都不肯发言,失去信心的我只好临时决定每小组派一个代表发言,课堂里又响起了一片互相推托的声音。

"你是组长,你说吧!"

"你发言比较好,你来吧!"

……

于是这个自由分享的环节又成了老师的硬性指派任务,而发言的同学大多围绕着"活动有趣""可以使用电子产品道具很开心"等等。仅仅停留在喜欢活动本身,并没有更深入的思考和体会。心理活动课重在体验感悟和分享,没有了分享,就相当于没有了灵魂。换言之,这节课是失败的。

沉浸投入的反复推敲
——教学设计再打磨

针对初案设计课堂实践存在的问题,我进行了思考,也与师傅进行了反复探讨推敲,在以下部分做出调整。

一、替换导入视频

我决定替换导入的故事，增加课程整体的情境感。在导入环节我选择了游戏《第五人格》中的人物，改编重组为"超级特工队"的故事。这个游戏中的人物设定本身就足够吸引人，接触过的学生会有更大的共鸣。选择游戏背景我还有另外一个考虑，在自由度比较大的心理课堂中，也会出现游戏，这样做的目的不是鼓励大家都去玩游戏，而是引导大家要有玩中学的理念——即使是游戏，也能带给我们一些体会、思考和正面积极的能量。

二、改变指导语

整节课仍然延续特工队这一主线，营造"神秘的特工任务"的情境感，将课堂规则巧妙融入"特工邀请函"中，为后续活动的有秩序开展提供了保障。同时，在"特工小分队"的任务中，我将指导语转换为特工中心的指令，进一步增强了代入感。

幽默的语句不仅让课堂氛围轻松活跃，同时警示音的设置也让他们在情境中有边界感，对整个课堂的节奏把握有很好的效果。

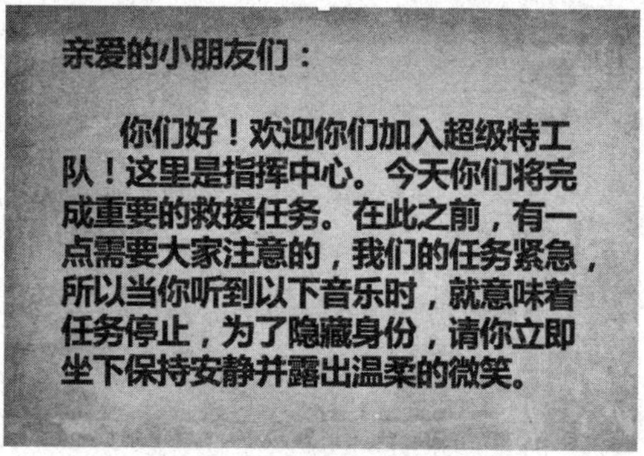

> 亲爱的小朋友们：
>
> 你们好！欢迎你们加入超级特工队！这里是指挥中心。今天你们将完成重要的救援任务。在此之前，有一点需要大家注意的，我们的任务紧急，所以当你听到以下音乐时，就意味着任务停止，为了隐藏身份，请你立即坐下保持安静并露出温柔的微笑。

图 20-1　超级特工队邀请函

三、五色卡内容的改变

五色卡中的部分内容和措辞都有所改变，将原本生涩难懂的词汇调整为更贴近学生口语和生活的表达，便于他们理解。教师上课时也无需因为内容的歧义花费时间解释，整个上课过程更有层次，学生自省的过程也更加流畅。

表 20-2　五色卡文字表初稿

阅读	计算	走迷宫游戏	辨认声音	养动物
演讲	数学公式	拼图	弹奏乐器	养植物
讲故事	找规律	认路	哼歌曲	区分植物品种
外语学习	侦探推理	画画	敲击节奏	观察动植物
写作	分类	摄影	记旋律	研究天文

表 20-3　五色卡文字表终稿

看书	做算术	走迷宫游戏	辨认声音	养动植物
在大家面前发言	算钱	拼图	弹奏乐器	旅游探险
讲故事	找规律	认路	哼歌曲	区分植物品种
背英语单词	侦探推理	画画	敲击节奏	观察动植物
编故事	给玩具分类	摄影	记曲谱	观察星空

【课堂实录和反思】

如果用一锅食之无味的大乱炖来形容初案实践,那么终稿实践就像是浓香扑鼻的纯汤,主题更鲜明,层次更清晰,回味也更无穷了。

初案试教时,学生完成救援任务给我的感觉是,尽管被分到了各个小组,但他们仍是"单打独斗",即使有交流也是凌乱松散的;但终案实践时,有了前续的铺垫,每一组的学生都能够分工合作、集中完成任务,并能显示出每一种学习优势的特点。终案的实践,虽不说完美无缺,但学生的投入程度和学生的愉悦程度是递进上升的,总体的课堂氛围和秩序也有了非常明显的改善。

镜头 1：专注闪光的眼神

当播放导入视频的时候,我听到了一些细碎的声音,看到了激动闪光的眼神。原本有些茫然的脸上,呈现出了激动和被点燃了的热情。神秘的背景乐、吸引人的画面,对于小学生而言,这个新鲜的刺激牢牢地抓住了他们的眼球。

"为什么遇到各种各样的困难和任务,超级特工队都能顺利完成?"

和之前沉闷、推诿完全不同的是,这一次我看到了高高举起的小手。

学生们积极地想把故事中提到的魔术师、医生、空军等细数一遍,直到我惊觉要把握时间,提出分享暂停时,小手才依依不舍地放下。

镜头 2:特工中心与小特工们

邀请函的发出、神秘特工中心的指令都令孩子们为之兴奋,随之而来的是聚精会神地听和看。

"特工中心,请求帮助!"

"这是特工任务,嘘,我们悄悄完成,而且要快!"

沉浸式的代入感让我无需多言,他们自发遵守规则,因此我有了更多的精力投入到分享和感悟的引导。就像是蝴蝶效应,因为导入视频的改变、指导语的调整,整节课的氛围发生了翻天覆地的变化。

镜头 3:我要把笑脸贴在这儿

分享后,我让学生选择一个表情贴到黑板时,学生无一例外都选择了快乐的表情。

"我要我的笑脸贴在这儿!"

大多数学生把自己的笑脸贴在自己所选出的学习优势之下,这是他们对自己的一种认同感。

修改之后,整体的设计脉络加上逼真生动的代入感所呈现出的课堂氛围是我最满意的部分。整节课中道具繁多,但充分利用了加工后的指导语以及"神秘特工任务"的背景脉络,整节课有条不紊地进行下去。我和学生都觉得非常享受,一节课 35 分钟匆匆而过。我想,这就是心理活动课独特的魅力所在,有着孩童般的轻松愉悦之乐,也有着深层次的自我剖析与思考。

蜕变与成长
——同行分享与探讨

一、课堂活动与学生生活的联系

课堂源自于生活。心理课堂是开放的,要贴近学生的内心,更要多关注学生的生活经验。其实我最初有点担心《第五人格》游戏元素的运用，虚拟人物、电子游戏会不会带来消极的影响，但结果发现我的担心是多余的。学生喜欢游戏中的人物，而且关注到了这些虚拟人物身上的闪光点，并投射到自身。游戏中人物的身份，如：医生、律师、园丁等，更是会为他们的生涯规划带来小小的启示。

二、心理课堂的节奏把握

心理课特有的自由度为老师的课堂把握增加了难度。在课堂规则的把握上我一直很纠结，小学生活泼好动，活动量巨大的心理课在他们眼中是自由抒发的一片净土，我想守护这片净土，但有时却心有余而力不足。

这次的尝试让我尝到了甜头，自由和约束并不矛盾，一个小小的情境，一个警示音的巧妙设计，就能很好地解决这个问题。张弛有度，用来形容心理课最恰当不过。经验丰富的老师一定都有自己的独家秘笈。

三、关于八种学习优势的筛选

我最开始提到的学习优势有八种，由于考虑到教室的空间环境因素等，为了课堂的整体效果和推进，在"救援任务"中，未将其中三种优势（即身体运动、人际交往和自省）列为"救援任务"的小分队，只是结合板书由我作口头介绍，这是我的一个遗憾。因为事实上，生活中拥有这三种优势的人是不少的。虽然我也思考过将人际交往加入"救援任务"，但小组合作的任务形式本身就是人际交往优势的体现，所以最终还是没有将这单独列为一个小组。

"救援任务"中的任务也是我根据每一项优势以及学生的知识发展水平所设置的，几经推敲和修改，任务的难度不大也不小，既能让学生体会到成就感，也有探索求知的欲望。但移植到现实生活中，真正可以灵活运用自己优势的学生有多少？这其实需要进一步跟进。

附录

【实践终稿与设计初案的比较】

从设计的初案一直到最终实践终案,整体的架构没有过多的修改,活动本身是孩子们喜欢的,但在导入环节、指导语的形式、活动节奏的把握上存在问题,于是在以下环节我做了调整。

表 20-4　设计初案与实践终案的对比

教学环节	设计初案	实践终稿	修改理由
热身活动	播放视频《狗狗特工队》(以卡通人物为原型制作的视频)。 思考问题:为什么遇到各种各样的困难和任务,狗狗特工队都能顺利完成?	播放故事《超级特工队》(以游戏人物为原型制作的视频)。 思考问题:为什么遇到各种各样的困难和任务,超级特工队都能顺利完成?	基于五年级学生的心理发展水平,游戏中人物的画风更成熟,更容易吸引他们的注意力。
主题活动	1. 教师阐述指导语。	指导语: 利用信息技术变声。	老师的阐述过于平淡,而高科技感的声音增加代入感。
	2. 五色卡	五色卡 部分内容调整修正。	初案部分内容生涩难懂,稍作调整后,避免由于文字阐述造成的误解。

实践终案

◆ **教学目标**

1. 通过"特工任务卡"活动,尝试了解、探索自己的优势智能,对自我探索产生兴趣。

2. 通过"超级特工队"活动,初步体验利用与优势智能相关的学习方法来完成任务学习,体会学习的快乐。

◆ 教学准备

五色卡、活动标签卡、超级特工队任务单、救援地图、学习档案

◆ 教学过程

一、分析故事,意识到每个人都有各自的优势和特长

播放故事《超级特工队》

思考问题:为什么遇到各种各样的困难和任务,超级特工队都能顺利完成?

学生讨论并交流。

小结:超级特工队的成员都能利用自身学习优势和特长来完成任务。其实我们也一样,也有自己优势和特长。今天,就让我们也一起来组建一支超级特工队!

二、组建特工小分队,进一步探索优势智能

1. 寻找优势智能

(1) 学生每人拿到一套五色卡以及一套标签卡。

表 20-5 五色卡

看书	做算术	走迷宫游戏	辨认声音	养动物植物
在大家面前发言	算钱	拼图	弹奏乐器	旅游探险
讲故事	找规律	认路	哼歌曲	区分植物品种
背英语单词	侦探推理	画画	敲击节奏	观察动植物
编故事	给玩具分类	摄影	记曲谱	观察星空

（五色卡：将 25 种学习特长制作成标签卡，并在背面按智能类别分别贴 5 种不同颜色的五角星）

（2）学生根据自己的特点选出擅长的活动标签。

（3）学生根据标签背后的颜色归类，选出最多颜色的分类色卡。

（4）选出的色卡颜色相同的学生组成一支特工小分队。

2. 结合特长，进一步探索优势智能。

（1）小组讨论共同的特长、擅长的经历。

（2）各小组揭开色卡背后的优势智能，说说是否符合自己的实际并谈谈感受。

| 语言表达 | 逻辑推理 | 视觉观察 | 音乐倾听 | 自然探索 |

（3）学生根据自己的实际状况再次调整小组。

（4）向学生简单介绍其他的优势智能：身体运动、人际交往、自省。

小结：我们每个人都找到了自己的优势特长，接下来我们就一起来完成特工任务吧！

三、超级特工队出击，利用优势智能展所长，体会学习之快乐。

1. 布置超级特工队任务。

（1）各个特工小分队根据任务卡的提示找出救援地点。

① 红队：根据文字线索找到救援地点。

② 黄队：根据提供的线索推理出救援地点。

③ 蓝队：根据色觉图和视频找出救援地点。

④ 紫队：根据所听到的声音以及线索找到救援地点。

⑤ 绿队：根据提供的自然线索找到救援地点。

小组任务卡示例：

图20-2 超级特工队救援地图

红队队员们,你们好!请仔细阅读以下任务提示卡,找到救援地点,用记号笔在地图上圈出。

请根据以下文字信息提示,找到救援点。

这里的水波和水珠形象组合,如五线谱上跳跃的音符,以轻松欢快的旋律,演奏上海母亲河黄浦江的乐曲"帆"表现黄浦江上帆樯林立,船队正驶向各地,外汇与旅游业在这条经济之河中流淌;帆与帆的连接,多曲线的漂动,增加了立体动感!

It is one of the symbols of Shanghai. It shows off Shanghai's outstanding foreign buildings, most of which were erected before 1937. To the Europeans, it was Shanghai's answer to Wall Street.

常记溪亭日暮,沉醉不知归路。

兴尽晚回舟,误入藕花深处。

争渡,争渡,惊起一_____鸥鹭。

紫队队员们，你们好！请仔细阅读以下任务提示卡，找到救援地点，用记号笔在地图上圈出。

　　请根据以下提示，找到救援点。

　　第一个提示：请打开平板电脑——文件管理——音频1。

　　音频1中的3个音为：＿＿＿＿、＿＿＿＿、＿＿＿＿。

　　请找到资料中第＿＿＿＿页（音频1中中间一个音）

　　　　　　第＿＿＿＿行（音频1中第一个音）

　　　　　　第＿＿＿＿个字（音频1中第三个音）

　　　　　　这个字为：＿＿＿＿

　　第二个提示：打开音频2

　　音频2中的3个音为：＿＿＿＿、＿＿＿＿、＿＿＿＿。

　　请找到资料中第＿＿＿＿页（音频2中第一个音）

　　　　　　第＿＿＿＿行（音频2中中间一个音）

　　　　　　第＿＿＿＿个字（音频2中最后一个音）

　　　　　　这个字为：＿＿＿＿

（2）学生活动。

2. 讨论交流：

（1）刚才你们的小分队有没有顺利完成任务？

（2）过程中运用到了哪些你们所擅长的方法？

（3）过程中你的感受是什么样的？

　　小结：我们用了我们各自所擅长、喜欢的方式去学习一个任务，都可能顺利完成，而且我们也觉得既轻松又快乐。

　　四、完成学习档案，探寻适合自己的学习风格。

　　学习档案：利用你擅长的学习方法，找一找属于你的学习小窍门，探寻你的学习风格。

例如：

图20-3 学习档案

五、总结

当然，我们每个人可能在两个甚至好几个方面有特殊的才能，今天我们也只是列举了其中一些。小朋友们如果能多多利用自己擅长和喜欢的方式去学习，不断探索自己的学习风格，或许可以事半功倍。

【资源推荐】

［美］霍华德·加德纳，多元智能［M］.沈致隆，译，北京：新华出版社，1999.

让注意力更出彩

柳州铁一中　余小英

我原本打算写一个不满意的课例,期望通过这种痛苦的回看能让自己有所提升。电脑里存了很多节我几乎不愿再碰的课,鼓起勇气翻出一节重新回顾,其实就是鼓起勇气去面对以前一直回避的问题,那样的收获不亚于找寻新创意重新设计一节新课。

写着写着,我发现对这个课例的反复打磨,呈现的是我作为一名心理教师从回避到回归的心路历程,我不再觉得自己曾经想把课堂变得轻松而增加活动减少情感层面的探讨是一种偷懒的行为。这也是一种尝试,尝试让教师和学生都轻松愉悦。我想只要是自己投入过的,都凝结了很多自己的思考,也有它的出彩之处。

1.0版本:轻松简单的"注意力训练"

第一年上注意力这个主题时,我正好有些疲倦于心理课的用"心"。我开始采用偏向于心理科普的方式,做一些小实验或者介绍一些研究,不需要太多情感投入,课堂生成也不用那么深入。这种方式确实降低了我的上课压力,学生觉得好玩,我也不那么费心思。于是,我就将综艺节目《一站到底》的活动搬进了"注意力"的课堂。

【教学目标】

1. 认识注意力的特点和类型。
2. 学习掌握注意力训练的技巧。
3. 尝试将注意力调节的方法应用到学习生活中。

表 21-1 1.0版教学设计

教学环节	活动流程	设计意图	备注
热身：找变化	一半学生对自己做改变，一半学生找变化。角色互换。	活跃课堂氛围，引入注意力主题。	5分钟
主题活动体验	1. 匹配小测验 图 21-1 图 21-2 图 21-1呈现后消失，然后呈现图 21-2，回忆出现的数字并和图片匹配。 2. 观看视频《爱情公寓》片段，回答问题。 3. 呈现哈佛大学公开课"为什么要学习积极心理学？"课堂测验图片，然后消失，回忆时钟是几点，巴士车有几个人。	寓教于乐，在活动中认识注意力的特点和类型。	15分钟
注意力训练	训练技巧 凝视法 冥想法 倒数数法 舒尔特方格	学会调整心理状态，掌握一些训练方法。	15分钟
总结提升	总结并引导学生将课堂学习应用于生活。		5分钟

⚮ **【课堂实录与反思】**

本节课的课堂氛围轻松活泼，学生在活动和视频环节都很投入，互动与回应也很有趣。例如在热身活动环节，有的同学会偷偷涂抹一些唇膏或者乳液，同桌是通过味道发现的。这个创意的举动为注意力的概念引入起到了铺垫作用，注意力是通过视觉、听觉、触觉、嗅觉和味觉五大信息通道关注客观事物的能力。还有学生说刚刚自己看了两页书变得更有智慧了，喝了两口水变重了，更帅气了，等等。这些回答反映出学生的机智，也提醒了我对规则进行具体化修改，要求这个变化是前后对比可以看出的。

观看《爱情公寓》关谷唱《千年等一回》的片段，第一遍时，学生完全沉浸在音乐的旋律和故事情节里，看后无法回答关于细节的提问，这个现象很好地说明了注意力的有限性。而当带着问题看视频时，问题就会变得非常简单，这让学生直观感受到有意后注意的优势。在这个环节，学生还能联系到有预习比没有预习上课效果更好的现象，这些都是我期望学生通过亲身体验和领悟获得的结果。

但是，纵观整节课我发现这节课的设计存在以下不足。

1. 单个活动是有趣的，合在一起就成了活动的堆积，课程结构性差。一些班级会出现学生专注于活动而忽略活动背后传递的知识内容的情况，所以课堂活跃度与学习内容之间需要平衡。

2. 中学心理课与大学心理课的方向与目标不一样。中学心理课时间有限，体验重于知识的获取。我为了努力把注意力的特点和种类讲完，以知识点的方式去呈现，相比之下就会有点枯燥、乏味。学生更多地把注意力放在视频的有趣好玩，虽然这个现象也能说明注意力容易被有趣好玩的东西吸引，但很难让学生在有趣好玩的过程中，自下而上地形成对注意力的认知和概念理解。虽然整节课，学生的热情和参与度极高，但是课上完了，学生也就和这个主题说再见了，对日常生活学习的启发并不大，学生也很难将其应用延伸到日常学习生活中。

上完第一轮后，我就想把这节课尘封起来，明年不再上这个主题。但学生咨询中总会提起关于注意力的苦恼，我也很想通过课堂去帮助到一些有这样的困惑但是没走进咨询室的学生。

第二年，我在新的年级准备再上这个主题的时候，我对这个课件有一种嫌弃感，更准确地说是一种危机感，我觉得它既没重点也没深度。轻松快乐是需要的，能产生情感的流动，但关注到学生的心理需求才是心理课更重要的部分，所以在

2.0版本中,我尝试加入咨询过程中学生反复提到的关于注意力的一些困惑问题作为案例分析,这让课堂更加接近学生的日常思考,引起了更多共鸣。

接近学生需求的"如何提升注意力"2.0版本

2.0版本是依据学生咨询时反复提到的一些问题进行调整的,尤其在重要考试前,来访学生都会觉得自己不能集中注意力而别人都很集中的状态,越是急切想集中注意力反而越难集中。有的学生将自己的期望过于理想化,觉得如果能做到定心学习,就能在考试中取胜。当自己做不到专注的时候,他们就会将自己成绩提升慢归因于自己注意力不集中。这部分学生在临考前期望自己能够完全投入的状态,而紧张与焦虑的情况下越难集中注意力,进而引发更强烈的情绪。

根据个案反映出的一些共性问题,我设计了这样一个案例:自从进入高三后,小明总是担心时间不够,考不上目标大学。学习时常常无法集中注意力,尤其在他最不擅长的数学课上,经常走神。做作业也频繁出现这样的情况,很容易受到他人翻书、写字的声音影响。考试前,小明还会担心万一前后桌抖腿或者写字发出沙沙的声音。一想到自己注意力这么不集中,小明就更加不能专注学习了。

教学目标:
1. 认识注意力的特点及影响因素,探究集中注意力的方法。
2. 尝试将课堂学习的内容应用到实际生活中。

表21-2 2.0版教学设计

教学环节	2.0版本	修改理由
热身活动	强调改变是人的感受范围内的,省略角色互换,规定变化时间只有30秒,寻找过程只有1分钟。	节约时间,时间留给课堂重点。
认识注意力	注意力的特点和类型,删除重复目的测试,保留一个视频和图画测验。	根据教学目的精简活动。

续 表

教学环节	2.0版本	修改理由
注意力的应用	案例分析：小明的烦恼。 小组讨论：影响注意力集中的因素有哪些？你们打算怎么劝解小明？	来自学生的案例，让他们有话可说。
提升注意力的稳定性	小组分享集中注意力的一些经历，并分析如何做到的。	通过回顾和分享，发现自己已有的有效经验，同伴相互学习。

【课堂实录与反思】

在案例分析的过程中，很多学生表示非常有共鸣，觉得很贴近他们的实际情况，同时也会分享自己的情况：晚自习的时候会对周围环境的翻书声过分敏感，对于自己不喜欢的课也容易走神但是想到影响成绩又紧张，以为只有自己一个人这么敏感……

在一次课上，恰好有一位学生主动自我暴露，我尝试临时增加一个"我也有这样经历"的环节。当他说到某一种情况，例如"每当停课复习的时候，我反而效率更低"，有这样经历的同学可以举手表示"我也有这样的经历"。"我也有这样的经历"是借鉴了一人一戏剧中的开场环节，让团体成员觉得自己并不孤单，我们可以一起去面对这样的问题。

这段活动的加入，对团体安全感有很大的促进作用，学生自我暴露程度更深。我们一个班有六十几个学生，团体安全感相对低。有时学生认为暴露问题不一定能得到正向的关注，老师也关照不过来，因而选择用相对安全的方式半遮掩式地分享。这种不深入的泛泛而谈，并不能达到我期望的效果。

案例分析的设计是想让学生尝试从第三视角去帮助主人公分析提建议，但在有的班级会出现有学生喜欢开玩笑挖苦主人公，如：我们劝他直接放弃，他不是学习的料，等等。也有的学生不愿意参与小组讨论活动。

课后我与学生交流，学生认为案例分析贴近他们实际，自己也存在相似的苦恼，但即使知识传达到位，实际却难以做到，依然有"我知道了很多道理，但还是处理不好"的焦虑。案例虽然来自学生，但不能关注到学生个体的特殊性，无法满足学生的自我表达，课堂情感体验不足。

有点泄气的我和周隽老师说了我的困惑和瓶颈，周老师一针见血地指出了最关键的点：这个案例看似来自学生，但其实只有与上课学生自己的实际学习生活紧密联系，才可能有较深的体验和感受。同样是注意力不集中，可能每个学生遇到的情况和表现都不一样。空对空讨论一些他们都知道的大道理，无异于"隔靴搔痒"。只有将学生的问题回归到现实中的具体困惑，对他们才能有切实的帮助。

回归学生实际生活的"注意力提升有策略"3.0版本

3.0版本通过引导学生对自身实际的分析，在具体情境中，学生具体分析自己与学科的关系、自己与老师的关系、自己与环境的关系是如何对注意力产生影响的，同质性小组进行注意力提升的策略探究。

表21-3　3.0版教学设计

教学环节	3.0版本	修改理由
认识注意力	看两遍视频，第一遍结束后，小组讨论如何分工使得第二遍结束后的答题正确率更高。第二遍结束后分享：各小组的分工策略。	在活动中认识注意力。
注意力的应用	绘制思维导图：注意力提升策略 1. 学生自由表达注意力容易分散的时间段或情境。 2. 自主选择分组。 3. 用思维导图的方式呈现提升策略。	把学生遇到的实际情况作为讨论的出发点，在具体的情景中思考。
分享总结	各小组分享思维导图，其他同学可以在此基础上继续补充完善。	促进同伴之间相互学习，拓宽思路。

【课堂实录与反思】

3.0版本以学生的自身经历作为出发点，重点在学生的自我表达和小组讨论分享的过程。不同班级集中反映的问题不一样,不同的班级也有不一样的分组情况,有的集中在自习课、有的是物理课、有的是英语阅读,课堂生成真实且多元化。基于学生的分享表达,教师能看出不同班级的特点,对学科教师的教学也有启发。

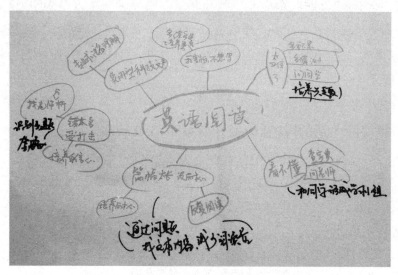

图 21-3 英语阅读注意力提升策略的思维导图

例如,有一个班级学生提到做英语阅读时不能集中注意力,很多同学选择了该主题探究。因为人数过多,这个主题又分成了三个小组,而且这三个小组的注意力不集中的原因都可以分为三方面:技能不足(阅读量不够、词汇量少)、情绪(烦、恐惧)、生理状态(困)。三个小组汇总的解决策略也很结合实际,例如:情绪方面除了积极心理暗示,还可以通过制定合理的计划分时段完成,而不是要求自己一口气完成任务。阅读一篇之后可以给自己一些小奖励,继续再做下一篇。

学生的分享具体而又接近他们的实际生活,每个小组的作品呈现的时候,全部同学都非常感兴趣,笑声和讨论声不断。

有两个班,出了一点意外。有很多小组把注意力分散的原因归于某老师的一些特点:n、l不分,语调太平似催眠,听不清楚发音,还看不懂板书,太难了!小组内形成了一种纯粹的吐槽,还一直不停地模仿老师的口音。我第一次遇到时,直接问学生有什么应对策略,学生脱口而出"换老师!"我意识到我提问的时机不太

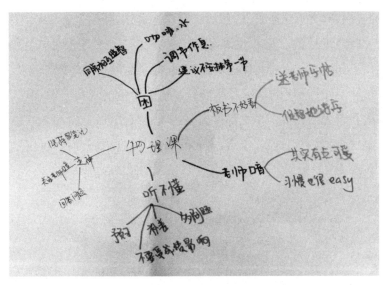

图 21-4　物理课注意力提升策略的思维导图

恰当,问题又太突兀。于是我再观察了一会,等他们吐槽得差不多了。

我:××老师教你们多久了?

生:一年了!

我:这一年你们也没有这么光明正大地集体吐槽过吧?

生:是啊!

我:还有没说完的吗?

生:差不多了,其实他那个口音也挺可爱的!

我:我也能从你们的语气里感觉到你们和他很亲近,假如这些问题影响到你们注意力的话,我们可以尝试做些什么?

他们开始坦诚地说有些问题其实也没啥影响,但还是建议课代表和老师沟通一下板书问题。接下来,他们开始就事论事地讨论分析。

在后续的小组中,我尝试理解学生有情绪宣泄的需求,进入小组倾听他们的吐槽,同时提醒小组成员除了吐槽以外我们自己还能做什么?虽然开始的吐槽氛围很浓,但最后在策略探究时,学生们都能全面地分析看待这个问题,从自身可以做的出发。对于这个意外,我认为对于老师教学存在的不足,他们势必会留有情绪，我们理应接纳，允许学生表达，然后我在课上表达，作为老师，很希望学生能够真诚说出一些建设性的意见和建议，让教师也能"有则改之无则加勉"。最后，学生们也明白了如何接纳老师和学会有效沟通，这是意外带来的额外收获。

2.0 与 3.0 两个版本的目标虽然都是聚焦于学生的现实需求，但 2.0 版的案例设计缺陷在于无法让每个学生都得到表达内心想法的机会，而 3.0 版本的导演和主角都是学生，学生们真实、丰富、多元的表达，发自内心，而非仅仅是印证教师备课的预设。

心理教师的孤独、倦怠与突破
——与同行分享探讨

心理老师的数量各地各校情况都不太一样，但大体上是相对孤独的。很多时候，我们对于课堂的效果反馈来自于学生，灵感的来源也是日常生活或者学习。虽然内容的选择比较自主、灵活，但这对于新手来说还是很难：教学基本功不扎实、重难点不明、结构不清晰、主题不明确，甚至在外人眼里会产生心理课就是玩游戏的误解。

成为一名心理老师的心情起初是充满新奇与激动的，走了一段有点孤独的路之后，就会有些疲倦。我们用心于主题的选择、学生的需求、素材的选取、学生可能产生的反应和学生的现场生成。有时候在主题的选择上就已经耗尽了 80% 的心智资源，学生的现场生成又往往和自己设想的不一致，而且这种尴尬常常也是因为教师的设问不当导致的。有时候也会出现自己很认真准备的课，课堂效果反而不如一些不那么用心的课好。有段时间每周二十节课，每个班级将近七十个学生，累到没有时间和能量去思考提升。这种付出与效果不成正比的现象，让我越发迷茫。

其实，课堂效果不佳常常是受多种因素影响的，例如班级团体氛围、提问的方式、学生的状态等。我刚开始不能客观全面地看待这些问题，第一反应就是课堂内容不好，经常出现全盘否定自己的课堂，重新设计的情况。实际上这样的做法只让我觉得我备了很多的课，却没有一次是我满意的。

我尝试着去改变我的这种状态。

1. **保持希望**

在这节课的修改磨课过程中,我有一个很棒的体验——在课堂上保持希望感。在3.0版本试教的过程中,有一个班,学生讨论过程也是很混乱的。尽管我讲规则的时候很清晰,学生也表示没有疑问,但小组一开始讨论就热闹地炸开锅。由于教室场地挤,学生凑堆,老师引导干预效果也很有限。但是最后小组上交思维导图的时候,搞笑的语言表达背后却隐藏着他们真实的想法,小组之间也存在共鸣。真实的课堂就应该呈现学生最真实的反应,如果老师过于紧张学生的非预期表现,学生会感到不被接纳,一些感受和表达就会被阻断。课堂就是会有意外,允许可能会出现和自己预设不一样的情况,保持好奇心,学会等待,相信学生,也许峰回路转,别有风景。

2. **多一双眼睛**

多和不同学科的老师进行交流,他们对学生的了解比较深,对于学生的需求和发展有自己独到的见解。例如我们有一位很有经验的地理老师,上课总能根据学生的状态,适当地调整上课氛围和节奏,学生在他的课堂上也更容易集中注意力。当我向他请教时,他说:"学生会在不同的课堂上表现出集中程度不一的注意力,这里面涉及的因素有很多,如学生的兴趣、学生与老师的关系、学生的身心状态……"这给我一个启发:如果学生讨论的是一个具体的情景,表达起来会更容易。

有时候自己思路混乱,找我们的心理同行聊聊,表达的过程中,思路就会慢慢清晰。备完课之后,我尝试先给同事说一遍,会发现自己心理建构的思路被表达出来后,不一定和自己预设的一样。所以,上课之前一定要交流,从他人的感受去检测是否表达到位。当真正上课的时候,课堂的互动交流也会更顺畅。如果没有办法邀请到他人听课,那就自己课后多看看上课的录像,这样会更容易发现问题,找到自己需要提升的地方。

3. **在自我肯定中螺旋式成长**

在写这个课例之前,我对于自己的否定是大于肯定的。但是在边写边改的过程中,除了周围人对我的支持以外,我对自己也是有肯定的。例如学生在课上故意使用一些新奇的词汇,他们喜欢卖关子不告诉你,我就配合他们演出。下课的时候问他们最近在看什么视频或者关心什么主题,顺着他们的介绍一般都能很好地了解他们的语言风格和新奇词汇。偶尔结合他们最近关注的主题应用到心理课上的相关主题,很容易拉近师生关系。

　　因为回顾,发现自己真的用心过。也因为回顾,能更准确地看见自己的盲点。找准问题,反复琢磨修改,在反复中让一节课重新唤起生命,也让我重拾信心。正是这样的回顾,我学会在自己已有的基础上打磨,而不是捡了芝麻丢了西瓜。一节属于自己的好课在于自己的过程积淀,而不是总看着别人的好课望洋兴叹。

附录

让注意力更出彩

一、教学目标

1. 认识注意力的特点、类型和影响因素。

2. 探究学习生活中存在注意力不集中的情景以及提升策略。

3. 将注意力提升的策略应用到实际情景中。

重点：提升注意力策略。

难点：认识注意力特点。

二、教学过程

（一）课程导入：注意力小测验

视频看两遍，第一遍视频结束后，小组讨论：在不知道问题的情况下，如何提高第二遍结束后的答题准确率。第二遍视频结束后呈现问题。

问　　题	答案	核对结果√ ×
1. 曾小贤第三句台词是什么？	你是认真的吗？	
2. 第一场景背后的灯罩是什么颜色？	黄色	
3. 第二个场景共度烛光夜谁喝了交杯酒？	曾小贤	
4. 电影院中的座位号是几号？	6和7	
5. 黄色的烟花有几朵？	8	

策略分享：各小组分工策略？（预设小组分工策略：按故事情节、按场景、按人物、按时间……）

这几个很简单却又很难以回答出来的问题反映了学生注意力的有限性。

（二）认识注意力——注意力的分类

简单介绍注意力的类型：无意注意、有意注意和有意后注意。

（三）注意力提升策略的思维导图

1. 邀请全班同学自由表达自己在哪些时间段或情景内注意力不那么集中的情况。

2. 根据班级分享的注意力不集中的情景进行自主选择分组。

3. 用思维导图的方式呈现：小组成员分享自己的表现情况及提升策略。

（四）分享总结

小组分享的同时，其他的小组进行补充完善，通过各小组的作品总结发现注意力提升的策略。

【资源推荐】

1. 国家地理频道纪录片之《脑力大挑战》第一集注意力[EB/OL]. https://v.qq.com/x/page/a018758uoyx.html,2020-8-14.

2. ［美］理查德·格里格(Richard J. Gerrig)，菲利普津巴多(Philip Zimbardo). 心理学与生活(第16版)[M]. 王垒,王甦,等,译. 北京：人民邮电出版社,2003.

叫醒你的小耳朵

上海市青浦区协和双语学校　俞　晨

缘起：嘴比耳朵快

场景一：上课时，小文正在分享自己的情绪帽子，突然小力大声问："你那为什么画了个蝴蝶结？"小钱惊奇地叫起来："为什么那里空着没有涂色？"小浩兴奋地说："我和她这里画得一样呢！"此时，小文尴尬地站在台上，想要继续说下去，却被屡屡打断……

场景二：课间，正在办公室批作业。突然，两个男孩子冲了进来。"老师，他刚刚把我推倒了，你看，这都破了！""不是我推的，我刚刚跑过去没刹住车，才不小心撞到他了。但是我还没来得及跟他解释，他就急着来找你告状了。"

场景三：课间，几个学生正围在一起聊天。突然，一个女生生气地跑过来，跟我说："老师，他们都不听我说的话。他们说的时候，我都在认真听他们说。但轮到我说的时候，他们就不听了！"

这几个场景，也许在小学里并不少见。现在的小学生大都是独生子女，随着他们年龄的增长，他们希望表达自己的心声，获得他人关注、尊重的需求日益强烈。四年级的学生情绪表现较外露、容易激动，在和他人相处的过程中急于表达自己的想法，却不知道耐心地倾听，也不知道如何倾听。怎么让学生意识到认真倾听他人的心声是很重要的，并学会一些基本的倾听技巧呢？我打算把"学会倾听"引入他们的心理课堂。

热闹有余、思考不足的1.0版本

表22　教学设计初案

学会倾听			
活动目标： 1. 知道什么是倾听，明白倾听的重要性，养成认真倾听他人的意识； 2. 了解倾听的方法和技巧。 **重点**：知道倾听的重要性，并能总结归纳出倾听的方法和技巧。 **难点**：学会倾听。			
教学环节	活动流程	设计意图	备注
一、热身游戏，知道倾听	1. 热身游戏：大拇指伸出来。 2. 分享交流： (1) 有些同学第一轮就坐下了，为什么会做错？ (2) 现在还站着的赢家有什么获胜的法宝吗？ 3. 小结	引导学生在热身活动中理解课题——学会倾听，启发学生总结出活动获胜的法宝——不急于判断，认真听完指令。	8分钟
二、活动实践，深化体验	1. 画图活动：根据教师描述完成一幅图画，中间不能发问。 2. 分享交流： (1) 对比自己和他人画的是否一致？ (2) 为什么指导语相同，而大家画图的结果大不同？ 3. 小结	学生在画图活动中运用倾听的第一大招式进行体验，引出倾听的第二大技巧：不清楚时，适时询问。	15分钟
三、角色扮演，感受倾听	1. "倾听解密"活动 根据肢体语言任务卡上的要求，8名学生依次上台抽签表演，台下学生认真观察倾听者的肢体语言。 2. 体验互动 (1) 当你们看到倾听者这样的肢体语言时，你们有什么感受？ (2) 倾听者这样的肢体语言，会对你会产生什么影响？ 3. 分析倾听的肢体语言 思考讨论：倾听他人说话时，哪些眼神、表情、动作会有助于我们之间的交流？	通过角色扮演活动，体验体态语言在倾听中的作用，引出倾听的第三大技巧：说话时要目光接触，聚精会神地听，不做小动作。	10分钟
四、感悟收获	回顾收获，明确倾听的三大技巧。		2分钟

【课堂实录和反思】

课前我觉得环环相扣、有层次的活动设计可以调动学生的积极性,寻找倾听的技巧,但在实践中发现有些没有想到的细节还是会影响学生的思考、感悟,看似热闹的心理课缺乏了一些灵魂。

一、草草收场的游戏

在进行热身游戏"大拇指伸出来"时,有的学生做错了,但没有主动坐下。旁边同学纷纷催促:"你做错了,赶快坐下!","刚刚老师没说大拇指,你不能动啊!","你刚刚明明就动了一下,又缩回去了,犯规!"甚至有的同学还提醒我:"老师,小范做错了,但他不肯坐下"。

结果,游戏还没有玩起来,就引发了一场风暴,游戏只好中断。

本以为可以引起学生思考的第一轮游戏就因为纪律问题以失败告终。之后细细想来,也许游戏规则还不够细致。而自己为了推动游戏而游戏的方式,忽略了很多课堂生成中特别珍贵的东西。

二、尴尬的冷场

当学生做完热身游戏,我为了引导学生思考,问道:"我看到有些同学第一轮就坐下了,为什么会做错?"结果,大部分学生并不愿意举手分享。为了推动这个问题,我请了一个之前观察到的第一轮就做错的学生起来回答,但她一脸不悦,支支吾吾不肯说。

我恍然大悟:这种提问的方式会让本来就输了的学生感觉没面子,当然不愿意分享了。如果换一种提问的方式:"我看到有些同学没有玩完整场游戏,觉得有点遗憾,现在想想当时自己怎么做可以避免这种情况?"以此来引发学生的正向积极思考,引导学生在失败中寻找原因,学生的接受度会更高。

三、缺乏自我修正的尝试

有几个学生遗憾不已地说:"唉,如果我当时问了,肯定能和老师说的画的一样。""是啊,要是再来画一次,我一定要问清楚!""老师,我们能不能再试一次?这次你告诉我们图形的位置和方向。"

因为当时我担心时间安排不够,急于进入下一个活动环节,没有给学生再次尝试和体验的机会,也使学生失去了一次自我修正的机会。

四、没架好课堂和生活的桥梁

"哈哈,你看他表演得真搞笑","你演的啥呀?看都看不懂!"为了表演而表演,看热闹的兴趣多于静下心的思考。放得太开,最后又未能及时收回来。

角色扮演的方式并没有真正引导学生发现隐藏在自己行为表现中影响倾听的小秘密,也感受不到不良的倾听方式对于双方的交谈情绪、进程有什么影响,课堂和生活联系不紧密。

精雕细琢,从学生出发的 2.0 版本

对于初稿设计在课堂实践中出现的问题,我反复斟酌,进行了以下调整:

一、设游戏监督员,保证游戏纪律

为了让游戏有序进行,我对"大拇指伸出来"的游戏规则进行了补充。

1. 游戏前请学生上来进行示范。

2. 设置 2 名监督员,当同学做错时走到身边,轻拍肩膀提醒坐下。其他学生只用管好自己,不用管其他同学。

二、改变指导语,制造思维冲突

在学生画好之后我提问:"同学们,你们确认刚刚都听清楚我的指令了吗?并都是按我的指令画图的?"当学生确定后再让小组同学对比图案,从而引发学生更大的思维冲突——为什么我认真倾听老师说完话,还是会和别人画得不同呢?从而更有兴趣深入探究倾听的深层次技巧。

在学生分小组对比时,教师巡视并选择几幅不同图案的作品贴在黑板上展示。通过强烈的对比,引发学生思考"怎么在认真倾听的基础上,准确把握老师描述的内容,减少倾听中的信息流失、扭曲?"这样,学生能够自己总结出倾听的第二

大技巧。

三、两次画图，在对比中自我修正

活动中暂时的失败，其实是非常宝贵的深入探索的机会，会让学生有更多由内而外的思考。增加二次画图的机会，允许发问。学生对比两次画图结果，就更能在对比体验中自我修正，产生水到渠成的感悟。正如罗杰斯所言"体验才是最高的权威。通过体验去检验一个人的谬误，从而使他得到自我修正。"

四、回归实际生活，联系自身思考

舍去角色扮演，带领学生回归真实的生活交谈场景——寻找生活中良好/不良的倾听行为表现实例，拍成视频。激发学生已有的感性经验，让学生来观察、找茬，映射出隐藏在自己身上如出一辙的不良倾听行为方式：东张西望、做小动作等。体会视频中不良倾听行为对说话者的情绪影响，引发感悟"原来我的肢体动作、神态表情也会影响我和别人之间的交谈呀！"最终通过头脑风暴，自己总结出实际生活中有助于交谈的倾听行为表现，这对于学生今后的自我改变也许会有更大的推动作用。

【课堂实录和反思】

2.0版本的课堂，使学生真正成为了课堂的主人，在不断体验、思考、辨析中收获了倾听的技巧。

镜头1：投入的体验

"游戏的过程中，监督员会轻拍提醒做错的同学，其他同学不需要管别人哦。"

大部分学生都能将注意力集中在自己做游戏上，偶尔有一两名学生忘记了规则，叫起来："老师，他做错了，监督员没看到。"

"老师知道你是好心要提醒做错的同学，但是你还记得我们的游戏规则吗？"之后，即使偶尔有几个学生忍不住要提醒，监督员指了指耳朵，他们也能马上投入到游戏中。

这次游戏整个过程有趣而有序,学生在体验中感受到了倾听的重要性,并由游戏产生了很多思考,知道不仅要认真、仔细地听,还要耐心地听完话,之后再做出判断。

镜头2:迸发的思维火花

"大拇指伸出来"游戏结束后,我询问那些第一轮就坐下的学生:"现在想想自己怎么做可以避免这种情况?"学生似乎更愿意和我分享:"如果当时我不只图快,而是听完你的口令,就不会出错了。""我觉得行动比思维慢一拍,可能会更好。""其实只要抓住'大拇指'这三个字,再判断该做什么反应就更好了。"

画图结束后,小组在对比各自的图时争论不休:"你怎么画成这样?不对!""我们的怎么都不一样啊!""奇怪了,是不是我听错了、画错了啊!"这时,我马上追问:"大家都很奇怪为什么认真倾听老师把话说完了,还是会和别人画得不同呢?"马上就有学生反应过来:"老师,是你说得不够清楚!""对呀,你没说画在哪、画多大呀!""是啊,而且每个图形之间是什么关系呢?"我感受到思维的火花正越来越旺,顺势问大家:"所以你们觉得光学会倾听的第一大魔法咒语还是不够的,那么一个好的听众还需要怎么样?"学生马上就明白了认真听完是远远不够的,不懂的地方还要及时询问。

微妙的引导语,就像扔入平静河水中的一粒石子,激起了千层浪花。老师只需要一步步引导,学生就能自己发现冲突之处,找到问题的根源,成为课堂探索的主人。

镜头3:走进生活的倾听

看完第一个视频后,学生感触颇深:"那个女生有点不耐烦。"

"哪里可以看出来?"

"她虽然一直坐着那里听男生说话,但是一会东张西望,一会玩弄手边东西,好像不想听一样。"

"是啊,体态语言出卖了她!"

另一名学生说:"我感觉那个说话的男生好无奈哦,最后似乎有点生气了。"

"对呀,不良的倾听表现还会影响交谈呢!"

看完第二个视频后,学生惊讶地说:"哇,只是聊聊天,那个女生竟然送了男生一张游乐园的门票!"

"这是为什么呢,你观察到了什么?"

"那个男生对女生说的话表示很感兴趣,所以女生一高兴就送他票了。"

"从哪里可以看出来男生很感兴趣?"

"他眼睛看着对方,专心致志地听,也没做小动作。"

"那你身边有这样的同学吗?能说说看你观察到了什么吗?"

将真实生活情境中的交谈以视频的方式呈现出来,就如一面镜子,照出了学生平时没有意识到或认为微不足道的影响倾听的表现。而视频中学生的良好倾听行为的呈现,更是抛砖引玉,引导学生尝试观察、寻找并分享同伴身上的良好倾听表现,强化了学生将课堂所学用于生活的意识。

不过,由于自己对学生生成的敏感度不够,临场反应也不灵活,对课堂中出现的预设以外的小插曲的处理和应对不到位。

镜头4:闷闷不乐的男生

学生看完视频,小组头脑风暴的时候,一个男生正在小组内发言,同组女生觉得他说得不对,就打断了他的发言。男生突然情绪非常激动,退出了小组讨论,坐在一旁椅子上生闷气。

当时我因这个突如其来的冲突有点不知所措,怕影响课堂呈现和教学过程,只是简单地安慰了一下男生,然后忐忑地上完了之后的课程。后来听课的老师提醒:"这个小冲突其实就是最好的课堂材料,何不用好这个鲜活的材料,把最后一个环节对视频的头脑风暴直接改成对这件事的头脑风暴?"是啊!如果当时我灵活一些,舍弃预设的教学过程,在这个活动后请同学就这个课堂现成的例子进行讨论,或许学生的感受会更深。

体验,感悟,内化
——与同行分享探讨

心理情境是学生产生心理体验的基础。在选择心理活动时,只有了解学生的心理特点、学习情况,才能真正为学生提供适合驰骋的体验空间;在设计问题及指导语时,只有能够引发学生的心理冲突、思维冲突,才会使学生在心理活动课中真正获得心灵上的成长;在面对课堂生成时,只有学会随时关注学生,才能抓住契机,引导学生及时体验,内化所得。

一、巧妙设问,引发思维冲突

小学生正处在思维发展的重要时期,在学习方面会遇到各种各样的困惑或问题,如果在他们学习知识时能够培养他们在掌握原有知识的基础上,对教师所讲内容不断思考,在原有知识和现有知识发生矛盾、冲突之时,能结合自己原有的知识提出问题、进行批判,并在活动中体验、求证,解决自己的疑问,从而对原有知识进行舍弃、修正、增添,完成自己知识系统的更新,这样才能提高课堂的实效。本堂课每个问题的设计都是为了一步步引导学生思考,发现矛盾、冲突之处,在错误中学习,在不断的思考和讨论中领悟要领。

比如:在两次画图活动后我都让学生思考:"是否确定画出了老师心中的图案?"而两次结果截然不同:第一次画图活动后学生都暗自猜测,但没人敢确定;而第二次画图活动后学生则自信满满,纷纷举手确定。借助两次不同的学生表现,我及时引导学生思考"是什么让你对两次画图结果持有如此不同的态度?"从而激发学生的深入思考——问和不问差别很大,别人说和我们听之间存在着一定差异。

二、把握预设和课堂生成的平衡

课堂中有很多宝贵的生成资源,有些是之前预设到的,比较容易关注到,可以引导学生根据预设一步步体验、感悟、内化。而有些是意料之外的,需要考虑预设和课堂生成之间的平衡,灵活调整教学过程。

比如:学生在"大拇指伸出来"游戏过程中,急于提醒做错的同学而打断了游戏,这是预设中我并没有考虑到的,但这是一个非常好的契机,能够引导学生切切实实地明白倾听的重要性。学生在第一轮画图活动中被吊起了再次尝试的胃口，是需要按照预设继续完成下一环节活动，还是给学生再次体验画图的机会，这会使学生有完全不同的体验感。学生在头脑风暴时，因嘴比耳朵快而产生冲突，这其实是非常好的课堂生成实例，可以舍去预设环节的视频讨论，改为当下事例的讨论，也许会使学生收获更多。

附录

叫醒你的小耳朵

◆ 活动目标

1. 知道什么是倾听,明白倾听的重要性,养成认真倾听他人的意识;
2. 了解倾听的方法和技巧。
3. 在生活中愿意尝试有效倾听他人。

重点:知道倾听的重要性,并能总结归纳出倾听的方法和技巧。

难点:学会倾听,并在生活中愿意有效倾听他人。

◆ 活动流程

一、热身游戏,知道倾听

1. 游戏规则

(1) 当听到"大拇指伸出来"、"大拇指缩回去"时,请做出相应的动作,而听到"伸出来"、"缩回去"时则不做动作。所有同学都先站起来,听到口令后做错的同学自动坐下,所有口令结束后还剩下的同学获得本次游戏的胜利。完成游戏后所有人都坐下。

(2) 设置两名游戏监督员,当有同学做错时,到旁边轻拍提醒坐下。

2. 分享交流

(1) 我看到有些同学第一轮就坐下了,现在想想自己怎么做可以避免这种情况?

(2) 那我要来采访一下现在还站着的赢家,你们获胜的法宝是什么呢?

3. 小结

二、活动实践,深化体验

1. 画图活动

活动规则:根据老师的描述完成一幅图画,不能发问。

2. 分享交流

(1) 你们确认刚刚都听清楚我的指令了吗?并都是按我的指令画图的?

(2) 你们看看自己画的图形形状和周围同学画得是否一致呢?

（选 4 位学生的作品贴在黑板上展示）

（3）为什么我的指导语一样，大家画图的结果会是如此不同呢？

小结：很多时候，我们都认为自己认真听别人讲话了，也以为自己听懂了别人的话。然而在别人说和我们听之间却存在着一定的差距。

3. 再次画图

活动规则：根据老师的描述完成一幅图画，可以适时举手发问。

4. 分享交流

（1）大家看看正确的图形，这次你们画对的有多少？为什么比上次好？

（2）这个活动中你们有什么感受？

5. 小结

三、联系生活，学会倾听

1. 观看视频

思考：观察一下听众的哪些行为表现会影响他们的交谈？

2. 分享交流

（1）视频中的女生听得怎么样呢？有哪些不太受欢迎的行为表现？

（2）女生的行为表现对男生说话是否有影响？男生当时的感受怎么样呢？

3. 观看视频，头脑风暴

（1）观看视频：观察视频里的听众受欢迎的行为表现。

（2）头脑风暴：倾听他人说话时哪些眼神、表情、动作会有助于我们之间的交流吗？

（3）分享交流。

（4）小结。

4. 感悟收获

【资源推荐】

1. 严文华. 透过心理图画看中学生[M]. 上海：华东师范大学出版社，2019.

2. 公众号：心理视频.

3. 公众号：CNPT 儿童游戏咨询 Play Therapy.

小玩笑里的大学问

上海市继光初级中学　丁舒萍

2018年4月,"米脂惨案"让全国震惊,《悲伤逆流成河》、《少年的你》也陆续上映,"校园欺凌"持续成为热搜话题。校园本是色彩明亮、节奏温柔、岁月静好之地,但对于少数孩子,校园也会成为恐惧的滋生地。尽管我们生活在文明和法治程度高度发展的上海,殴打、勒索等欺凌行为极少发生,但青春期的初中生,情绪较为冲动易激惹,加之网络欺凌、关系欺凌等具有隐蔽性。因此,如何与学生谈欺凌的话题,校园欺凌有哪些形式、谁会成为校园欺凌的受害者、遭遇校园欺凌后我们可以怎么办等问题一直萦绕在我的脑海中。彼时恰逢上海市第七届心理健康教育课大赛准备期,于是,我着手设计了"伴你同行"一课。

【从1.0版本的思品味心理课→3.0版本的心理课】

一、有思品味的1.0版本

(一)教学目标

了解什么是校园欺凌,能够辨别校园欺凌行为。

能够自主自觉自发地成为助人者。

(二)教学设计

设计时,我的教学重点放在学生成为自发的助人者,通过"平整的纸张"、"被揉成团的纸张"、"一张打开了布满褶皱的纸张"3张纸的视觉对比,感受欺凌带来的心理创伤,并引发积极作为,成为陪伴者和守护者。但课堂上,前半段在进行认

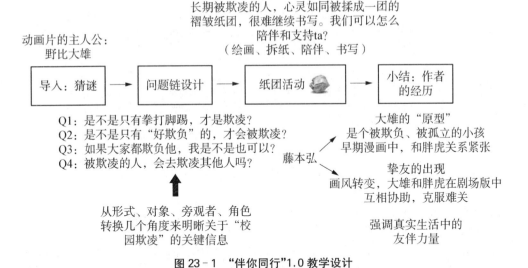

图 23-1 "伴你同行"1.0 教学设计

知层面上的梳理时,同学们的回馈和讨论是渐入佳境的,用时半节课。当理性脑处于兴奋状态时,进入到纸团活动的感性铺垫则显不足,导致课堂上出现了"割裂"感。课后,综合各位观课老师的意见,觉得本节课需要进一步思考。

1. 授课重点是对欺凌的概念性梳理,还是活动感受?

从授课时间来看,欺凌的概念性梳理(问题链)和纸团活动耗时大致相同(15分钟左右),这导致课的心理味不足,和思品课撞车。心理课着重学生的感受生成,思品课注重的是"超我""理性"层面。在问题链 Q3 中,"如果大家都欺负他,我是不是也可以这么做?"该提问首先是个封闭性问题,不利于信息的深入采集,其次,这是在对超我提问,在公众场合的回答一定是经过防御的、意识层面的,显然是无效问题。

2. 对于六年级,纸团活动是否有"高度抽象"的困难?

"长期被欺凌的人心灵如同被揉成一团的褶皱纸团,很难继续书写",这句话在理解上就略显困难,难以共情,那么接下来在回应上,也是没有情感唤起的回答,在分享上易显得"空洞",流于"喊口号"。

针对这两个问题,我对教学设计进行了修改。

二、局部修改的 2.0 版本

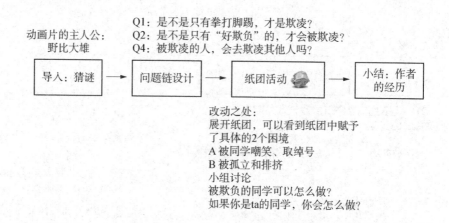

图 23-2 "伴你同行"2.0 教学设计

此次改动，我删去了问题链中的 Q3，并将纸团活动具体化，将较为常见的两类困境作为案例来讨论。四个小组分别认领问题：如果你是当事人小张/小雯同学，你会怎么办？如果你是 ta 的同学，你会怎么做？

赋予了情境的讨论尽管不空洞，却发现问题指向的是"策略"（即怎么办），跳过了感受、想法。此外，授课后，我也发现同学们似乎对"欺凌"这个词产生了"上

困境 1

大卫常嘲笑小张长得胖，并叫他"万吨轮"
放学回家等公车时，大卫说"万吨轮"一个人能塞满整部车
应该买100张票，让小张把自己的车票也给买了
面对大卫的讽刺挖苦，小张敢怒不敢言

困境 2

把她踢出群聊

屏蔽朋友圈
朋友圈不可见

虽然不是很熟,
也觉得她特爱"装"

大家都不要理她

这个发型好搞笑 +1

小组活动不和她一组

……

小雯受到了班中其他几个女生的排挤
在学校里,她们不和小雯说话
放学后,大家在微信、QQ上开始议论小雯
并约定一起"屏蔽"、"拉黑"她
小雯觉得每天都过得很压抑、很孤独

图 23-3 教学设计中的学生困境图解

纲上线的热情",将委屈甩锅给"被欺凌"。如有同学反映"纪律委员欺凌我"(经调查,是因为纪律委员在班级日志上写下了该同学在课堂表现上需要改进的行为),也有同学将彼此之间的日常嬉闹笑称为"欺凌"。虽然这是偶发现象,但在孩子们在意识增强之后,一定还需要强调下"欺凌"和"玩笑"的边界,老师可从力量/地位/情绪不对等、旨在伤害、是否存在进一步侵害的威胁和引发恐惧感四方面引导学生进行区分(《如何应对校园欺凌》,芭芭拉·科卢梭,华东师范大学出版社,2017)。中预年级学生的年龄特点也决定了孩子们日常小打小闹的对话和交往方式。"玩笑"一定是比"欺凌"更能引发他们真情实感的话题。

由此,慎重思考后,我将教案主题重新定位,确定为"'玩笑'二三事"。

三、看似"降维"的 3.0 版心理课

3.0 版本因为主题发生了变化,所以我对教学目标和设计也进行了重构。

(一)教学目标

了解每个人对玩笑的接受程度不一样。

知道开玩笑时需遵循的通用法则。

学会用积极的方式去修正和应对生活中的一些"玩笑"。

（二）教学设计

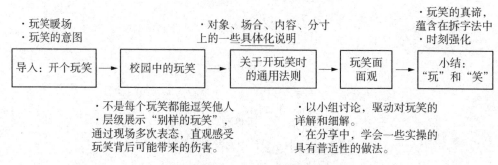

图 23-4　3.0 版本的教学设计

当这节课从"欺凌"逐步"降级"成"玩笑"后，虽然话题的分量看似变轻了，但距离同学们的生活状态更近了。上课时我能感受到同学们的课堂思维状态相对"松弛"了很多，卸下了"超我"的防御。而且所谓"防微杜渐"，在"玩笑"二三事的讨论中，感悟了开玩笑的准则之一便是心中有他人。玩笑是双方互动的过程，其实也是同理心的训练。能够感受他人、同理他人后，就不会去扮演欺凌者，而会成为一名助人者。

【课堂实录】

在 3.0 版本的试教当中，有以下几个方面值得分享。第一就是关于案例材料的层级化呈现。"案例分析"是心理课较为常见的环节设置，旨在引发同学们的看法和思考。诗文写作有"起承转合"，那么在素材呈现时，我们也多花些心思，让材料呈现多一些悬念、多一些层次，争取把案例材料变成一个有画面感的故事。我对教学设计中的"吃霸"事件进行了层级化的呈现，并在每个阶段，请同学们进行"接受"或"拒绝"的表态。以下为教学呈现和部分同学回答的摘录。

一、同学们对于"别样玩笑"的表态和解读

表 23-1　不同场景下的学生意见梳理表

具体场景	觉得可以接受	觉得不能接受
场景一：班上有个女生小凡胃口比较好，同学给她取了个绰号"吃霸"。	• "霸"这个词是褒义的，如"学霸"、"吃霸"挺有创意。 • 如果他们关系很铁，那完全没问题。 （略）	• 拿女生的饭量来开玩笑不是很尊重她。 • 胃口大也不是吃你家大米，不应该开玩笑，这是取绰号，让女生没面子。 （略）
场景二：有一天，午餐后，小力把其他五位同学的饭盒叠在了她的饭盒上，并惊呼："我去！吃霸你一个人吃了六盒饭！"	• 因为大家都知道，这五盒饭并不是小凡吃的。 • 大家估计会觉得很好玩，笑笑就过去了。 （略）	• 说女生胃口大，而且还那么夸张，是不会有女生喜欢这样的。 • 如果小凡是比较敏感的女生，那她一定很难过。 （略）
场景三：同学们见状，立刻围观，小力用手机从后面拍下了照片。	（无）	• 这侵犯了他人的肖像权 • 不怀好意，拍别人照片会别有用途。 （略）
场景四：小力拿着手机，对其他班同学说，"看看看！你们班有学霸，我们班有吃霸"	（无）	• 其他班的同学怎么看小凡，会觉得这个女生胖、爱吃。 • 这是在讽刺和挖苦。 • 以后每天吃饭，说不定小凡都会成为被嘲笑的对象。 （略）

在刚才的四轮表态中，同学们有什么发现？为什么越到后面，同学们越偏向于这是不合适的玩笑呢？

在第一第二阶段，同学们的态度和意见是有差异的。但随着事件的发展，涉及到照片和其他班同学时，同学们的态度就普遍一致起来，认为这是个开大了的、过分的玩笑。在聆听同学们阐述态度转变原因时，我再次补充了"尽管小力觉得我只是想要皮一皮，但无意的玩笑也会伤人，开玩笑的人觉得好玩，在被开玩笑的人看来却并非如此。"

在此基础上，课堂则自然转入了下一个"玩笑时的通用法则"的话题讨论。

图 23-5 "吃霸事件"的教学 PPT

有趣的表情包和学生的配音,让素材更加有趣

二、校园玩笑面面观的小组讨论

该环节中,我选取了 4 类较为常见的校园玩笑作为素材(推搡他人、藏同学的书、传绯闻、取绰号),通过当场投票的方式选出其一作为讨论主题。结果显示,班中大多数同学选择了发生在"毅达"身上的故事来做讨论。讨论开始前,我请同学们猜一猜,家长给他取名"毅达",是寄托了什么期望? 或许是希望他成为一个"有毅力,能够达到目标的人",就和我们姓名的独特意义一样。毅达因为名字和口香糖重音,而且"餐后嚼一嚼"、"要两颗一起哦"的广告语更是深入人心,所以毅达成为了"一种零食"、"一种被嚼"的食物,这让他很困扰。对于此情况,我设置了如下 4 个小组讨论问题。

表 23-2 小组讨论和现场回应生成表

小组讨论	现场生成	备注
第一组:这个玩笑会带来哪些影响?	• 毅达同学可能会怪爸爸妈妈,如果爸爸妈妈不理解,他们可能会关系紧张。 • 害怕被点名,被同学嘲笑,或许会不喜欢这个集体,不愿意来学校。	强调有时一个小小的玩笑,会引发意料之外的连锁反应。

续 表

小组讨论	现场生成	备注
第二组：如果这个玩笑已经让他不开心了，开玩笑的人可以做哪些事来弥补？	• 及时去和对方道歉，告诉他自己并不是那么坏，不想看到他那么不开心。 • 可以让他也给自己取个绰号，或者告诉他自己也有很多绰号的，大家握手言和，不再开这个玩笑。	可适当追问，用什么样的方式、语气，在什么场景下是比较合适的？
第三组：被开玩笑的人，可以如何表达自己的感受，来应对这个玩笑？	• 及时和对方说清，让他不要拿爸妈取的名字随意说笑。 • 可以去听听朋友的意见。	可适当追问，如果对方就是不听，故意继续这样/甚至升级，那么可以怎么办？会不会考虑向老师/家长求助？
第四组：如果你恰巧看到了，你会怎么做？	• 会给开玩笑的同学一些提醒。 • 会鼓励和安慰那个被开玩笑的同学，和他/她做朋友。 • 可以和他/她一起去和对方澄清，给他/她一些勇气。	发现一些值得推广的具体内容，如怎么鼓励、怎么提醒，和大家一起分享。

这一部分的分享中，蕴含了同学们的同理心，还有大家的理性思考。小组整合，归纳萃取之后，可以有一些"警示"作用（如对于一些敏感的同学，或许你的笑点戳中了他的痛点，让他产生退缩行为等），也会有一些具体的实操的、普适的行为建议，帮助我们来修正一些玩笑产生的消极影响。此外，在该环节结束时，我也向同学们进行了强调，看似我们只讨论了一个案例，但我们的思考、策略和方法，在其他情境中也是完全适用的。

三、关于"小凡"的彩蛋

在课程上半场，"吃霸"事件的分层呈现，似乎让同学们树立起了"小凡是被开了玩笑"、"被同学们娱乐了"的"悲惨"人设，她应该会觉得脸上无光，闷闷不乐，这是"情理之中"的。不过，在课程后半场，当提到"被开玩笑的人可以如何应对时"，我们再次请出了"小凡"同学。当她说出"世界上最宽广的是海洋，比海洋更宽广的是心灵。比我的心灵更宽广的，是我的胃。区区六盒饭算什么，扶朕起来，朕还能吃六十盒。"这一段机智幽默的话时，这个意想不到的彩蛋收获了同学们的欢笑和赞扬，有同学当下表示"这波操作666"。如此巧妙回应，既化解了尴尬，又凸显出了自己的大气。

之所以设置这个彩蛋，有以下两种原因。其一是首尾相应，做到素材的充分使用，在对吃霸事件深入解读时，小凡同学作为主题人物，在课堂后半场再次登场，加深了同学们对她大度、雅量的印象。其二则是向同学们传递的一个理念，面对不快时，适度的幽默感，可以帮助我们化解困境，在尴尬和困境中获得一些从容，获得一些进退自如的空间。

【与同行分享与探讨】

一、平实也精彩

一堂"好课"的标准是什么？是活动设计很新颖？学生反应很热烈？还是学生在课前和课后，确实是在内心发生了些变化，获得了些启示，从而行为上有所改变？

学生日常生活中的"玩笑"，往往因过于平凡朴素，所以习焉不察。但当我们将"玩笑"这件事置于放大镜下，全方位解读以后，会发现"玩笑"的复杂性，其中涉及到了幽默的尺度、表达的分寸、对他人的尊重、裂痕的修复、尴尬的体验、以玩笑为名的欺负……虽然这些因素无法在课上面面俱到地讲解，但是都指向了一个核心，即心中是否有他人。开玩笑时加强"心中有他人"意识，这是良好自我人际关系建立和维护的基础，亦是对同理心很好的培养。

"治大国如烹小鲜"，好课亦然。心理课需要我们停一停，慢一点，对朴素话题想得更多一些，在了解学生学情的基础上，从实际出发，尊重学生的身心规律，在多方倾听、细致观察的基础上，选取话题，进行探讨。

此外，本课聚焦的是校园生活中同伴间嬉戏、打闹类的行为，并非指以主观恶意为出发点，对他人进行蓄意羞辱或攻击的行为。但是，我们也需要看到，校园生活中也存在打着玩笑的幌子，实则欺凌的行为。"欺凌"这个"锅"，"玩笑"可不背。所以在本课之后，可以衔接2.0版本"守护阳光，伴你同行"的部分内容，继续辨析和澄清两者的区别。

二、小组讨论中话题深度与时间的平衡

心理课常有小组讨论，教师最担心的就是学生回答跑题、重复回答、深度不够、时间不可控、呈现不到位等。在我这次设计的讨论环节中，我呈现了校园内 4 起让人觉得"糟心"的玩笑事件，请同学们选取其中一例作为主案例讨论。这样既凸显了课堂的自由度，又充分尊重了学生的兴趣点，让他们有话可说。当然，教师事先要做好充足的预案，如表决结果有并列怎么办，有少数学生坚持要讨论某个话题怎么办，等等，这是心理教师经常面临的挑战之一，也是心理教师必须修炼的基本功之一。

当主案例出来以后，我从不同角度提出 4 个问题，对于重点问题，可以有 2 组来讨论，那么最后呈现出来的就是比较多角度和系统的学生回答。问题分配也很简单，PPT 制作时，4 个问题用不同的颜色底板，然后同学们根据桌子上回答纸的颜色来回应就可以，不会产生分配问题的时间消耗。

三、如何恰当地回应学生

心理课上学生的回答未必都在教师的预料当中，所以如何恰当地回应学生很考验老师的教学机智。如问题 1"拿别人名字取绰号这个玩笑，对当事人会有什么影响？有没有什么风险？"有同学回答："他可能会一直不开心，然后自残，甚至自杀。"我当时是这样回应的："如果这位同学他很敏感又不善于表达，那真的可能会很不开心，做出一些伤害自己的行为，是吗？谢谢你给大家的提醒。"在问题 3"被开玩笑的人，可以如何表达自己的感受，来应对这个玩笑？"中，一位同学说道："被开玩笑的同学可以去和开玩笑的同学说，让他不要这样，自己不喜欢"，我对他的回应就是："嗯，我感觉到这位被开玩笑的同学他是一个有力量的同学，知道为自己发声。"在倾听学生回答的时候，教师迅速开始思考他对这个问题的理解和假设，那么反馈的时候会更有底气一点。想得比学生深一层，并把这个思考反馈出来。这和我们在心理咨询时的状态也是息息相关的。能够做到同感的咨询师，在

课堂上回应学生时,我们也会贴学生更近一些。

> 如果我听到上面两位学生的回答,我会怎么回应:
>
> 学生A:他可能会一直不开心,然后自残,甚至自杀。
>
> 我可能的回应:
>
> 学生B:被开玩笑的同学可以去和开玩笑的同学说,让他不要这样,自己不喜欢。
>
> 我可能的回应:

附录

"玩笑"二三事

◆ 活动背景

校园里每天都有各式各样的玩笑发生,幽默的玩笑是友谊的甜味剂,给学习生活带来乐趣。但不是所有玩笑都能逗人发笑,恶意的玩笑会伤人,无意的玩笑也可能带来不愉快,每个人对玩笑的接受程度也不同。因此,本课以"玩笑"(指校园生活中同伴间嬉戏、打闹类的行为,并非指以主观恶意为出发点,对他人进行蓄意羞辱或攻击的行为,与"欺凌"相区别)为主题,和学生们共同来探讨校园玩笑会引发的不同心情和感受。引导同学们思考玩笑尺度,调整自我行为,促进人际友善发展。

◆ 活动目标

1. 了解每个人对玩笑的接受程度不一样。
2. 知道开玩笑时需遵循的通用法则。
3. 学会用积极的方式去修正和应对生活中的一些"玩笑"。

◆ 活动重点

培养开玩笑时需要顾及他人感受的意识。

◆ 活动难点

学会在行动上恰当地、自主地去修正和应对生活中的玩笑。

◆ 活动过程

一、导入:开个玩笑

1. 老师现场和同学们开个玩笑
2. 请同学猜一猜老师开这个玩笑的原因

设计意图:暖场,点明玩笑可以调节氛围,拉近距离,逗乐彼此。

二、别样"玩笑"

1. 校园中大家会开哪些有趣的玩笑?
2. 是不是每个玩笑都可以让我们笑出来?

3. "吃霸"事件——小凡的经历

（1）指导语：请同学们聆听一则校园中发生的"玩笑"事件，在"玩笑"的每个阶段用表情牌来表明态度。

- 班上有个女生小凡胃口很好，同学给她取了个绰号"吃霸"
- 午餐后，小力把其他五位同学的饭盒叠在了她的饭盒上，并惊呼："哇塞！吃霸你一个人吃了六盒饭"
- 同学们见状，立刻围观，小力用手机从后面拍下了照片
- 小力拿着手机，对其他班同学说，"看看看！你们班有学霸，我们班有吃霸"

（2）每个阶段采访持不同态度的学生，请学生阐述观点。

（3）采访学生对这起事件态度发生改变的原因。

（4）小力的初衷："我只是想要和她开个玩笑"。

设计意图："吃霸"事件引出无意的玩笑可能会伤人，玩笑发起方觉得好玩的事情，在接收方看来却并非如此。表情牌直观展示出我们对玩笑的接受程度不一样；学生对层级化材料态度的转变说明开大了的玩笑会引发伤害。

三、开玩笑需要注意的通用法则

（对象）因人而异

（内容）不揭人之短，伤人自尊

（场合）庄重严肃场合，慎开玩笑

（分寸）把握尺度，留心对方的感受

……

四、"玩笑"面面观

1. 微调查，校园内最不受欢迎4类玩笑事件（用案例具体化呈现）

- 课间，小王故意将小赵向隔壁女生那儿推搡
- 小浩趁着小英不留意的时候，将她的作业本藏了起来
- 中午，小强和小彤一起去图书馆还书，小张看到后，在晚上更新了他的QQ说说，"强哥终于和本班女神同框了"
- A同学名叫"毅达"，意为"有毅力者事竟达"，班上同学将他名字与口香糖相划等号

2. 同学现场选取一个玩笑事件进行讨论

3. 小组讨论:

(第一组)这个玩笑会带来什么影响?

(第二组)如果这个玩笑已经让对方不开心,开玩笑的人可以做哪些事来修正/补救?

(第三组)被开了玩笑的人,可以如何去表达自己的感受,应对这个玩笑?

"吃霸"事件中,小凡的应对"大人有大量"

(第四组)如果你恰巧看到了这起玩笑事件,你可以做什么?

4. 小组分享

设计意图:选取校园中较为常见且不受欢迎的玩笑素材,进行多角度探讨,学会用积极的方式去修正和应对一些开大了的玩笑,为玩笑的发起方、接收方、旁观者提供一些实操性的处理方法和行为建议。

五、课堂小结

"玩"轻松有趣的方式,双方都能接受。

"笑"放松心情,拉近距离,增进好感。

【资源推荐】

1. [美]芭芭拉·科卢梭. 如何应对校园欺凌[M]. 肖飒,译. 上海:华东师范大学出版社,2017.

2. 知乎盐选专栏:人性张力-有趣的学问:开玩笑? 开什么玩笑!

(本课荣获上海市第七届心理健康教育课大赛初中组一等奖)

宽容有智慧

上海市格致初级中学　张依娜

缘起：引发灵感的心理调研

在日常咨询中，我发现许多同学在面对同伴间发生矛盾、冲突事件或无法原谅的事情时，往往不知道如何处理。在关于"如何应对别人对自己的不当行为"的心理小调研中，学生通常选择默默忍受或以牙还牙或绝交，极少有恰当的回应方式。这折射出两种较为极端的现状：一是不善表达情绪，选择没有原则的沉默；二是以自我为中心，不善以宽容的心态理性处理人际问题。

"宽容"是道法课中经常谈及的主题。其实，宽容不仅是一种良好的心理品质，包含尊重和理解，更是一种人际交往的能力。当心理课遇上"宽容"，会怎么样呢？我决心来一次自我挑战，以"宽容"为主题，上一节有"心理"味的人际交往活动课——"宽容有智慧"。

这节课最后获得第七届上海市中小学心理健康教育活动课大赛初中组二等奖。这是我职业生涯中浓重的一笔，让我对如何上好一节心理课有了更加深刻的理解与体验。

1.0版本：被割裂的"知"、"情"、"行"

在1.0版本设计中，我以调研问卷中收集到的学生故事为蓝本，将情境体验贯穿始末，借助角色扮演、故事讨论等形式开展课堂教学。

表24-1　教学设计初稿

宽容有智慧			
【教学目标】 1. 体验宽容带给自己的感受及对人际关系带来的积极影响,感受宽以待人的积极情感; 2. 学习宽容处理别人对自己的不当行为,培养宽容有度的交往能力。			
教学环节	活动流程	设计意图	备注
一、导入	1. 教师分享一则自己曾被冒犯,但别人没有道歉的经历。 2. 学生分享个人感受与经历。	通过话题交流导入课题,调动参与热情与动机。	3分钟
二、角色扮演:事情发生之后……	1. 呈现情景剧(上)"事情发生之后……" 2. 学生分组,抽取"同学的回应"或"凯文的心情与想法"角色扮演卡,依据指示演绎情景剧结局。	通过角色扮演与讨论,了解当面对他人过失时,不恰当应对方式会带来的情绪及影响。	12分钟
三、故事讨论:原来如此	1. 呈现情景剧(下)"原来如此"。 2. 学生留意故事中哥哥的表现及凯文的反应,并联系个人生活经历进行反思。	通过故事讨论感受宽容的积极意义,理解如何怀宽容之心应对他人过失。	10分钟
四、成长行动:我们的世界	小组合作,以宽容的心态解决自身事件。	透过亲身实践感受宽容对人际关系的积极作用。	14分钟
五、收获感悟	以小诗寄语的方式回顾总结。	深化所学、所感、所悟。	1分钟

我的设计初衷是:先请学生体验不同处理方式引发的情绪与后果,再讨论宽容待人的处理方式。但试教后的感受是:时间很赶、现场很乱,尝试用宽容心态处理人际问题的亲身实践环节,根本来不及开展。

首先,活动安排头绪过多。

"角色扮演"侧重让学生感受面对他人的过失,不同应对方式带来的情绪感受及后续影响;"故事讨论"则是通过讨论及反思,感受宽容对人际关系的积极意义,讨论宽容的具体做法。两个活动其实都在讨论如何宽以待人,但这种先体验,再讨论的设计,人为地割裂了感受层面与认知层面,既耽误时间,又没起到应有效果。而同学的"三种不同回应"与凯文的"三种心情和想法"(其中一张由学生自行设计),通过各组抽签会产生多种剧情组合,导致课堂"讨论点多、难以聚焦",教师没有时间追问与引导,匆匆走过场,体验不够深刻。

其次,被教师禁锢的讨论和流于表面的"宽容"。

我在ppt上呈现哥哥开导凯文的关键对话内容,在课堂设计里,哥哥角色就像一位心理老师,以讲道理或启发式提问的方式,引导凯文反思自己不够宽容的行为。而凯文在哥哥的启发下,对"宽容"有了感悟。试讲前,我感觉整个对话设计比较完整,"如何宽以待人"的关键点也融入其中。我期望借助哥哥的开导,启发学生结合自身经历,理解"宽以待人"的意义与做法。

第一次试讲,听课教师就对这个环节的设计提出了问题。我自己也发现,如何"宽以待人"是本节课的重点,但我在设计的时候仅让学生围绕预设的故事情节和对话内容,按照教师对"宽容"的理解开展探讨,而所有的讨论点都已经有了现成的答案。学生就像是一个旁观者,看着别人的故事,不需要思考,只需要被动接受。

这种操作方式既将学生的思考和讨论局限在剧情的文本和教师的预设中,限制了学生"如何宽以待人"的思路,又缺少来源于学生真实生活的原生态观点。总体感受是:未将学生对"宽容"的认知、感受与具体行为统整在一起。而这个设计的背后,其实是源于我担心自己无法有效应对学生在开放性情境中的反应和回答。

回头再看这段话的设计,我发现哥哥是打着"心理老师"的旗号,干着"说教"的事情。虽然后续版本我舍去了这个内容,但我觉得可以作为一个课堂设计或咨询对话的失败案例,提醒自己继续精进,表24-2的右侧也留待大家练习。

表24-2 对话设计存在的问题与改进

对话设计	问题与改进
哥哥:你觉得我一开始怪你时,你的反应和同学像吗?	
凯文:像的,想出理由为自己辩护。	
哥哥:是呀,你也是这样的,你同学的反应都很正常。我不是让你学你同学,而是要学我。	

对话设计	问题与改进
凯文：嗯，做错事时的本能反应是想为自己辩解，要试着去体谅别人。	
哥哥：刚才我没有急着责怪你，而是询问你遇到了什么事。	
凯文：是要尝试着了解别人犯错的原因吗？	
哥哥：是的，别人有可能是无心犯错的。	
凯文：恩，明白了。那如果了解后，发现有些原因很过分呢？	
哥哥：一味地宽容可以吗？	
凯文：不行，会让有错误的人得寸进尺。	
哥哥：没错，宽容不是纵容。那么，选择报复？	
凯文：这也不行，这只会让事情变得更糟糕。	
哥哥：所以我们不妨先宽容他们的错误行为，然后指出他们做得不恰当的地方，帮助他们改正错误。	
哥哥：另外，你在把笔给别人前，有没有检查清楚？有没有叮嘱他们用钢笔时要小心？	
凯文：没有，似乎我也要负一部分责任。	
哥哥：是的，那么，现在你的心情怎么样了？	
凯文：好多了！	
哥哥：就是呀，其实当你宽容别人后，也可以让自己的情绪不那么紧张。	

2.0版本："角色体验"贯穿始终，促成"知情行"合一

2.0版本还是围绕这支被弄坏的钢笔展开，但我减少了预设，把解决问题的主动权交给学生，让每位同学都做一次"凯文"，代入情节，探讨选择的应对方式。

表 24-3　2.0 版本教学设计

教学环节	活动流程	调整理由
导入部分	通过 AB 选择导入课题（学生用肢体语言表示答案），最后一题为"是否会宽容犯错的朋友"，使学生在轻松的氛围中流露出对宽容最初的认识与困惑。	1.0 版本的导入花费时间较长，且一些学生经历有些沉重，热身效果不佳。2.0 版本的导入学生参与面广，参与度高，课堂气氛更活跃，也更能呈现全班学生对于"宽容"主题最初的见解。
主题活动	一、"假如我是凯文"：学生在模拟情境中体验与思考，选择应对方式，通过角色扮演演绎、讨论剧情等，探讨不同应对方式可能引发的结果，体验宽容引发的积极感受，梳理宽容原则。 二、"成长行动"：聚焦一个具有代表性的实际问题，小组讨论解决方案并演绎方案中关键片段，现场指导"宽以待人"的语言表达与行为表现。	角色体验与讨论合二为一，将"知情行"融为一体，学生通过情绪体验、换位思考，更能理解宽容有度有方的原则。
总结	学生畅谈"对于宽容新的理解"。	以更加开放的方式，给予学生表达权，通过学生的所获所得总结整堂课并点题。

2.0 版本变动很大。首先，在"假如我是凯文……"中，同学们围绕同一个情境，选择应对方式加以演绎，开展现场讨论。应对方式一部分来源于学生问卷调研的结果，一部分为恰当的应对方式，并增加"其他"选项，给予学生自由发挥空间，达成"知情"合一。

假如我是凯文……

凯文：肖亚，这支钢笔的笔头怎么坏了？

肖亚：哎呀，不是我弄的，你可不要冤枉我了。这是陆琦弄坏的，原本我打算对你讲，陆琦整天烦我，我就没有讲，不关我的事。况且你的这支钢笔已经很旧了，修好了估计也用不了多久的呀！

活动要求：

（1）每组选择出 1~3 个应对方式；

(2) 若没有所需选项,请写下其他应对方式。
□当面指责 □默默忍受 □询问原因
□报复_____ □其他_____

比如演绎"当面指责"这一应对方式时,选择该方式的学生扮演凯文,另一位同学扮演肖亚,演绎当面指责时凯文可能的表现,以及肖亚可能的回应。教师通过与表演同学的现场互动,如"当面指责时你有何情绪?可能会有何举动?""最后的结局可能是什么?"等,引导学生体验该应对方式引发的双方情绪感受及可能的结果。同时,通过对比体验"恰当"与"不恰当"应对方式的差异,不仅从认知层面知晓"宽以待人"的意义,更感受"宽以待人"的积极情感。

其次,在"成长行动"中,课堂讨论聚焦具有代表性的一个情境"好朋友答应保守我的秘密,结果还是说了出去"(在多次试讲中,学生对该情境共鸣和讨论最为热烈),请学生挑选解决方案中的"关键片段",通过表演的方式,鲜活地呈现真实的表现,作为课堂进一步讨论的资源,促进"知情行"合一。学生在此过程中会呈现出在实践操作中更多的问题与困惑,如"指出错误"最后容易演变成"当面指责",通过生生、师生的课堂讨论,进一步梳理和深化"宽容的智慧"。

表 24-4　引导学生"宽以待人"的具体说法与做法

两位同学表演"如何指出错误"。
学生 A(语气严肃):你知道吗?这个事情是很严重的,你这样就会失去朋友的,我以后也不敢再相信你了。
学生 B(默默听着不做声)。
教师(问学生 B):当她这样说时,你的接受度如何?
学生 B:比较低,话说得重,有点伤友情。
教师:你有什么感觉呢?
学生 B:本来我还有点不好意思,现在觉得她不跟我做朋友就算了。
教师(问学生 A):你觉得怎么调整一下对方就能意识到自己做得不对?
学生 A:我想一想。我很相信你,把自己的秘密告诉你,你却告诉别人,辜负了我对你的信任,让我很伤心。但我也不想因为这件事就失去朋友,如果你愿意道歉,保证下次不会,我们还和以前一样。
教师(问学生 B):现在呢?
学生 B:我觉得我的举动给她造成了伤害,我不想破坏我们的友谊。

> 教师询问台下学生：其他同学还有什么建议？
> 学生C：手可以不用指着对方。
> 教师：嗯，肢体动作也要注意，会引发对方不同的心理感受。

2.0版本让每位同学都成为了故事主角，整节心理课"流动"了起来。通过生生互动、师生互动、表演学生与台下观众的互动，学生调动自身能量，重新认知、澄清、辨析与调整，最后筛选出达成共识的"宽容智慧"。同时，聚焦学生在用宽容智慧处理"他人不当行为"事件时的做法，即具体如何说、如何做，进一步指导语言表达与行为表现，对学生的成长更具现实意义。

但2.0版本还有两个问题需要进一步改进：应对方式中，以不恰当居多，相对缺乏对学生的正向引领；在思考宽以待人原则时缺乏一定的理论支撑，特别是"宽容有度"的教学难点还未找到更好的突破口。

3.0版本：巧用"萨提亚理论"，提升课堂专业度

3.0版本依旧沿用2.0版本的主线，对辅导主题核心概念进行深入解析，并在细节处理上进行完善。

多次试讲后，我对学生更多的即时反应进行梳理与筛选，最终保留六个典型的应对方式：当面指责、默默忍受、询问原因、指出错误、反思自身责任和报复，以均衡"恰当"与"不恰当"的应对方式。

经过和听课教师的研讨，我发现这些与"萨提亚人际沟通理论"中"沟通姿态"相呼应，于是我将应对方式分为"忽视自己"（"默默忍受"）、"忽视他人"（"当面指责"、"报复"）和"双方照顾"（"询问原因"、"反思自身责任"与"指出错误"）三类，更加清晰地呈现每个应对方式背后隐含的态度与做法，更好解释如何把握"宽容尺度"的教学难点。

同时，将原本仅停留于文字描述的应对方式演变成"简笔人物形象"，强烈的画面感能够调动起更多内在的感受、想法。

表 24-5 应对方式分类表

类型	忽视自己	双方照顾	忽视他人
应对方式	默默忍受⇨	询问原因⇨ 反思自身责任⇨ 指出错误⇨	当面指责⇨ 报复⇨

空白卡的使用,给予了学生更大的思考空间,学生也呈现出了许多值得讨论的应对方式。

表 24-6 留白选项学生精彩回答

应对方式	对应简笔人物形象
查明真相	
告诉老师	

续 表

应对方式	对应简笔人物形象
求助父母	

3.0版本巧用"萨提亚理论"对"宽容"进行了很好的诠释,在面对学生讨论中出现的各种看法时,教师有了引导依据与方向,现场也能更好地回应学生。

当然,现实生活中宽以待人的解决方式,会因学生所遇事件的性质、朋友关系的深浅等诸多因素而需视情况具体分析,可以在后续课时延伸课堂内容,让学生联系自身事件开展深度探索。

同行分享与讨论

一、有机融入心理辅导技术

"宽容"是一个较难说透、说清的话题,在没有引入"萨提亚人际沟通理论"前,我上这个主题是缺乏底气的,不知道边界在哪里。但在一次次试讲过程中,"萨提亚理论"逐渐帮助我理清思路。

一是借用萨提亚沟通模式中的"沟通姿态",深度分析应对方式,将其形象化。

二是采用"萨提亚心理辅导"中"雕塑体验"、"替身"、"内心情绪独白"等辅导技术,把6种应对方式具象化,从每一种应对方式的身体姿态及这种姿态体现的意义、对方看到这种姿态后可能的反应、这种姿态可能导致的后果等,循序渐进地分析每种应对方式的利弊。学生在雕塑体验、内心独白中,对人际沟通有了更多的自我觉察。

三是"萨提亚人际沟通理论"更好地诠释了宽容"度"的边界和操作:既照顾自身感受,"心中有自己"——宽容是一种有原则的忍让,对有些事、有些人可以原谅,但若触碰底线,应向对方平和、坚定地说出想法;也顾及他人感受,"心中有他人"——宽容讲究方法,尝试理解对方立场,尊重对方,考虑对方的感受,注意说话的方式方法与场合。

这也给了我一个启发,将一些较为深奥的心理学理论和辅导技术,略做调整与改进,变式为游戏或自我探索活动等,与学生的现实生活相关联,灵活运用于课堂,也可以让学生感受到心理学的魅力,上出心理课的味道。

二、借助问题链逐层剖析

心理课的深度离不开有效的提问和追问。在多次试讲中,我逐步梳理出课堂中的"关键问题链"。

"应对方式"的问题链:当你采用该应对方式时,双方的心情会如何?可能会产生什么结果?具体如何操作?

表 24-7 深度分析应对方式 1

教师:你选择了"默默忍受",请摆一个与图片上一样的姿势并定格。面对这样的凯文,肖亚最有可能采取哪一种姿势面对他?请一位同学上台演示。 两位同学摆放好姿态,在台上定格。 教师(询问肖亚扮演者):采取这样的姿态,背后是怎样的想法? 学生 D:继续嘲弄,得寸进尺。 教师(询问凯文扮演者):当你采取这个姿势时,你的情绪感受是怎样的? 学生 E:难过,感觉自己受到伤害。 教师(询问全班):采取"默默忍受"的应对方式时,更关注自己感受,还是更关注别人的感受? 学生 F:忽略自己,关注别人。

表 24-8 深度分析应对方式 2

教师:请你摆出"当面指责"时的身体姿态。这时你的情绪是怎样的? 学生 G:激动、气愤。 教师:当你在这样的情绪状态下,最有可能对肖亚说什么? 学生 G:会说些粗话,现在不方便说。 教师:可能会对肖亚采取什么行为? 学生 G:有些肢体上的动作。 教师:如果你是肖亚,面对这样的凯文,最有可能采取哪一种身体姿态?

邀请学生上台摆放姿势,同样摆出指责的身体姿态。
教师:你为什么选择这样的应对方式?
学生H:我很气愤,伤害心灵。
教师询问全班同学:事情的结局会怎样?
学生I:问题没有解决,两败俱伤。

演绎"解决方案"的问题链:关注学生在呈现宽容他人的具体做法时,针对语言表达、行为表现上的细节进行追问,包括用词、肢体动作等。

表24-9 对关键点进行细节追问

教师:请你们小组演绎一下,如何指出错误。
学生J(把学生K拉到身边):你碰到了那么心地善良的我,我不会把你怎么样。如果你以后再把别人告诉你的秘密说出去,就没有人和你讲秘密了,没有朋友了。你以后要注意,我们还是好朋友。
教师(问学生K):听了J刚才说的,你有什么感想?
学生K:我觉得她能从我的角度指出错误,我很容易接受。
教师:除了这个,还有什么吗?
学生K:她没有当着其他同学的面说这件事,顾及了我的面子,我很感激。
教师(问学生J):你是怎么考虑这么做的呢?
学生J:我想她可能也会有后悔,我就不埋怨了,指出错误下次改正就行。而且当众说这件事,会让她比较尴尬、难堪。
教师:所以,你从语言和场合两方面都考虑到了对方的感受。

递进性问题链的设计,可以激发学生思维,鼓励每一位同学进一步自我探索。同时,我也跨出了敢于追问的重要一步,通过问题来"引"来"导",在学生提供的信息中理出头绪,找准一个"切入点",及时借助引导性的问题,提出思路或方案供学生自行讨论。我不给学生"唯一"或"最佳"答案,而是让学生自己思考问题,自己得出结论,我的作用是陪伴学生成长。

附录

宽容有智慧

◆ 教学目标

1. 体验宽容带给自己的感受及给人际关系带来的积极影响,感受宽以待人的积极情感。

2. 学习宽容处理别人对自己的不当行为,培养宽容有度的交往能力。

重点:体验宽容带来的积极感受,能够宽容对待别人对自己的不当行为。

难点:学习把握好宽容的尺度。

◆ 教学过程

一、导入:A·B选择题

(一)全班学生进行AB选择题活动。

活动指令:若选择A"向右转",若选择B"向左转",若难以决定则"面向黑板"。

1. 在整理书架时,你会选择:

A. 随意排列　　　　　　B. 按照书的体积或类别排列

2. 平时想听音乐的时候,你会选择:

A. 与别人一起听歌　　　　B. 戴着耳机安静地听歌

3. 乘坐地铁时,当座位比较空时,你倾向于选择:

A. 靠栏杆的座位　　　　B. 中间的座位

4. 如果好朋友做了对不起你的事,你会选择:

A. 不宽容对方　　　　　B. 宽容对方

(二)活动分享并引出课题。

二、主题活动:假如我是凯文……

(一)以漫画形式呈现情景剧。

剧情简介

老师让同学们带一些有纪念意义的物件去学校,课堂活动时给同学们欣赏。

凯文带了爸爸从普林斯顿大学带来的纪念钢笔。肖亚觉得钢笔很好看,想试用一下。这让凯文觉得自己的笔很独特,感到十分高兴,随即答应了他的要求。可是当凯文拿回钢笔时,发现钢笔的笔头坏了,便立刻追问肖亚。

(二)说明活动要求。

1. 根据情境开展小组讨论,假如我是凯文,会如何应对?

2. 请每组选择出 1~3 个应对方式,并在所选图片上画圈。

3. 若没有所需选项,请在空白卡片上用漫画或文字自行设计应对方式。

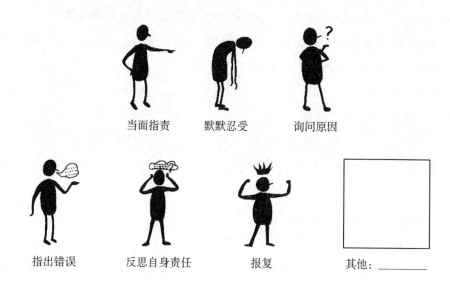

当面指责　　默默忍受　　询问原因

指出错误　　反思自身责任　　报复　　其他:_____

(三)小组讨论并分享讨论结果。

(四)全班讨论应对方式,梳理宽容中的智慧。

1. 讨论各应对方式可能产生的情绪与结果。

提问:当你采用该应对方式时,当事人双方的心情会如何?可能会产生什么结果?具体如何操作?

2. 教师根据学生现场讨论结果撰写板书。

三、成长行动:我们的世界

(一)出示情境,小组讨论用"宽容的智慧"解决问题。

(二)挑选解决方案中的一个片段,用表演的形式加以呈现。

（三）师生互动，指导学生呈现宽容应对的具体语言表达与行为表现。

四、总结：收获感悟

提问：原来选择其他选项的同学有没有新的思考？对"宽容"有什么新的理解吗？

【资源推荐】

张一驰.宽容的智慧[M].北京：中国商业出版社，2013.

画中有道

上海市格致中学　黄佳音

工作的第五年,我准备上一节和以往不一样的课。

在反复筛选教学内容时,我接触到了"蒙眼作画"这个游戏的升级版本。我发现这个看似简单的游戏,里面却大有文章可做,而且一个活动贯穿整堂课的教学设计和实践,对我这样的青年教师来说,也是一种挑战,但人总是需要跨出"舒适区"的。就这样,我开始酝酿"画中有道"这节课。

从"你听懂了吗?"到"我说明白了吗?"

一、"挑战盲画"初体验(1.0版本)

(一)教学目标

1. 认识有效沟通的重要性;
2. 通过体验活动,学习人际交往中有效的沟通技巧并运用到实际生活中。

(二)教学设计

表 25-1　1.0 版本教学设计

教学环节	活动流程	设计意图	备注
导入	PPT 呈现一张图片,请学生预估作画需要的时间,引入蒙眼作画。	通过师生问答的形式,引入主题活动"挑战盲画"。	2 分钟

续 表

教学环节	活动流程	设计意图	备注
主题活动：挑战盲画	1. 学生参与活动。第一轮，一人蒙眼作画，另一人指导；第二轮，两人角色互换。 2. 对画作评分。 3. 讨论与分享。	学生通过体验活动，学习人际交往中的沟通技巧。	36分钟
小结	教师结合学生的分享进行小结。		2分钟

（三）课堂实录与反思

1.0版本的设计，我对学生体验活动后的讨论与分享做了重点设计，意在通过三个层层递进的环节，引导并启发学生充分讨论与分享。但是第一次试讲，现实就给了我沉重一击——我在热闹而有些混乱的课堂里手忙脚乱、力不从心。

表25-2　1.0版本课堂实录与反思

课 堂 实 录	反 思
1. 在指导蒙眼同学作画时，学生屡屡突破规则，例如指导者帮作画者递画笔、拉作画者的手帮助确定落笔点等，甚至还有同学说"啊，老师，这个也不可以吗？"	对于"挑战盲画"的规则，我只说了一人蒙眼一人指导，通过指导者的描述，作画者画出其中1张图片，但并没有对其中具体的细节考虑周全。 学生"钻空"，恰好是对规则需要进一步细化并在活动开始前充分强调的提醒。
2. 学生给画作打分几乎全是10分，问及理由，反馈通常是"一级棒"、"没有理由，就是好"等回答，想要进一步追问"对哪些方面满意"比较困难而且费时。	给画作打分的初衷是期望通过分数的差异，启发学生思考对画作本身或是作画过程是否满意，如果不满意，问题出在哪里？ 现实情况却是学生打分没有区分度，难以启发学生对作画过程进行反思。
3. 讨论与分享环节统一安排在两轮活动结束后，问题比较多，而学生讨论分享的时间又有限，我不得不用一个又一个问题催促着学生去思考。学生的回答浮于表面，我自己也是疲于应付，最终导致课堂的主线越来越模糊。	原本期望学生通过角色互换，对两个角色都有充分的体验后，思考能够更全面、完善。 试讲后发现，两轮活动后的讨论与分享使得活动环节略显"割裂"，与教学目标契合度不高。

画中有道　299

唯一值得肯定的是,学生对于"挑战盲画"这个活动很感兴趣,参与度高,试讲暴露出来的问题也让我认识到了教学设计的不足。

二、反复斟酌再思考(2.0版本)

2.0版本着重对"挑战盲画"活动中各环节的教学设计进行了调整(见表25-3)。

表25-3　2.0版本教学设计的改进

教学环节	2.0版本	修改意图
活动规则	指导者要帮助作画者画出尽可能和PPT呈现图片相一致的画,包括色彩、线条、构图、比例等细节。搭档间仅借助言语沟通,动口不动手!再具体一点:不可以帮他拿画笔等。	对1.0版本规则中比较主观的"满意"概念进行细化调整,并进一步澄清规则要求,避免课堂出现节外生枝的情况。
活动环节	第一轮:一人蒙眼,一人指导,开始作画。 思考与分享: 1. 在作画和指导作画的过程中,有什么困难吗? 2. 是什么导致了这个困难? 3. 针对这个困难,你做了什么? 第二轮:角色互换,开始第二轮作画。 思考与分享: 1. 你做出了哪些调整? 2. 整个活动过程中,印象/感受深刻的是什么?	舍去打分环节。 在第一轮活动结束后,增加分享环节的考虑是学生初次体验蒙眼作画,无论是作为指导者还是作画者都可能会遇到一些困难,学生更多的是站在自身的角度去思考有何困难,也会期待对方能做出一些调整。第二轮互换角色后,鼓励学生带着刚才对方的期待去主动做出调整。

(一)课堂实录与反思

2.0版本的课堂,学生作画过程中遵守规则的自觉性大大提升,分享也有话可说。

片段1:

师:在刚才的作画过程中,你们觉得有什么困难吗?

作画者:笔提起来以后,就不知道该在哪里落笔了。

师(转向指导者):你用了什么办法来帮助搭档找到落笔点呢?

指导者:我只能不停地告诉他"左边、再左边点,不不,再往右点……"

作画者：但是因为戴着眼罩，我上下左右的方向感并不是很好，具体往左或是往右多少距离也很难把握。

师（转向指导者）：你怎么看搭档的这个回答？

指导者（有点尴尬地挠挠头）：我好像描述得太抽象了。

片段2：

师：在刚才的作画过程中，有什么困难？

作画者：画太难了。

师：这幅画是你选的吗？

作画者：他帮我选的。

师（问指导者）：你是怎么考虑要选这幅画的？

指导者：我觉得这幅比较容易画。

师（问作画者）：你觉得这幅容易画吗？

作画者：不容易，太多抽象的形状了。

师：如果让你选，你会选择画哪一幅呢？为什么？

作画者：我会选择画小猪佩奇，因为我对这个有一个大致的印象。

试讲下来，我觉得一上来就提问"困难"，整个课堂气氛略显低沉，学生的分享也倾向于带着一些埋怨和不满。

但一个女生的举动给了我新的灵感。由于教室座位的排布，这组搭档隔着一张桌子相视而坐，这给她的指导作画带来了不小的难度。我看到她先是拧着脖子去看搭档的画，慢慢地她开始挪动身子侧向搭档，最后直接站在了对方身后。

片段3：

师：在刚才的作画过程中，有什么困难吗？

指导者：因为我和搭档是面对面坐的，我习惯性地就会按照自己的视角，说"往左"或"向右"，忽略了她和我是镜像的，常常把她弄得云里雾里。后来，我尝试从她的视角来指导她，果然方便了许多。

师：你注意到你最后站在了搭档的身后吗？

指导者（捂脸而笑）：哈哈哈，我太投入了。

师：站在她身后，你有什么感受？

指导者：我感觉这样我就跟她站在一个视角了，我能够更好地指导她作画。

师（问作画者）：你觉得呢？

作画者：完全不一样的感受，我终于能分清左右了。

学生的这个课堂生成，给了我两个非常好的启示：一个是人际交往中有效的沟通技巧有很多，与其泛泛而谈，不如就聚焦在最重要的却也是最容易被忽视的方面——站在对方的立场去设身处地为对方着想；第二是不要把问题限制在"困难"上，围绕两轮活动前后不一样的感受来做文章。

三、化繁就简重感受(3.0版本)

3.0版本的教学目标聚焦"换位思考"，一个活动（挑战盲画）和一个问句（你有什么感受）贯穿整个课堂。

（一）教学目标

学生通过主题活动"挑战盲画"中"听"与"说"的互动，体验换位思考，学习人际交往中的沟通技巧。

（二）教学设计

表25-4　3.0版本与2.0版本教学设计对比

教学环节		2.0版本	3.0版本	修改意图
挑战盲画	第一轮：一人蒙眼，一人指导，开始作画。	思考与分享： 1. 在作画和指导作画的过程中，有什么困难吗？ 2. 是什么导致了这个困难？ 3. 针对这个困难，你做了什么？	思考与分享：在刚才的过程中，你有何感受？	将提问始终聚焦在学生的感受上，期望通过互换角色前后的不同感受，引出"换位思考"。
	第二轮：两人角色互换，开始第二轮作画。	思考与分享： 1. 你做出了哪些调整？ 2. 整个活动过程中，印象/感受深刻的是什么？	思考与分享：互换角色后，你又有哪些不一样的感受？	

（三）课堂实录与反思

第一轮作画后的提问改为"有何感受"，虽然学生分享时主要谈的还是困难，但指责和埋怨明显少了很多。

片段4：

师：互换角色后，你们有哪些印象深刻的感受？

作画者：第一轮是我指导同伴作画，我还怪他听不懂我说的，第二轮当我自己蒙上眼睛作画时发现真的不容易。

师：你在角色互换后更好地理解了对方的难处，是这样吗？

作画者：是的。

师：如果再来一轮你指导作画，你会怎么做？

生：我会更耐心、更精准地表达。

师（转向指导者）：对于搭档的分享，你有想要补充或者回应的吗？

指导者：第一轮我是作画者，蒙上眼后特别无助和茫然，尤其当我听不明白指导者究竟要让我干什么时，我还暗自心想"换我做指导者肯定说得比他清楚"。但当第二轮我从作画者变成指导者后，我发现想要说清楚并让对方明白并不容易。

片段5：

师：这一轮你们有什么感受？

作画者：我觉得比我想象的要容易一点。

师：为什么呢？

作画者：因为他先给我描述了三幅画的内容分别是什么，让我有了一个大致的印象，然后让我挑选。

师（转向指导者）：嗯，你怎么想着这么做的？

指导者：我想如果这三幅画中有她比较熟悉的，她画起来会比较容易。

师：结果如何？

指导者：当我一说到大白，她就说这个她知道，于是我俩就决定画大白。

师：好的，你很好地做到了倾听对方的需求，这也是人际交往中尊重对方的表现哦。

人际沟通中比较常见的是"沟而不通"，即我有沟通的意愿，我也用了我认为正确的方法和对方沟通,但并没有达到期望的沟通效果。怎样才能让学生亲身体会呢？我的设计就是期望通过第一轮作画后的分享,指导者和作画者能了解原先没有意料到的困难和感受。第二轮角色互换后,当作画者成为指导者时,能带着自己蒙眼作画的感受去解决这些困难,而指导者变身作画者后,能理解为什么第一轮自己那么"清楚明白"的指导却不被作画者理解。这种铺垫后,整个教学设计的逻辑更为严谨,层层推进。

两轮互换角色的体验,学生确实比较有感受。有的同学在第二轮成为指导者后,就结合第一轮自己蒙眼作画的困难,更多地从作画者的角度考虑,并在指导作画的策略上做出调整。例如,有同学指导作画者以自己的左手为参照,通过右手上下左右的移动来确定方位,以几根手指来"度量"距离。其中,让我印象非常深刻的是一个班级的某个小组。

片段6：

第一轮：

师（问作画者）：你有什么感受？

作画者：我很茫然,完全不知道自己画的是什么,他也不肯说,只是一股脑地说一些象限和坐标点位。

师：那你尝试过让指导者知道你的这些感受吗？

作画者：我跟他说了,我连坐标原点在哪里都不清楚,更别提象限和坐标了。

师（问指导者）：你为什么不愿告诉他画的是什么？

指导者：他不需要知道画什么,只需要跟着我说的做就是了。

师：那他刚才说的这些不清楚的问题怎么去解决呢？

指导者：额,我也没想好。

第二轮：

师（问作画者）：第一轮你是指导者,这一轮你是作画者。角色互换后,你有哪些不一样的感受？

作画者：戴上眼罩后的感觉真的完全不一样,我发现蒙眼作画并不像自己想得那么简单。第一轮我太固执了。我还想对我的搭档说声抱歉,也感谢他在指导我作画时没有以牙还牙。

课后,在与该名男生的交流中,他也提到今天的体验活动让他感触很深,理解了为何自己的同学关系有点紧张,对自己日常的人际交往方式也有了新的审视。有时候教师说一千道一万都不如学生的亲身体验更有效,能让学生有真实的触动,这也正是本课设计的初衷。

不过,由于对课堂的把控还是有点缺乏自信,所以围绕教学目标,我还是做了些教学预设。在第二轮活动结束后,根据学生分享的内容,我归纳出"理解对方的难处"、"倾听对方的需求"、"选择适合对方的方式"等,而这些概括起来就是站在对方的立场去设身处地为他人着想,即换位思考,从而点明本课主题。

这个教学预设,虽然能帮助我更好地引导课堂教学,却也导致我的提问和回应显得有些刻意。不仅我自己的课堂教学被框死了,也使得学生一些预设之外的课堂生成没能得到及时有效的回应。比如有作画者提到"我愿意让他帮我选择画哪幅,因为我信任他",就因为"信任"这一关键词并不在我对"换位思考"的课堂预设中,所以我只是简单回应后就急于去提问下一位学生了。如果我思路更开放,能及时有效回应的话,课堂会更灵活一些。

与同行分享探讨

一、青年教师怎么跨出"舒适区"

本课由"挑战盲画"一个活动、两轮体验贯穿始终,整堂课的教学目标达成度和呈现效果很大程度上取决于教师的提问引导和学生的现场反应。这对我的基本功底和临场反应能力挑战较大,在教学设计上算是一次比较大胆的尝试和突破。我也在过程中不断突破自我,尝试着跨出自己课堂教学的"舒适区"。

在我刚上课时,很不习惯追问。一方面担心追问的过程被学生带着走,偏离了原本的课堂教学,另一方面又担心追问不到点上,白费口舌和时间。所以课堂常常处于这样一种状态:我手里好似拿着一柄剑,想要尽快击中已有的教学预设。如果一位学生没能给出我想要的答案,我会急着再去提问第二位、第三位……或者在对同一个学生提问时,我问好一个问题马上就会接着第二个问题,例如:

师：在刚才的作画过程中，你有什么困难？

作画者：画太难了。

师：PPT 呈现了 3 幅画，画哪幅画是由谁决定的呢？

在上述对话中，当学生回答"画太难"时，我并没有追问"你觉得难在哪里？"而是急于按照我的预设"难是不是因为不是自己选的？"来继续我和学生的对话，这样难免就会错失许多可以追问的关键点。

每当这时候，师父就会问我"你为什么这么急？你追问了吗？为什么没有追问？如果追问，你要怎么问？"于是，我在课堂常常提醒自己，不要急，要稳住，试着多问一些。追问的关键点在于往后退一步，时刻保持着"我不懂、我不明白"的状态，就学生回答中提及的信息进行提问。以上述对话中学生提及的"画太难"为例，教师捕捉到的就是"难"这个信息，不要着急，试着就"难"进行追问，帮助学生去梳理"难在哪里"、"具体怎么难"，通过追问才能更好地理解学生的想法。

有时我也会碰到连续提问后都没有得到预设答案的情况，这时便可以直接提问。例如，若几个小组都回答画是由指导者来选择时，我就可以直接问全班"有没有和他们不一样的？"这个问题，快速了解是否有和现有回答不一样的小组。如果有，我会提问"你们小组是如何选择画哪幅画的？出于何种考虑？"如果没有，那么我就会追问"为什么大家都会考虑由指导者来选画？作画的同学对此有什么想法吗？"

跨出"舒适区"其实也并不像我想象得那么困难。当我迈出第一步后我发现"追问"慢慢成为我课堂的一部分，虽然追问的技巧还有待精进，但我已经尝到了"追问"的甜头。教师课堂适时、灵活、启发式的追问通常能引导学生进行更深层次的思考，更好地挖掘出课堂的深度。

二、课堂提问的技巧

学生课堂精彩的反馈绝不是碰运气的产物，离不开教师恰当适时的提问与追问。

从6个问题的1.0版本到5个问题的2.0版本,再到1个问题的3.0版本,整个教学设计是不断理清课堂教学思路的过程,也是一再简化问题、化繁就简的过程。以前我一直不能理解一个问题如何贯穿一堂课,经过这次尝试,我发现看似只有一个"问感受"的问题,其实由此衍生出来的问题层出不穷。整个第一节试讲课虽然混乱,但在学生分享过程中,我捕捉到了学生分享的各种"难"。围绕这些"难",我用思维导图的形式,设计了提问和追问(见图25-1)。在3.0版本的课堂中,第一轮分享感受学生提到"难"时,我也"胸中有数"。

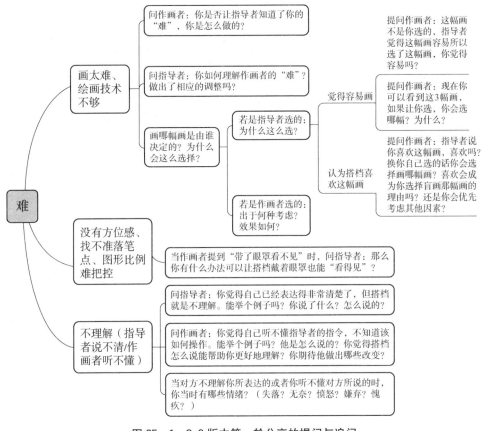

图25-1　3.0版本第一轮分享的提问与追问

第二轮的分享聚焦"互换角色后,你有哪些不一样的感受?"设计的提问和追问如图25-2。

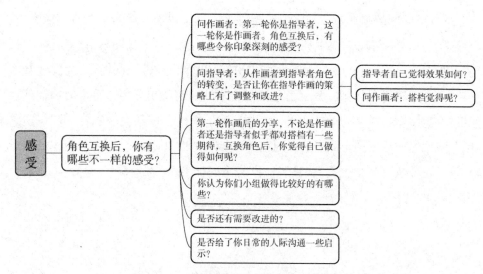

图 25-2 3.0 版本第二轮分享的提问与追问

思维导图让我的教学脉络更清楚,对学生课堂即时生成的回应更从容,也能更好地看见课堂中的每一位学生。

附录

画中有道

一、教学目标

学生通过主题活动"挑战盲画"中"听"与"说"的互动,体验换位思考,学习人际交往中的沟通技巧。

教学重点:学习人际交往中的沟通技巧。

教学难点:通过两轮活动的角色互换,体验换位思考并运用到实际生活中。

二、教学过程

(一)导入

PPT呈现卡通形象皮卡丘。

认识这个小伙伴吗?嗯嗯,皮卡丘。如果要请大家把它画下来,你们愿意尝试吗?不过,我还要增加一点难度,我们今天要蒙着眼睛画。

(二)主题活动:挑战盲画

1. 活动规则

(1)两人一组,一人指导,一人蒙眼作画。

(2)PPT呈现三张图片,作画者通过指导者的描述,画出其中一张图片。

(3)注意:作画者画的图要尽可能与呈现图片一致。

(4)搭档间仅借助言语沟通,牢记"动口不动手"!

(5)作画时间5分钟。

两轮作画的图画素材如下:

图画选择的是彩色简笔画。首先,考虑到蒙眼作画活动本身有一定的难度,故图画选择不宜太过复杂。其次,选择彩色图画意在增加蒙眼作画过程中对于不同色彩的把握,包括如何拿到对应颜色的画笔并在图画恰当的位置上色,一定程度上增加了作画过程的趣味性以及搭档间的合作互动。最重要的是图画的难度要适合教学对象所处的年龄段。

2. 活动环节

第一轮作画。

思考与分享:在刚才的过程中,你有哪些感受?

两人互换角色,进行第二轮作画。

讨论与分享:互换角色后,你有哪些不一样的感受?

(三)小结

我们所说的倾听对方的需求、理解对方的难处、选择适合对方的方式,都是站在对方的立场去设身处地为他着想,这就是我们通常所说的换位思考。蒙眼作画的过程其实也是人际交往和沟通的一个缩影,刚才同学们说的这些方法是不是也能适用于我们日常的人际交往呢?

【资源推荐】

李雪. 当我遇见一个人:母婴关系决定孩子的一切关系[M]. 北京:北京联合出版公司,2016.

听，花开的声音

上海市时代中学　朱雅勤

情感话题是青春期重要的个人成长议题，也是学生、家长、老师都很关心的问题。异性交往给学生带来了乐趣也带来了困扰，在学生问卷调查中，这也是学生在心理课上最期待讨论的话题。

可是，在心理课上，如何与初中学生讨论青春期情感话题呢？心理老师的定位和立场该是怎样的？我们该用怎样的方式、达成怎样的教学目标呢？对这个话题的探索，贯穿了我十余年的心理教师生涯。

【十年一课话青春】
1.0版本：静心听花开

2007年，我第一次处理"青春期异性交往"主题。当时，作为一位年轻教师，我接手过一些为情感问题困扰的学生案例，也参考过相关教案，这些都让我认为过早、过密的异性交往会给孩子的成长带来负面的影响，比如过早尝试性的风险、学业波动、师生亲子冲突，等等。

上课前，我对全校初二学生进行了调查。结果发现，有四分之一的学生认为初中生谈恋爱的现象很普遍，而多数学生对此的态度为"无所谓"和"看情况而定"。学生对异性交往过密的后果虽有一定的预期，但是往往比较片面；而且，学生往往会把这种关系的不长久归因于师长、学业等外界压力，而缺乏对自身能力的考虑。这使得不少学生支持过密的异性交往，认为只要"不让老师知道"、"不影响学习"就好了。

经过几番思考和调整，"静心听花开"的设计成型了。我期望通过对一个情境故事的讨论，引导学生思考在初中阶段建立异性交往的过密关系可能带来的影响,让学生明白在异性交往中需要慎重决定;并通过学生在异性交往中常见困扰的讨论,引导学生建立起广泛交往、保持距离的异性交往观念,珍惜异性同学间纯真的友谊。

一、教学目标和设计

教学目标:
1. 明白初中阶段对异性同学产生朦胧好感是自然且美好的事。
2. 思考在初中阶段建立异性交往的过密关系可能带来的影响。
3. 建立健康、慎重的异性交往观念,理性处理异性交往中的困扰。

教学重点:建立健康、慎重的异性交往观念,理性处理异性交往中的困扰。
教学难点:探讨在初中阶段建立异性交往的过密关系可能带来的影响。

表26-1 教学设计:静心听花开

教学环节	活动流程	设计意图	备注
导入活动:歌曲《小小少年》	1. 学生听歌说感想 2. 老师引出"烦恼"话题	自然引出"青春期异性交往的烦恼"。	
主题活动:情境故事讨论	1. 视频故事:陆绮和王鹏从相识到产生好感。 2. 讨论:你觉得陆绮和王鹏之间是怎样一种情感?陆绮和王鹏接下来可能会怎么做?为什么?	通过案例讨论投射学生对青春期异性交往的态度。	案例故事用视频+日记的形式呈现。
	3. 日记呈现:随着交往深入,从甜蜜到烦恼。 4. 讨论:陆绮和王鹏现在遇到了什么问题?可以怎样解决这些问题?	通过案例反映异性交往过程中容易遇到的过程,并提示学生解决这些问题的困难。	教师板书交往过程中的问题和解决方案,适时追问解决方案的结果。
	5. 教师自我表露:保留好感的处理。	拉近师生的距离,提供处理异性情感的示范。	

续表

教学环节	活动流程	设计意图	备注
	6. 观点澄清：如果现在你的好朋友来告诉你，TA对某位异性同学产生了好感，你会给他什么建议呢？	检验本节课对学生的观念改变和目标达成。	教师归纳板书学生的建议。
总结升华	出示课题，点名主题：静心听花开。	以唯美的方式结束本课，给学生含蓄的建议和回味。	引导语：不要因为在一朵花前面逗留太久，而耽误了整个春天的美丽风景。

二、课堂实录

1. 目标达成和听课反馈

这节课以在学生中实际存在的情感困惑作为切入口，将澄清的重点放在初中阶段是否适合建立固定的一对一的异性交往关系。利用一个故事作为引线，将对异性同学产生好感时可以做的种种选择呈现在学生面前，引导学生真实地去体验异性交往过密带来的种种问题，通过讨论让学生自己得出结论，做出自己的价值判断。整堂课运用了心理暗示的手法，将学生的观点投射到故事之中，避免学生产生心理负担，可以畅所欲言，形成轻松活跃的课堂气氛，让学生在观点的碰撞中有所领悟和收获；故事本身贴近学生、使用"影像＋日志"呈现的方式新颖独特，容易使学生产生共鸣，使他们有话可说；另外，教师的自我表露，也对引导学生做出符合社会期望的价值判断起到了积极的影响。

在课后，学生追问我陆绮和王鹏的故事是不是真有其人，因为实在是感觉太真实，说出了很多身处青春期恋爱学生的烦恼。青春情感是对学生有吸引力的话题，如果不能亲身经历，也至少要在别人的故事里经历。在故事续编的环节，学生可以轻松地投射身边的故事、认为陆绮和王鹏会更近一步"在一起"，而在观点澄清的环节，学生又能够给出符合我预期的回答，建议同学"保留好感、保持距离"，这让我觉得这节课很好地达到了原定的教学目标,而且也避免了说教。同时这节课也得到了听课老师的较高评价,甚至被收录到了《上海市初中生心理健康自助手册》教学参考资料中。我一直觉得这是一节成功的课,在接下来的几年中也一直用这个教案。

2. 学霸回答和课后访谈

有一次上课的时候,有一位学霸学生的回答引起了我的注意。他预测了故事的发展是这样的——陆绮和王鹏越来越亲近,可是后来他们遇到了很多问题,陆绮抛弃了王鹏,然后王鹏就跳楼自杀了。他对这个故事的总结是:青春期的恋爱会有很多不确定因素很容易失败,失败带来的情感波动可能是我们没有能力去承受的,所以最好不要去恋爱。听到这个回答,我是震惊的。因为他的总结几乎完全踩到了我隐藏的设计意图,但是这个意外的结局却开始让我去思考:这节课除了教会他对恋爱失败的恐惧、对自己能力的担心,那么,他还获得了什么?近阶段或许能帮他避开情感困扰,但是对他的未来又会有什么帮助吗?

我在课后对学生做了访谈:你从这节课中学到了什么?你觉得老师想要表达什么?学生的回答让我有些意外:老师你就是想让我们不要谈恋爱呀,班主任家长早就跟我们说过了,只是你说得比较委婉罢了。

学生是如此聪慧,聪慧到让我开始怀疑自己的教学设计。

三、教学反思

2011年,我有机会去浙江师范大学参加心理健康教育国培计划,我带着怀疑又上了这节课。异地教学,学生比较拘谨,课一开始他们就预设男生女生不会走近、应该疏远和保留好感,这让后续的课程推进变得困难。浙师大的刘宣文教授做的点评让我印象深刻,他说,"如果一个老师对青春期异性交往的价值观是正确的,那么课用什么样的形式上都不会糟糕。"这让我开始反思我对青春期情感秉持的价值观。

正如学生所说,我在用非常委婉的方式告诉学生,初中阶段建立一对一的异性交往关系是不合适的,比如他们的情绪波动,或者分散对学习的注意力,或者出于好奇或冲动的性行为,等等。这也是我们老师和家长担心的部分。也就是说,我反对青春期恋爱。

那么,青春期的一对一异性交往关系是不是真的是"洪水猛兽"呢?

事实上,青春期的异性交往对孩子的发展也有非常积极的意义,比如,因为希望获得异性的关注,他们开始努力地在异性面前塑造良好的个人形象,这有助于他们完善自己的个性,还可能会给他们带来非常强大的成长动力;他们也可能因为他人的爱慕建立起自尊和自信;再比如,他们可以在异性交往中了解异性、懂得尊重异性、学习照顾他人、学习沟通技巧;这些,都不是靠纸上谈兵就可以发展起来的能力,也不是在我们成年之后突然就能够获得的能力。刚刚开始青春萌动的初中阶段,是发展这部分能力的一个契机。我们的心理课,可以帮助他们做这样的情感和技能储备,使得他们在交往中有意识地去培养、发展自己的异性交往能力。这就是积极心理学的视角,不是聚焦于问题,而是聚焦于问题中潜在的发展需要。

我明白了,我的教学设计首先需要修改的是对青春期情感所持的观念。

2.0版本　花开的声音

在2.0版本中,我对教学目标和设计都进行了重设。

一、教学目标和设计

教学目标:

1. 明白初中阶段对异性同学产生朦胧好感是自然的事,接纳青春期发生的情感变化;

2. 学习应对青春期异性交往过程中的问题,并在交往中促进自身个性的完善和人际交往的能力。

教学重点:学习应对青春期异性交往过程中的问题。

教学难点:能够通过青春期异性交往促进自身个性的完善和人际交往能力。

表 26-2 教学设计：花开的声音

教学环节	活动流程	设计意图	备注
导入：无声的见面礼	学生用不同的肢体语言向身边的同学问好（点头、击掌、拥抱）	破冰；引导学生发现性别在人际交往中的影响。	
电影故事，引发共鸣	1. 视频：怦然心动片段 2. 提问： ① 你看到了什么？ ② 作为旁观者，你有什么感受？ ③ 接下来会发生什么？	引导学生发现青春期的"怦然心动"是正常的，但是不恰当的表达会引起双方困扰。	
主题活动：头脑风暴，解决问题	每两组（男、女生各一组）抽取一个情景，分组头脑风暴。	引导学生了解异性交往中的注意点：自然、适度、独立、尊重。	通过课前调查了解学生在异性交往中的常见困扰，筛选整合成情境问题。
总结主题	出示课题，点名主题：花开的声音。	以唯美的方式结束本课，给学生含蓄的建议和回味。	

二、设计背后的考虑

从《静心听花开》到《花开的声音》，课名的调整体现了青春期异性交往的价值观的调整——更为中立和接纳，而在活动设计上的调整体现如下。

1. 增加热身游戏环节。因为异性交往是一个比较敏感的话题，尤其是公开课的场合，学生容易紧张和拘谨。简单的身体活动会带来心理的放松，既能够让学生动起来，也能够切入男生女生之间交往距离的话题。

2. 保留视频讨论的环节。借此了解学生对青春期情感的感受，同时传递接纳的态度。当学生感觉到老师是能够理解的，他们接纳了自己发生的变化，问题也许已经解决一半。同时，也让学生思考过密的交往可能会带来的问题，呈现青春期情感发展的路径，让学生能够在别人的故事里经历。

3. 增加头脑风暴环节。我选取了三个学生在初一阶段最容易遇到的异性交往的烦恼，一是绯闻，怎样看待同学的流言，有无聊和好奇，也有自身尺度把握的问题;二是有人表白,是接受还是拒绝,如果出于好奇或者炫耀接受是否合适,如果拒绝该是怎么拒绝;三是自己对别人产生好感,怎样避免迷恋,避免成为阻碍,怎样从中获得积极的信息和能量。我引导的方向是交往注意的场合,要考虑他人,注重自我成长。这三个是学生比较容易忽略的地方,也是他们需要发展起来的原则。用头脑风暴的方式,有助于我了解学生的真实想法,更能够在学生价值碰撞中让他们了解其他多数人的想法,从而形成班级的舆论。塑造学生智慧的彼此影响。

4. 调整分组设计。这节课要求男生和女生分别分组讨论。一方面是同性同学坐在一起讨论更放开,另一方面是希望让学生感受到男女生对一些问题的看法可能有不同。这个年纪的孩子对异性充满好奇,他们彼此猜心思,而没有场合去公开地彼此讨论。通过不同讨论结果的分享,学生可以了解到别人的想法可能和自己不一样,不仅是男生女生不一样,人和人之间的想法也是不一样的。

三、学生反馈

在课后,我通过访谈了解了学生的反馈。学生告诉我,这节课讨论的情境是他们常常遇到的,也常常会在课下讨论,在课堂上公开讨论这些问题却是第一次。这让他们觉得老师是可以、愿意来倾听他们的心声的,而且,听到异性小组的想法会觉得很有意思。青春期异性交往是很正常的,被吸引、想靠近也是正常的,不需要勉强也不需要刻意回避,这些经历都可以帮助我们成为更好的人。学生的反馈再次让我感受到孩子的领悟力,他们可以通过一节课,明确地揣摩到老师的意图和态度。

【同行分享与探讨】

1. 心理课目标与教师价值观的关系
学生在成长的过程中,可能会遇到很多问题。问题本身不是问题,怎样看待问题才是问题。怎样看待学生问题,不仅考验心理老师的能力,也考验心理老师的价值观念。比如,在青春期教育中,如何看待青春期恋爱现象?如何看待"中性化"现象?如何看待"性好奇"?如何看待同性依恋?面对这些和性别有关的话题,尤其需要心理老师保持开放的心态与包容的价值观。而很多心理课的话题还会带有时代特征,如随着社会发展,公众对青春期情感、性别话题的观念都在更新,受流行文化的影响,学生的代际变化也非常明显,这都需要我们心理老师保持观念的更新,才能够使教学目标真正贴近学生的需要。

区别于其他学科,心理辅导活动课没有明确的课程大纲,我们也没有办法在教学参考资料中找到现成的、贴切的教学目标。在制定教学目标的过程中,我们需要收集多方信息,在社会要求与学生需求之间建立联系,才能够更好地帮助学生的社会化。在制定目标的过程中,我们的心理课堂需要以积极视角解读学生的问题现象,以发展能力作为教学目标的导向,这样才能更好地在课堂上创设支持性的积极环境、推动学生的成长。

2. 心理课目标与活动设计的关系

理论上,心理老师备课的流程是:看到现象——选择主题——确定目标——设计活动,其中最关键的一步是目标的聚焦,即根据学情分析、结合相关理论或经验,制定符合学生发展需求的教学目标。但是在备课的过程中,我们往往会花更多的时间在活动设计上,甚至有时候会出现因为舍不得一个好活动而使得教学目标被带偏的情况。这个时候,我们一定要明确地知道:活动是服务于目标的,要结合目标来选择或者修正活动。

比如,在《静心听花开》一课中,一个设计亮点是用男生女生对照日记的形式,呈现确定恋爱关系之后双方的心路历程。由于日记是结合多位学生的访谈加工而成的,这个活动素材非常贴近学生生活、能够激发学生共鸣。但是,当教学目标发生改变的时候,这个活动素材就不合适了。在《花开的声音》中,依据教学目标,放弃了情境故事的设定,选择了比较传统的头脑风暴式案例讨论。虽然新意略缺,但能更好达成活动目标,因此我仍然觉得这是一个不错的活动设计。

3. 心理课目标与师生关系的关系

师生关系直接影响到心理课教学目标的达成,所以先有关系,再有辅导和教育。

相比较知识的传授,心理课的目标更偏重情感、态度和方法技能。而40分钟的时间,很难真正达成态度观念或者行为的改变,往往只是让学生有所触动和启发。心理课的一个隐性目标是让学生更了解心理老师,更愿意在遇到问题的时候求助于心理老师。所以,心理课的意义在于能够提供平等开放的讨论空间,这比提供正确的观点重要得多。教师的倾听和尊重的姿态可以促进信任关系的建立,当学生真正遇到情绪情感困扰的时候,他也许就能够把老师作为他求助的对象。这种成长过程中的陪伴,是我们教育者真正能够影响到学生生命的部分。

上好心理课,理念要先行。十年磨一课,我真正的改变也是在理念的部分,无论是理解问题、确立目标还是在设计活动、引导讨论的过程中,我都走在对学生更加积极引导、更加包容接纳、更加平等尊重的路上。

附录

花开的声音

一、热身：无声的见面礼

（一）开场语

让我们先来和身边的伙伴来个无声的问候吧！

（二）规则

1. 让我们用身体姿势来意会你和你身边的TA的见面礼仪：双手抱头——点点头；双掌相击——击个掌；双臂交叉——抱一抱。

2. 提醒：如果你觉得OK，就照做；如果你觉得为难，可以摇头表示拒绝；正式且礼貌，起立面对面进行；至少和六位同学互致问候，本组三位，隔壁异性组三位。

（三）提问和分享

互致问候的过程当中你们有什么特别的感受和发现吗？

（四）引导

性别在影响着我们的见面礼，女生之间、男生之间或者男生女生之间互相问候的感觉，似乎有些不大一样。这是怎样的感觉呢？

是的，在男生女生相处的过程中，有时候会感觉有些微妙。今天，就想和大家一起来讨论男生女生的相处，让我们一起来用心聆听花开的声音。

二、感受青春

（一）视频：电影《怦然心动》片段

（二）提问

1. 你看到了什么？

2. 作为旁观者，你有什么感受？（哪些让你舒服？哪些让你不舒服？）

3. 接下来会发生什么？

（三）引导

的确，青春的萌动是正常和自然的，有时候我们会对某位同学产生朦胧的好感，有时候是某人似乎对我们关注特别多，有时候会遇到旁人的起哄，有时候自己也不确定接下来该怎么做的茫然无措。这样的故事你或者你的身边发生过吗？会是怎样的感觉？接下来我们就来看看,如果这样的事就在你身上发生,你会怎样处理。

三、应对青春

（一）情景案例

- 如果你发现有一位异性同学向你示好,怎么办？
- 如果同学们总是起哄你和某某某是一对儿,怎么办？
- 如果你发现自己特别关注某一位异性同学,怎么办？

（二）活动规则

1. 第一步：每两组(男、女生各一组)抽取一个情景,分组头脑风暴。头脑风暴,想出越多的主意越好,每个人都要发言,不要否定。(5分钟左右)

2. 第二步：甄选方案,给你比较赞同的做法投票(贴五角星),每人可以选两条,小组选出得票数最多的三个。

3. 第三步：全班交流。

（1）每个组先交流最多的三项,以及大家都不赞成的若干项。第二组补充。

（2）其他组同学讨论：倾听并回答——有什么发现？猜猜他们为什么比较赞成/不赞成这几项？

（3）发言小组代表或者其他人补充自己小组的看法。

（三）引导

1. 如果你发现有一位异性同学向你示好,怎么办？

提问：男生和女生应对的方式有不一样吗？你们怎么看这种他喜欢我我也就喜欢他？拒绝需要注意什么？

引导：照顾他人的感受。

2. 如果同学们总是起哄你和某某某是一对儿,怎么办？

提问：起哄的原因可能会是什么？

引导：注意场合举止分寸。

3. 如果你发现自己特别关注某一位异性同学,怎么办？

提问：你们喜欢的同学有过变化吗？

故事：那些年我们一起追的女孩

引导：关注自身的成长。

四、应用总结：面对青春情感

如果你的朋友告诉你，TA 有了"怦然心动"的感觉，你会给 TA 什么建议吗？

五、结语

每个人都会经历青春萌动的花季。我们会经历好奇和期待，感受欣赏和被欣赏的甜蜜，也可能会要承受纠结、担心、失望的压力。在这个过程中，我们需要学习照顾他人的感受，注意交往的场合举止分寸，更要记得，个人的成长才是联系青春和未来最重要的枝干。让我们用心呵护这青春的花朵，把芬芳留给这最美的年华。

【资源推荐】

1. 蒋薇美. 怎样上好心理课[M]. 上海：上海科技教育出版社，2016.

2. 杨红梅，朱雅勤. 中学生心理课·情绪管理[M]. 北京：中国轻工业出版社，2015.

3. ［美］罗兰·米勒(Rowland S. Miller)亲密关系(第 6 版)[M]. 北京：人民邮电出版社，2015.

家,以爱之名

上海市光明中学 崔文倩

"我妈妈不懂我,她只要求我好好学习"、"老师,您千万不能把这件事情告诉家长,否则我就完蛋了"、"我不想让父母知道,可以保密吗?"、"我不知道我儿子一天到晚在想什么,他不和我说话"、"老师,请您帮我和孩子说吧,她不听我的"、"他就是来讨债的,家里天天吵架,鸡犬不宁"。

要问这些对话发生在什么年龄?我想大家都会想到"青春期"。当我发现许多高中生的心理困惑都和亲子关系有关时,我就希望能够为学生上一节关于"家庭"的课程,帮助学生理解个体与家的联结,与家人的关系,化解家庭中可能存在的矛盾,更好地传承"爱"。亲子关系的课程设计有很多,但我更期望能有自己的原创。

有一天,动画短片《包宝宝》让我迸发出了灵感的火花。该片讲述了一个由包子变成的"包宝宝"为深受空巢之苦的母亲重新带来家庭欢乐,也因为"包宝宝"的叛逆,让母亲终于明白孩子终将长大的故事。

《包宝宝》有两层含义,既指中国美食,也是指孩子是父母心中的宝。中国美食背后隐藏着家庭的含义,父母用一桌美食表达对孩子的爱意,坐在一起吃饭往往是中国人维系和联络亲情的方式。在片中,母亲也烧了一桌菜,想借此与"包宝宝"和好,然而这一桌菜没有打动"包宝宝"。当父母对孩子充满了强烈的感情,是不愿意与之分离的。"包宝宝"的妈妈在得知"包宝宝"将要离她而去的时候,一口吞下了包宝宝。

这段视频极具张力的表现,让我想到可以借用这部短片开展"家庭"的课程。我发现网友们对于这部影片的反应多是对于亲情的评价。但我看到了这部片子背后,儿子渴望长大,挣脱母亲的那种勇气,也看到了母亲用爱裹挟了他,我更看到了"父亲缺位"对母子关系的影响。这部片子背后隐藏的是几千年来中国社会的家庭关系和亲子关系。原生家庭对人的影响甚至可以是一生,但更重要的是

"改变和成长"。所以我希望通过分析这一部动画片,围绕心理学中的"家庭关系"、"边界感"、"父亲缺位"、"亲子沟通"、"依恋"等话题展开教学设计,让同学们觉知、认识、了解和改变。

"家,以爱之名"由此诞生。

拼凑素材的1.0版本

【教学目标和设计】

教学目标

1. 对人生重要性进行排序,认识家庭角色,投射出自己对家庭的理解。
2. 澄清对家庭和家人的期盼,以及找到实现期盼的方法。

教学重点:澄清自己的家庭观。

教学难点:家庭关系具有动态平衡的特点。

表 27-1 1.0版本教学设计

教学环节	活动流程	设计意图	备注
导入:排序	1. 视频:《Papi酱人生重要性排序》。 2. 分享人生重要性排序。	澄清对人生重要性的理解,表达家庭观、人生观。	5分钟
主题活动1:家的关系	1. 视频:《包宝宝》,分析角色、剧情,分享感受。对哪个角色印象深刻,为什么?	通过视频投射出对家的理解,认识家庭角色。	15分钟
	2. 图片:妈妈一口吞下包宝宝。看到妈妈把包子吞下的一幕,有何感受?	引发思考,父母与子女的边界,以及学生目前的亲子关系。	8分钟
主题活动2:家的期盼	1. 你觉得理想中的父母最重要的品质是什么?用三个词语表达。 2. 你觉得家最重要的特点是什么?如何做到?	认识对家庭和家人的期盼,找到实现期盼的方法。	10分钟
总结升华	龙应台《目送》。	升华主题。	2分钟

【课堂实录与反思】

一、有点喧宾夺主的导入活动

导入活动我引用的是当时"微博热搜"的一个话题——人生重要性排序。网红主播 Papi 酱把自己排在第一位,然后依次是伴侣、子女和父母,她的排序引起了网络中的热烈讨论。

这本身是一个很好的活动,学生讨论得特别热烈,也可以投射出学生的人生观和家庭观。然而这节课的重心是《包宝宝》这部动画片,这个原本设计 5 分钟但用时将近 15 分钟的导入,导致我后来时间仓促,偏离了教学目标,和后面的教学环节也难以融合。

二、干巴巴的"家的期盼"

我的设计初衷是,孩子们将来也会成为父母,如果他们意识到自己对家庭的期盼,也许会摆脱受上一代影响而产生的家庭固有模式,努力成为更好的父母。所以,我设计了一段导语:"小时候,我希望父母能给我买好多好多的东西;读书的时候,我希望父母能够更加理解我;长大后,我希望父母活得自在、快乐,有自己的人生乐趣。每个人都有对家庭的期盼,希望父母改变。你觉得理想中的父母最重要的品质是什么?请用三个词语表达。另外,你觉得家最重要的特点是什么,需要如何做到?"

我说这段话的目的,是希望引导学生发现家庭关系、家庭模式是动态可变的。每个人对家庭的期待也有不同。然而,上课时我感觉过于简单,对学生没有什么启发。

课后反思时,我发现我只是简单地将我感兴趣的、想拿来讨论的活动堆砌在一起,没有很好地串联起来。我更期望能围绕"包宝宝"进行充分挖掘,为此我设计了 2.0 版本。

深挖素材的 2.0 版本

【教学目标和设计】

教学目标

1. 发现来自家的传承以及与自己的联结。

2. 通过视频投射出自己对家的理解,了解家的多面性。
3. 认识到家的功能是传递爱,家需要共同成长。

教学重点:家的传承以及与自己的联结。

教学难点:家需要共同成长。

表 27-2 2.0版本教学设计

教学环节	活动流程	设计意图	备注
导入:我的家人	1. 用一种动物代表你的家人。 2. 用三个词描述这种动物的特点。 3. 有什么特点与你相似?	通过活动,澄清家、家人的特点,发现家的传承以及与自己的联结。	5分钟 (如果学生觉得困难,老师可以举例子启发学生)
主题活动1:家的关系	1. 视频:《包宝宝》,分析角色、剧情,分享感受。对哪个角色印象深刻,为什么?	通过视频投射出对家的理解,认识到在过程中有不理解、有矛盾,但也有关心和照顾。	12分钟
	2. 图片:妈妈一口吞下包宝宝。看到妈妈把包子吞下的一幕,有何感受?	引发思考,父母与子女的边界,以及学生目前的亲子关系。	5分钟 (若学生无法代入,可提问:如果你是"包宝宝",你愿意被妈妈吞下吗?为什么?)
主题活动2:爱的边界	绘制家庭关系图。	认识到家人之间的紧密程度有别,家庭的相处模式是动态可变的。	15分钟
总结升华	龙应台《目送》。	升华主题。	3分钟 (或可改用朱自清《背影》中父亲翻越铁轨的一段话。)

【课堂实录与反思】

一、难以衔接的"动物"和"包子"

为了让学生在课上能够畅所欲言,我在导入环节设计了一个开放性的活动,让学生用动物来象征父母。学生虽然很活跃,但从课程的承接来看,和后面的"包子"衔接有点突兀。

二、父亲缺位的"家的关系"

学生对于角色的心理、行为分析得头头是道,许多回答都投射出了在家庭中感受的爱,既有被呵护的感觉,偶尔又有喘不过气的感受。学生可以看到妈妈的两面,极度的爱护背后是极度的控制欲。这让我感到学生对母亲这个角色的理解是有厚度的。比较有趣的回答是提到了包子的女友,一位学生说:"我觉得因为'包宝宝'不尊重母亲,女友也变得不尊重婆婆了。"这个回答令我惊喜,无形中孩子就已经发现了家庭的传承,这正好说明了家人之间的影响如果不是有意识地维系、改变,就会一代又一代地传承下去。

我比较意外的是,大家都潜意识地默认父亲工作很辛苦,赚钱养家,所以照顾"包宝宝"的重担就该落在全职妈妈身上。学生没有发现爸爸在整个视频中出现的次数比较少,而且存在"父亲缺位"的现象。

三、小心翼翼的"家庭关系图"

在学生绘制的家庭图中,我发现目前学生的家庭关系比我们年代的关系要复杂得多,有些是家庭成员缺失,有些是有"继父母",有些不愿意绘制自己的家庭图,更不参与小组分享,这让我开始考虑心理课的安全性问题。

精心修剪的3.0版本

3.0版本相较于2.0版本,教学目标不变,教学设计做了以下调整。

一、"用食物代表你的家人"

恰好那段时间,微博上有一个热搜话题——"妈妈准备的后备箱",里面全是妈妈为即将返程的子女准备的食物。这让我想到在中国人的潜意识中,食物意味着家的味道,也表达了家庭的温暖。正好视频是以"包子"为原型的,所以3.0版本的导入我改成了"用一种食物代表你的父母"。同时我把三个问题缩减成两个问题,既节约时间,又更聚焦问题,让学生分析自己身上来自家庭的传承,关注从家庭中获得的力量。

问题调整以后,不仅课程衔接更顺畅,而且学生的回答让人眼前一亮,也为后面的活动做了铺垫。

表 27-3 3.0 版本的课堂生成(1)

学生回答	意外收获
我用桃子来代表妈妈。桃子有很多种类,有软桃子和硬桃子。我觉得我的妈妈有的时候内心很柔软,爱护家人、照顾家庭,在工作的时候又很坚强,遇到困难从不轻易放弃。我和她一样,有时候很倔强,有时候很内敛。	我以为学生可能会冠冕堂皇地给出几个常用词——朴素、单纯、省吃俭用。然而,这样的回答是不需要经过大脑仔细思考的。把父母比作食物是有一定难度的,这能够启发学生去思考父母到底有什么特点是比较突出的。
我的妈妈像番茄,爸爸像鸡蛋,分开看都没有十分特别,但两个人的感情特别要好,就像番茄和鸡蛋可以做成一道番茄炒蛋。	

二、"包宝宝"的家庭关系图

在 3.0 版本中,我应用萨提亚"家庭关系图谱"的简化版,绘制"包宝宝"和妈妈发生冲突前后的两种家庭关系图。虽然这个设计没有学生本人家庭关系的呈现,但我认为学生讲述的过程会投射他自己对家庭的理解,比如说妈妈对孩子的控制欲,学生对这种控制欲的看法,就是他对家庭关系的理解。我个人认为这个活动也能达到我的教学目标。并且,通过让学生画出前后两个变化的家庭关系图,可以让学生寻找出家庭关系的变化,理解家庭间的相处模式是动态可变的。

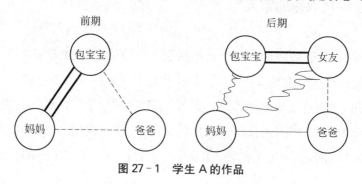

图 27-1 学生 A 的作品

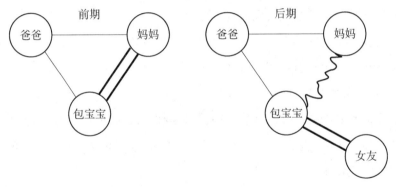

图 27-2　学生 B 的作品

注明：—— 代表关系正常；　═══ 代表关系亲密；
　　　----- 代表关系疏离；　∿∿ 代表关系冲突。

表 27-5　3.0 版本的课堂生成(2)

学生回答	教师的追问
前期："包宝宝"和妈妈天天相处在一起，关系很紧密，爸爸和它们的关系看起来比较正常。后期："包宝宝"和妈妈之间发生冲突，和女友关系变得十分紧密。	师：那么妈妈和女友的关系呢？生：妈妈虽然不想儿子离开自己，但也不是真的讨厌儿子的女友，女友对妈妈不够尊重，她可能也会奇怪妈妈为什么这样。
前期："包宝宝"和妈妈关系非常紧密，爸爸一直"消失"，我觉得他没有尽到父亲的责任。后期："包宝宝"和妈妈产生冲突后，爸爸意识到问题了，开始发挥自己的作用。	师：为什么后期爸爸才开始发挥他的作用？生：之前爸爸比较忙，但是当家里面两个人发生冲突了，第三个就会意识到自己有责任成为沟通的桥梁，缓和关系。说明他也很在乎这个家。

三、"家庭的共同成长"

我发现课堂过多关注了母亲这一角色，而较少把注意力放在"包宝宝"自身的改变上，这和我的教学设计是有一些脱节的。这种现象就好像现在人们过多关注原生家庭给自己带来的负面影响，而过少地思考自己从原生家庭中得到什么，现在又能有哪些成长和改变。我希望能够让学生思考这一点，把目光从对家庭的遗憾和不满,转移到自己的成长和家庭的成长中去。

因此,我在主题活动2中增加了"包宝宝"的成长。正好这部动画片没有任何语言,我就想让学生自己去思考怎么沟通、怎么行动。这一点的启发也来自于我看到网友对这部影片的评价——"其实儿子和妈妈的和好就是典型的中国传统和好模式,看似和好如初,实际上没有解决任何问题,以后同样的问题还是会出现。"所以,我想让学生给"包宝宝"增加行动力,去思考"如果你是'包宝宝'、爸妈,你会说些什么、做些什么?"

此外,在学生扮演角色的过程中,我发现学生对爸爸的理解就好像他是一个"工具人",只是用来引导儿子和妈妈交流的。在3.0版本,我增加了对父亲角色的设计,让学生思考"爸爸去哪儿了?"增加学生对父亲的家庭功能的理解,同时意识到家庭中的责任是所有家庭成员共同的责任。于是我设计了第二个问题,爸爸这一角色还有哪些可以做的事情?爸爸前后发生了什么改变?为什么会有这样的改变?我期待学生可以让爸爸的角色发挥更多的作用。

表27-6 3.0版本的课堂生成(3)

学生回答	亮 点
"包宝宝"会和妈妈道歉,告诉妈妈他有自己的生活,将会离开母亲独立生活,但是不代表不会回来看妈妈。	学生提到妈妈应该转移注意力,可以培养一些自己的兴趣爱好,不要总是把注意力放在孩子身上,应该有自己的生活。学生还提出了一些方法,如学乐器、养宠物、种植物等。其实,这样的答案和发展心理学中的理论很吻合,每个人到了一定的年龄都会遇到一些冲突,但可以想办法跨过去。
妈妈会意识到自己的控制欲,并理解"包宝宝"离开家庭是必须且必要的。她会和"包宝宝"和解,并且认识到需要把关注点从"包宝宝"身上转移到其他的事情上,可以发展一些个人的爱好。	
爸爸除了赚钱之外,也应该和"包宝宝"沟通,多关心妈妈。	我非常欣赏学生从一开始认为"爸爸比较忙,所以可以不用特别关心'包宝宝'"到"爸爸也应该多陪伴妈妈,'包宝宝'离开后,妈妈会很孤独"。家庭需要每个人都有付出,才能稳定和谐,充满爱意。
爸爸是个不善于表达的人,但是在"包宝宝"离开家成立自己的家之后,爸爸应该多和妈妈交流,不要让妈妈觉得特别孤独。家里的每个人都要做出改变。	

四、对"包子"主题的思考

课后我让学生思考"为什么要用包子呈现整个故事?"有学生说:"包子是妈妈创造的,可以让它做什么就做什么。""包子软软的很可爱,就像孩子一样。""包子在网络用语中是好脾气、忍气吞声、不容易翻脸的意思,包宝宝小时候也是这样听话的。"我最感到意外的一个回答是:"包子具有可塑性,影片中包子被踩扁了,但是又被妈妈捏回来了。人也是会变化的。"这个回答和我的想法不谋而合。孩子具有可塑性,容易受到重要他人的影响。这个重要他人能量过高,控制欲过强,孩子就易倍感压力,比较弱。这个重要他人若能适当放手,让孩子自己经历一些人生中必要的挫折,孩子就不会假手于他人,在良好的心理弹力中自己塑造出自己。

我很喜欢上这节课,一是主题比较生活化,学生对"家庭"的话题是非常感兴趣的,愿意分享一些自己的体会。从学生们课堂上的回答可以看出,虽然有时候对家人有所抱怨,但也能够深深体会到家人的爱和家庭的意义。二是作为教师,通过这节课能更加了解目前学生对于家庭的态度,为心理咨询工作做一些铺垫和准备。因此,我觉得这节课可以适当增加活动,让课堂讨论更加深入,不要止步于视频本身,不要止步于"家庭关系图",而应该挖掘一些更深层次的东西,能够让高中生更有思考、体会和感悟。

关于这节课的设计,我觉得还有可进一步思考和探讨的地方。一个是除了"家庭中每个人都会改变和成长"之外,是否还有更好的点。由于引导不足,学生也比较难以给出一些超越本身固有知识的回答。二是在影片中儿子拿了一盒点心给母亲,两人都没有说话,就和解了。我让学生设计亲子之间的对话,其实,我们可以换一个角度来谈,那就是提问学生"妈妈和儿子真的和好了吗?""有没有解决之前发生的问题?""爱需不需要表达出来""无视问题,还是解决问题",让学生自己去寻找解决问题的办法——沟通、理解、倾听等。

【和同行分享讨论】

一、心理课中视频材料的使用

本课视频来自日常的积累，因为这三个平台有比较多的视频素材，我通常有意识地关注 bilibili、微信公众号、微博三个平台。我认为适合心理课的教学视频不宜超过 8 分钟，5 分钟最佳。如果平时看到了一个非常适合主题的视频，但时间又超过了 5 分钟，可以利用视频剪辑软件将视频加速播放。

《包宝宝》的内容比较轻松，我发现同学们在观看的时候很有自我带入感，从妈妈对"包宝宝"的无微不至，到"包宝宝"青春期时的叛逆，都或多或少映射出学生自己的经历。整节课的气氛相对来说比较愉悦，同学们也能畅所欲言。

"妈妈吞下包宝宝"是视频中最具有张力和戏剧性的一幕。在我第一次看到这个画面的时候，我产生的感觉是——恐惧、惊讶。我想了解学生看到这一幕的感受是什么，有什么不同，以及他们如何看待妈妈的这个举动，妈妈这么做背后有什么原因。我希望学生能够理解现象背后的原因，不要被表面行为迷惑。我们知道，有时候家人之间的矛盾和不解，就在于彼此没有看到对方的需要和期望。就像萨提亚理论中的"冰山隐喻"一般，表面上妈妈的行为是"一口吞下了'包宝宝'"，而妈妈背后的渴望是孩子在自己身边陪伴自己。

我把这一幕截取出来单独讨论，作为一个重要的教学过程。我们会发现学生对这一幕有不同的反应，有的觉得母亲对孩子的爱非常深，有的则感受到了压抑、限制和裹挟。可以看到，亲情对于不同的人来说有不同的意义，在教学过程中我也在反思老师未必一定"强迫"学生去感受家庭温暖，毕竟"家有千面"，也许更重要的是让学生去思考从家庭中获得了什么，即使有些事件是负面的，但是也会带来一些感悟和收获。有时家带来的"负担"、"压力"、"限制"等情绪背后也具有强大的能量，如何将这种能量转化为利于成长的因素，这比认识到家的表面特征更重要。

二、萨提亚理论和技术在心理课堂中的应用

萨提亚理论之家庭图谱。这个家庭图谱活动的设计来自我参加的"萨提亚咨询技术培训"工作坊,我将互动融合在了我的设计里,用家庭图谱让学生理解家庭关系的变化、家人的互动,用导入活动让学生理解家族特点的传承。主题活动2中,我把萨提亚的家庭图谱进行了简化,只需要学生绘制包宝宝的家人和人物关系,不需要写家人的特点,也不需要给这些特点标上"＋－"。在青少年时期,学生往往乐于追求和他人的不同,这个他人也包括父母,我们经常会听到学生说"我觉得我爸妈太……我可不想和他们一样"、"妈妈是会计,我偏不要学习会计学、经济学",等等。明明孩子是最容易继承父母个性化特征的人,又受到家庭环境的影响,从性格和机遇上来说都容易传承父母特征和决定。所以,在青少年阶段,如果心理老师可以恰当地引导学生,让学生不去特地"排斥"和父母一样的特点和选择,而是能够个性化地传承家族规条和故事。

萨提亚理论之重要他人和影响轮。这节课的内容可以有一定的延伸和改变,第二个课时,主题可以是"重要他人",可以使用同一个活动做一些修改。结合萨提亚的理论——影响轮,帮助学生觉察这些重要他人对我们的影响,重要他人即在情感上、生理上支持我们的人。

第一步:在中间画一个小圈,以"包宝宝"为核心人物。

第二步:向外延伸,开始画圈,每一个圈都代表影响过"包宝宝"成长的人。影响越大,越靠近自我圈,影响越小,越远离自我圈。

第三步:用线画出"包宝宝"和他们的关系,用线的粗细、长短、形状来描述关系,是疏离还是亲密,是纠缠还是冲突。

第四步:给每个人加1—3个形容词,为每个形容词标明正向或负向。

第五步:看着整幅图,想想生命中的这些人对"包宝宝"有什么影响。

这个活动可以进行深入思考,用更多的时间来完成,内容可以用"包宝宝",也可以让学生以自己为中心进行绘制。目前设计的这节课活动较多,时间不是很充裕,因此也缺少一些深度。

萨提亚理论之"冰山理论"。这节课其实还可以进行同课异构,借用萨提亚的"冰山隐喻",它是指一个人的"自我"就像一座冰山一样,我们能看到的只是表面很少的一部分,也就是表现出来的行为这一层次,而更大一部分的内在世界却隐藏在更深层次,不为人所见,恰如冰山一样,包括了应对方式、感受、观点、期待、渴望和自己六个层次。可以将这个活动作为课堂的主活动,分析视频中两个主人公——妈妈和儿子的"冰山",两人行为背后隐藏的内容。对于学生来说,七层冰山有点多,老师可以进行适当的筛选,比如留下行为、感受、期待三层就足够,再可以增加一个活动包含成长的含义:如何改变目前的现状。那么我们就可以开始讨论妈妈的行为背后也许是希望留住和儿子那段相处得最快乐的时光,而儿子的叛逆背后是希望独立。两个人了解了对方的期望,是否可以相互体谅,做出共同的改变。关于这一点,可以尝试用一课时进行讨论,甚至可以让学生画自己和一位有冲突的或曾经产生冲突的家人的冰山。这比家庭图谱要"安全"许多,因为家庭图谱需要呈现学生家庭全貌,而冰山只需要一个养育者、监护人即可。

附录

家，以爱之名

◆ 教学目标

1. 澄清家的特点，发现来自家的传承以及与自己的联结（教学重点）。
2. 通过视频投射出自己对家的理解，反映家的多面性。
3. 认识到家的功能是传递爱，家需要共同成长（教学难点）。

◆ 教学流程

一、导入：我的家人（5 分钟）

思考：1. 如果用一种食物来代表你的家人，你会选什么食物，和 TA 有什么相似之处？2. 你认为自己从 TA 那里"继承"了以上哪些特点？

设计意图：一是为了让同学们通过联想回顾家人的特点、与家人在一起的体会，发现来自家的传承以及与自己的联结。二是衔接《包宝宝》的动画片，思考导演为什么用"包子"代表一个孩子。

二、主题活动 1：家的关系

1. 包宝宝的成长（10 分钟）

观看视频《包宝宝》，分析角色、剧情，讨论：你对哪个角色印象深刻？为什么？

设计意图：通过视频投射出自己对家的理解，认识到在过程中有不理解、有矛盾，但也有关心和照顾。

2. 妈妈的不舍（3 分钟）

观看视频截图，学生思考：看到妈妈把"包宝宝"吞下的一幕，你有何感受？若学生无法代入，可提问：如果你是"包宝宝"，你愿意被妈妈吞下吗？为什么？

设计意图：引发学生思考父母与子女的边界，唤起学生对自己目前亲子边界的感受。

三、主题活动 2：爱的边界

1. 包宝宝的家庭关系图（12 分钟）

活动内容：绘制"包宝宝"长大前和长大后的家庭关系图，小组分享。

教师要将绘制方法阐述清楚,储备学生熟悉的作品(经调查)——《家有儿女》《小猪佩奇》《都挺好》等介绍家谱图绘制方法。

设计意图:减少学生阻抗,通过不同时期的家庭关系图,认识到家人之间的亲密程度有别,家庭的相处模式是动态可变的。随着人的发展,家庭关系会有所变化。

2. 家庭的共同成长(8分钟)

思考:(1)在影片中,爸爸把"包宝宝"推进了房间,整部影片没有说话,但你认为此时此刻"包宝宝"和妈妈会说些什么?(2)在这部片中,同学们发现爸爸几乎没有参与到"包宝宝"的教育中,如果你是爸爸,除了影片中他把"包宝宝"推进去之外,你会和"包宝宝"、妈妈说些什么?

分享如何改善家庭关系,需要学生提供较为实际的方法,可以提问学生自己家庭中采用的办法,贴近学生生活。比如:"你是如何想到这么做的?""如果你遇到这样的情况,你会怎么做,你的家人会怎么做?"

设计意图:思考家庭支持系统的意义,帮助学生们发现其他家庭成员的力量,每个人都会变化,家庭应当共同成长。

四、总结升华(2分钟)

龙应台《目送》或朱自清《背影》。

课后思考:为什么要用包子来呈现整个故事?

【资源推荐】

1. 视频:动画片《包宝宝》(来自优酷网).

2. 视频:选段《Papi酱的人生重要性排序》(来自优酷网).

3. [美]维吉尼亚·萨提亚.萨提亚家庭治疗模式[M].西安:世界图书出版公司,2018.

4. 丛扬洋.找到意想不到的自己——萨提亚模式与自我成长[M].武汉:武汉大学出版社,2015.

不能承受之"轻"

中山市第一中学　黄珊珊

从社会现象延伸出来的心理课

当一个人感到悲伤、痛苦、纠结、无助,站在生命的十字路口,他会有什么期待呢?我想也许会是关心、陪伴、理解和支持吧。但现实中,我们有时会看到当事人站在楼顶,下面有些围观的人却是看热闹不嫌事大,起哄说"你怎么还不跳,你倒是跳啊"。这种吃瓜心态在网络上更为明显。作为心理工作者,我感到深深的担忧:说者可能无心,但听者未必无意。若当事人听到了这些声音,会是怎样的感受?又会有怎样的行为?其实,类似的社会现象在我们身边也比较常见,留心观察学生之间的互动,不难发现"你怎么不去死"之类的玩笑话时有出现。学生会这样说一方面是受限于身心发展水平,另一方面也表明他们对于生命的重视度和敏感度有待提高。直面生死是生命教育的重要一环。一直以来,我们都以谨慎再谨慎的态度对待,而学生要么恐惧,要么只当作开玩笑。我一直在思考该如何与学生探讨这些现象。

无意中看到一个短视频:一个决定要卧轨结束生命的女士,最终因他人停下来和她说了说话而放弃了自杀的念头。女士以自己的经历真诚地恳请大家面对生命,不吝帮助。一分多钟的视频我反复看了很多遍,每次都是鼻子泛酸,生命是那么地脆弱,但也是这么有感染力,某些看似不经意的言行可能就会对他人生命产生至关重要的影响。基于以上,生命玩笑、生命漠视、生命救助、生死观念等词语跃然纸上,我立刻联想到是否可以设置类似的开放性情境,呈现各种生命态度,让学生通过体验、讨论等方式明晰各种生命态度所产生的影响。生命是不能承受之重,同时我们也不能承受生命之"轻",于是就有了设计一节课的尝试。考虑到学校为寄宿制学校,我将故事发生的地点设置为宿舍里,虚拟了这样一个人物和情境"情绪低落的小鹏爬到宿舍阳台栏杆上坐着,不停啜泣,舍友反应不一……"

1.0版本:做他人生命的守护者

【教学目标】
1. 了解生活中存在的漠视生命的表现及可能产生的影响;
2. 反思自我的言行,分析自我对他人生命的态度及其原因;
3. 体会对待生命不同态度带来的不同影响,学会给他人生命以温暖和守护。

教学重点:借助案例,分析对待生命的不同态度对人带来的影响。

教学难点:学生能够反思自身,觉察自己在与他人交往过程中的表现,同时能够有意识改变方式方法,尽己所能,做他人生命的守护者。

表28-1 1.0版教学设计

教学环节	教学内容	设计意图	备注
导入:实验引生命	1. 呈现"静止脸"实验动图,通过设问的形式让学生猜想实验结果。 2. 学生接龙:生活中的"漠视"现象。	通过心理学实验激发学生兴趣,了解日常存在的"生命漠视"现象。	5分钟
展开:案例话生命	1. 呈现案例。 2. 思考:为何小鹏的舍友会有那样的反应,用第一人称进行分析。	故事、案例是初中生喜闻乐见的素材。通过第一人称思考、分析案例,呈现不同的生命态度,于他人生活中找到自己。	8分钟
深入:言行定生命	深入探讨案例,如果舍友继续无视或漠视小鹏: 1. 会对小鹏产生什么影响,小组讨论写在九宫格中; 2. 大致统计正、负影响的比例。	初中生往往想当然地认为自己这样做不会对他人造成影响。借助九宫格最大程度地激励学生们动脑思考,而不是局限于自己的"想当然"。	12分钟
升华:态度护生命	1. 播放视频短片; 2. 活动:"助人天使,生命接力"角色扮演,由教师入戏"舍友",学生尝试劝说"舍友"改变原有生命态度。	通过视频+角色扮演,触动学生内心,感受守护生命的使命感和紧迫感。	12分钟

续 表

教学环节	教学内容	设计意图	备注
总结：生命在于一言一行	面对小鹏的案例，你能给到他或舍友什么样的帮助和守护？	通过书写，重新整理本节课的感受和收获。	3分钟

【课堂实录与反思】

表 28-2 课堂实录

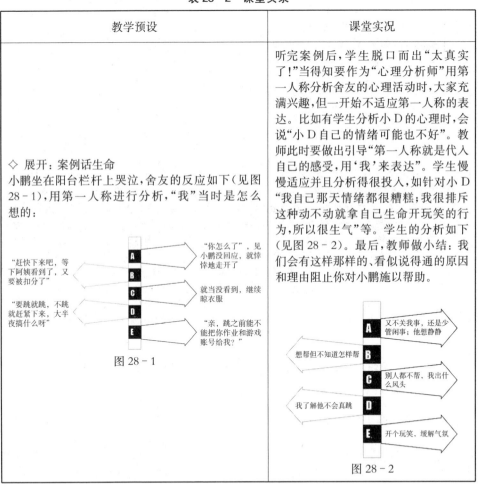

教学预设	课堂实况
◇ 展开：案例话生命 小鹏坐在阳台栏杆上哭泣，舍友的反应如下（见图28-1），用第一人称进行分析，"我"当时是怎么想的： "赶快下来吧，等下阿姨看到了，又要被扣分了" "要跳就跳，不跳就赶紧下来，大半夜搞什么呀" A "你怎么了"，见小鹏没回应，就悻悻地走开了 B C 就当没看到，继续晾衣服 D E "亲，跳之前能不能把你作业和游戏账号给我？" 图 28-1	听完案例后，学生脱口而出"太真实了！"当得知要作为"心理分析师"用第一人称分析舍友的心理活动时，大家充满兴趣，但一开始不适应第一人称的表达。比如学生分析小D的心理时，会说"小D自己的情绪可能也不好"。教师此时要做出引导"第一人称就是代入自己的感受，用'我'来表达"。学生慢慢适应并且分析得很投入，如针对小D"我自己那天情绪都很糟糕；我很排斥这种动不动就拿自己生命开玩笑的行为，所以很生气"等。学生的分析如下（见图28-2）。最后，教师做小结：我们会有这样那样的、看似说得通的原因和理由阻止你对小鹏施以帮助。 A 又不关我事，还是少管闲事；他想静静 B 想帮但不知道怎样帮 C 别人都不帮，我出什么风头 D 我了解他不会真跳 E 开个玩笑，缓解气氛 图 28-2

不能承受之"轻" 339

续 表

教学预设	课堂实况
◇ 深入：言行定生命 如果小鹏的情绪继续遭到舍友漠视，他会……请填写影响九宫格（见图28-3）： （中间格：小鹏的情绪遭到舍友的漠视，他会……） 图28-3	小组认真填满九宫格，想到了小鹏的各种可能性，如：不自信、有心理阴影、讨厌舍友、自我封闭不愿社交、跳楼、长期孤僻心理、学习成绩急流而下、情绪起伏大、可能会自残、对他人进行报复、自杀，等等。负面影响远远多于正面。
◇ 升华：态度护生命 活动规则：教师入戏，扮演小鹏的室友。学生化身"助人天使"，以生命接力的方式，对小鹏室友的想法和做法进行说服，可用事实、数据、亲身经历等，要求有情有理有据。 经过前面几个环节的铺垫，预设学生会轮番上阵，与"舍友"展开辩论。此环节拟外化情绪ABC理论中的"辩论"，应该是课堂最精彩之处。	听完规则介绍，感觉学生跃跃欲试。但当教师入戏后，课堂一下就冷场了，学生感到压力很大，没有人愿意做第一人站出来。教师不得不出戏做动员"大家想到什么说什么，说不定就可以打动舍友，救助一条生命"，学生左看右看，不敢行动，也不知道怎么劝说。好不容易有学生发言了，也只是他自说自话，一旦"舍友"回应，又不知如何继续下去。即使是表现较好的班级，学生劝说的言语也很单一。我不仅没有看到此环节预设的精彩，还出现了异常的冷场、尴尬。

整节课上下来，我感到说不出的心累，也没达到我预期的效果。课后访谈了部分学生，他们普遍反映九宫格环节很受触动，直观看到了一些言行是会给他人带来巨大影响的，但感觉整节课都在讲小鹏的案例，和自己的关系不大，尤其后半段感觉没什么收获。我自己也深深地感到这节课头重脚轻、虎头蛇尾。预设中我认为最出彩的"助人天使，生命接力"活动，没有如预期火热开展，学生羞羞答答、扭扭捏捏，云里雾里，我不得不草草收场。

反复回顾教学设计和上课情况,我发现存在以下问题。

第一,教学目标不清晰,着力点是"生命玩笑"还是"生命漠视"?落脚点是"不开生命玩笑"还是"做到守护他人的生命"?这几个方面我都想涉及,目标太多,导致课堂主线不清晰。

第二,教学各环节之间衔接不顺畅,如:"静止脸"实验的确能激发学生的兴趣,但"静止脸"并不等同于"对生命的漠视",导入到展开阶段的过渡有些牵强。学生知道了继续漠视会带来的负面影响,接下来就直接通过视频过渡到"一句话对人的帮助",有些生硬突兀。

第三,教学环节太多,导致学生思考不够深入,最后总结部分时间太紧,结束仓促,学生来不及分享。

为了让教学主线更为突出,教学目标更为清晰,我对教学内容做了删减,只选取"生命玩笑"这一小的切入点引出生命态度,于是有了第二版的设计。

2.0版本:不能承受之"轻"

【教学目标】
1. 反观自我的言行,分析自我对他人生命的态度;
2. 知道对待生命不同的态度可能会带给自己和他人的影响;
3. 感受对待生命不同态度带来的情绪体验,提升助人意识。

教学重点:借助案例,分析对待生命的不同态度和对人对己带来的影响。

教学难点:觉察、反思自己与他人交往过程中的表现,把握生命之度。

表28-3　2.0版教学设计

教学环节	2.0版教学内容	调整原因
导入阶段	闭眼听声的方式,"生命玩笑"初调查。	聚焦教学目标,了解在日常生活中会出现的一些"生命玩笑",直接引出主题。
展开阶段	1. 呈现案例。 2. 思考:为何小鹏的舍友会有那样的反应,用第一人称进行分析。	保留此活动,但注意把控时间,避免观点的重复分享。

续表

教学环节	2.0版教学内容	调整原因
主题活动1	影响九宫格： 1. 对小鹏的影响； 2. 对自己的影响。	如果仅呈现对小鹏产生的影响，学生始终站在第三方的视角看问题。加入"对自己"影响的九宫格，全面总结对人对己的影响。
主题活动2	时光隧道，回到案例发生的当时，你会对不同的生命态度说些什么？会对自己说些什么？	不使用角色扮演，降低学生现场表现的压力感，给学生时间思考、讨论，用言语呈现。
结束语	1. 播放视频短片，视频中做了些什么？ 2. "生命玩笑"再调查。	加入"生命玩笑"再调查，前后呼应，从案例迁移至日常生活。

【课堂实录与反思】

教学目标聚焦后的2.0版，相比第一版有较大改动。课前，我有些担心新改动的环节会上得不顺利。结果却相反，大部分新改动的环节很顺畅，而自认为驾轻就熟的导入和案例部分出现了超出预设的课堂突发情况。虽然我理解课堂生成是宝贵的财富，也尝试在课堂上给予了应急回应。然而，对一名青年教师来说，课堂突发情况始终都是挑战。

环节一：对"生命玩笑"进行拍手回应

课前担心生命教育主题的课堂氛围会有些沉闷、紧张，所以在"生命玩笑"调查的过程中，无论是言语还是非言语，都尽量营造轻松的氛围，如在调查时模仿说这些话时的语气语调，结果课堂氛围走向了另一个极端。当询问学生还听到哪些类似的话时，有学生用很怪的语气说"活着也是浪费粮食""早死早超生"等，其他同学则像是被戳中了"笑点"，交头接耳、窃窃私语、嬉笑不断。这让我感到非常不舒服，一方面没有尊重"生命"，另一方面也影响了真正想要分享的学生的表达。

当时我是这样回应来尝试扭转课堂氛围的：看来这些玩笑在我们生活中非常常见，大家现在谈起它们还能谈笑风生。但如果你是当事人，还会这么轻松吗？经过回应，学生的嬉笑收敛了一些，但仍然存在。

当问及"这么说会怎么样时",学生却几乎齐刷刷地说"问××(班级一个同学的名字)咯",原来××经常把"死"字挂在嘴边。××有些不好意思了,脸红地对同学们了句"好像你们没说过一样。"在同学们将目光聚集到××同学身上时,短暂的几秒钟,我内心上演了纠结大战:我要不要让××分享下感受,还是按照预设的强行总结?最终我只是走到××身边,拍了拍他的肩膀,做了下安抚,用一句"今天我们一起来探讨究竟为什么我们会开生命玩笑,这些看似不经意的言行又会带来些什么?"转移了学生的注意力,同学们好像也习惯了老师这种"搁置式"的回应方式,目光从××身上转到了课件上,××同学自然也如释重负。

环节二:第一人称对案例进行心理分析

这个环节中,关于对小E"老铁,跳之前能不能把你作业和游戏账号给我"的反应进行解读,之前多次施教得到的学生回应是"想通过看似轻松诙谐的调侃,消缓紧张情绪,缓和宿舍气氛,慢慢劝小鹏下来"。但学生××如是解读小E的心理"如果小鹏真的想轻生,我就是想让他走得有价值一些"。我能感受到同学们的目光中有诧异,也有一份"期待"——想看老师怎么回应?

听到××分享之后,我还是比较淡定的,用了具体化的澄清技术"你说的有价值指的是什么呢?",我相信学生会"上道",澄清自己说的有价值是想用他自己的方式挽留、劝解小鹏。结果学生直截了当告诉我"不是,我觉得小鹏有结束自己生命的权利,他都决定要死的话,劝也没用。"

对话进行到此,我不再淡定,有些慌乱有些生气,怎么既安抚这名同学又顾全大局呢?情急之下,我强装镇定地把问题抛给了全班同学"××同学提了一个很值得探讨的问题,大家怎么看呢?小鹏有结束自己生命的权利吗?"好在大部分学生给了回应说"没有"。不过可惜的是,我没有在课堂上继续深入这个话题,而是模糊带过"××同学看到了结束的权利,但忽视了活着的义务和责任,具体我们课下再探讨,接下来我们……"

对于××同学的表现,因为课上我仍执着于教学环节的推进,来不及细想,甚至自认为处理得还过得去。课后写教学反思时,愈发觉得自己的回应不到位,这也引发了我的困惑。课堂上出现涉及到"生死价值观"的问题,若想要探讨、呈现给学生正确的价值观,必然要花时间处理,这时需要暂停教学环节专门去处理价值观问题吗?还是像我那样暂时搁置争议,继续推进课堂?课后,我找了××同学,和他探讨了课堂上未完的话题,××最终也表示理解和接受关于生命的"权利与义务"是同时存在的。另外,这节课属于借班上课,课前我并没有对班级情况做提前了解,施教班级是全年级较为活跃的班,因为班主任管理较自由,学生经常敢于在课堂上质疑老师,当然也包括一些刻意捣乱、调侃。对于这种情况,我尝试在3.0版本做了调整。

3.0版本:"不能承受之'轻'"进阶版

在正式上课前,我增加了"导入的导入",具体分为"硬环境"和"软环境"的营造。"硬环境"——课前我邀请学生清空桌面,拿出一张纸和笔,在物理环境上体现生命的庄重。"软环境"——师生齐读《我们的约定》:"我郑重承诺:在接下来的活动中,我将全身心投入,在活动中专心聆听他人,真诚分享感受;在活动中认识自己,接纳自己;在活动中尊重同伴,帮助同伴;在任何时候都不取笑,不指责,不泄密;努力为同伴、为集体贡献一份温暖和力量。"

充满好奇心的初中生会猜测"小鹏"的事件是否是真实发生的,他最后的结局是怎样的(跳没跳)?在播放视频部分,我把设计这节课的前因后果(社会现象+视频感触)巧妙地反馈给学生,强调生活中谁都可能是"小鹏",也可能是"小鹏的舍友"。"小鹏"的结局走向究竟是重获新生、遗憾离去还是愤懑活下去,很大程度上取决于我们的态度和回应,继而顺理成章地迁移至学生日常生活的"生命玩笑"再调查,加深学生的情感体验,促进其有效行为的发生。

表28-4 3.0版教学设计

教学环节	教学内容	设计意图
导入的导入	课前准备,承诺约定。	构建安全、尊重、受保护的课堂氛围,让学生有对生命的仪式感,同时为接下来的主题深入做铺垫。
导入阶段	1. 闭眼听声的方式现场调查; 2. 这些言行会带来什么影响?	以"闭眼听声"的形式了解在日常生活中会出现的一些"生命玩笑",减轻学生心理负担和从众压力,呈现较为真实的情况。

续 表

教学环节	教学内容	设计意图
展开阶段	同1.0和2.0版本	同1.0和2.0版本
主题活动1	同2.0版本	同2.0版本
主题活动2	同2.0版本	同2.0版本
结束阶段	1.播放视频短片,视频中做了些什么?反馈本节课的初衷; 2."生命玩笑"再调查	与开头相互呼应,帮助学生回到现实生活,引发其对自己生命之度的思考。

【课堂实录和反思】

在加入"导入的导入"环节时,我是充满挣扎与纠结的,它可能有助于营造好的课堂气氛,也可能使课堂变得过于严肃。而且考虑到作为常规心理课,要提前两分钟上课,会占用学生的课间休息时间,易引起学生的不良情绪。不过整体上下来几次后,我发现"导入的导入"正面效果远多于负面影响。

师:今天和大家谈的是一个重要且有些严肃的话题,你们猜猜是什么?

生:生命、性教育、早恋……

师:有同学猜对了,是"生命",谈论生命一定要有敬畏之心。为了让大家更好地开放自我,感受生命,在正式上课前,我想和同学们做一个约定……

课堂氛围始终是个变数,教师的有效准备是定数,课堂氛围严肃与否取决于教师的引导。

3.0版本的教学设计让我最有感触的一点是学生课堂所学的课后迁移和运用,课堂上醍醐灌顶,课后我行我素的情况太多了。这需要执教老师在教学设计上做好一层一层的观念强化,体验深入,同时能够有意地与学生的现实生活联系起来,做行为指导。在本节课的后半段,我设计了"故事—案例—现实生活"的三级强化迁移。一级:故事用短视频呈现,"有故事的人"现身说法;二级:回到小鹏的案例,教师根据平日心理辅导个案分享"小鹏"可能的真实想法——彼时彼刻渴望同学的关心,暖心的言语真的可以帮助到一个生命;三级:"玩笑"再调查,回到生活中做自我评估,学生在思考的过程中,会重新解读"生命玩笑"之于人的意义和影响。

多番修改后,这节课有了最终版的教学设计,到目前为止,我可以解决已经发生过的各种课堂"意外"。但"最终版"绝不是"完美版",对于以学生体验和感受为关注点的心理课堂,没有完美的教学设计,只有不断修改完善的教学设计。作为心理教师,要保有这份不断精益求精的教学热情,课后主动梳理课堂教学中的得与失,及时撰写教学反思日志,打磨课的同时也是在打磨自己。

与同行分享探讨

一、生命教育心理课的切入点

生命教育是非常大的主题,可以谈如何珍惜自然生命、活出生命的精彩、尊重他人生命价值、面对死亡,等等。可以泛泛而谈讲授意义,也可以单刀直入传授技巧,更可以循序渐进强化体验。不同的主题和教学方式决定了学生的"收获"不同,教师如何确定一节生命教育心理课的主题切入点显得尤为重要。我有以下几点感悟:

第一,主题的选择贴近学生生活实际。本节课是我主持研发的初中生生命教育系列精品课程《我这样表达生命》的第二课,另外两课分别是《打开求助的心门》和《直面生死,向阳而生》。这三节课的设计都是源于日常所见所闻:自杀自残的社会现象、学生不知道如何求助、随意开"生命玩笑"、不知如何面对身边亲人的离世。本节课能够让我坚持不断地修改下去的原因也是缘于它的生活性。

第二,素材的选取契合学生的身心发展特点。再经典的素材也不是万金油,不会适合所有学段的学生。如"设计墓志铭"是生命教育中常被用到的活动,对于低年级的学生就不太适用,《獾的礼物》《一片叶子落下来》等绘本更适合他们。

第三,生命教育要紧跟时代步伐。生命教育是老生常谈的话题,却又随着时代在不断更迭变化,如近几年校园欺凌事件频发,2020年初爆发的新型冠状病毒性肺炎等都是生命教育的素材,教师要注意搜集相关资料,与时俱进。

二、生命教育心理课课堂氛围的创设

初中生非常在意周围同伴的看法,在课堂上会因为各种担心而不愿参与观点和感受的分享。安全、舒适的课堂氛围能助力学生情绪情感的释放,具体可以从以下三个方面创设课堂氛围。

第一,教师本人要有正确的生命教育理念,于一言一行中传递生命教育的信息。生命无小事,教师自身不应出现观点性、原则性错误。中小学生一方面越来越有自我存在感,但另一方面他们对于生命的真正意义并不清晰,在面对学习生活压力或外部批评时容易情绪化,感觉不到自我价值,可能会试图通过自我伤害来进行"对抗"或实现"解放"。此时,教师一定要有明确的生命观的引导。

第二,在课堂上或明或暗地传递生命的意义感。随着校园欺凌事件和学生自伤自杀事件的频繁发生,部分中学生越来越轻视自己和他人生命的现象日益受到大家的关注。究其原因,就是学生生命意义感的缺失。生命教育主题课堂的所有呈现和互动都是在进行宏观意义上的生命教育,教师要培养自我对于生命的敏感度,而不应该仅局限于教学环节的推进。

第三,关注到个别学生的情况。上课过程中,执教者鼓励学生分享看法的同时也要尊重同学的意愿。有些学生可能在班级的存在感不强,不愿或不敢发言,对这些学生的有效关注就是课堂中最好的生命教育。执教者应注意观察学生的情绪变化,一个班级一定有学生在成长过程中遇到过被"生命玩笑"、被"校园欺凌"、有自我伤害等情况,此时教师可以走到学生身边,一个眼神或一个轻拍肩的动作,给学生以守护。

三、生命教育心理课中的生死探讨

生命教育心理课堂中不可避免地要谈到生和死这两件人生大事,当谈论和分享逐渐深入时,有可能会触及学生内心中的某些冲突,在课堂上容易产生两种情况:一是引发学生创伤体验,情绪失控。由于每位学生的成长史不同,学生在生命教育课堂中,可能在不经意间体验到过往的创伤经验,如与父母的争吵、亲友离世等,导致情绪失控,学生间情绪相互传染,课堂可能从个别学生的失控到多人失控,教师此时要思考如何安抚学生,平稳其情绪,同时将意外爆发的情绪有机地融合到教学中。二是激活学生的自我防御机制,情绪隔离或对抗。面对"新异刺激",学生第一反应是运用长期以来的应对模式来对这些冲突做出回应:投射、抵触、爆发、否认等。具体表现为就是故意捣乱、恶意调侃、官方回应、不出声,如在本节课中,学生××就是要提出完全不同的看法,令老师措手不及。有时候学生侃侃而谈但无比"官方",他们能知道老师想要的"回答"是什么,教师也要能判断学生如此作答的内心想法。至少要认可学生在思考,同时可以结合自己对学生的观察做适当引导"老师注意到你刚刚听到……时不停点头,是哪些话让你觉得认同吗?"面对默不作声的学生,要给以鼓励但不强求。

除了学生的回答可能出现"意外",生死话题的探讨对教师来说也是挑战。教师首先不能因为担心或害怕出现课堂"意外"而回避做深入分享,无视学生的"异样"表现,课堂虽然需要有技巧的回应,但更需要的是老师的同理心、真诚、倾听、无条件的接纳。教师要充分预设课堂可能出现的情况,预设再预设,比如我想到本节课还有可能出现的情况有:学生在课堂上说出"我现在的生活就类似小鹏的遭遇",执教老师要如何应对?影响九宫格如果有小组出现"正面影响＞负面影响",又要如何回应?当然,再多的预设也可能不足以匹及那一个个鲜活的生命,如果有课堂突发情况,教师一时想不到如何应对,坦诚相待,抱着学习的态度又有何不可?在课后做足后续工作,如根据课堂情况对个别学生辅以个体辅导,进行教学反思,等等。回到本节课中我对"人有结束自己生命权利"的回应,现在看来,当时的回应是不够好的。我将自己禁锢在完成教学任务、推进教学流程中,对如此重要的生命教育契机没有保持足够的敏感度。如果有类似的情况发生,我会暂停授课,和孩子们一起探讨"生、死的权利和义务"。

附录

不能承受之"轻"

◇ 导入的导入

课前请学生清空桌面,拿出一张纸和笔,师生共读"我们的约定"。

一、导入阶段

现场调查:请学生闭上眼睛,老师会讲到一些情况,如果你见到过或者亲身经历过这种情况,请拍手表示。

✓ 生你不如生个叉烧;

✓ 你怎么不去死呀;

✓ 你有啥想不开的,我才应该想不开好不好,要死也是我死;

✓ 有种你死一个我看看;

✓ 像你这种人还活着干什么呀,要是我早就不活了;

二、展开阶段

案例简介:小鹏近段时间都很不开心。晚自修后,他躺在床上忍不住哭泣,根本无法睡着。此时,宿舍其他同学有的在学习,有的在洗衣服。小鹏觉得在床上喘不过气,于是就下床走到阳台,爬上阳台的围栏墙,坐在那里,越来越伤心,啜泣声也越来越大。

舍友在阳台进进出出:

小 A 问他"你怎么了",见小鹏没回应,就悻悻地走开了;

小 B 说"赶快下来吧,等下阿姨看到了,又要被扣分了";

小 C 就当没看到,继续晾衣服;

小 D 说"要跳就跳,不跳就赶紧下来,大半夜搞什么呀";

小 E 说"老铁,跳之前能不能把你作业和游戏账号给我?"

提出问题:小鹏的舍友为什么会有这些反应?

要求:请学生做"心理分析师",以第一人称对舍友的反应进行心理解读。

三、主题活动1

每个小组发放影响九宫格。

提出问题：不管何种理由，如果我们没有帮助小鹏，可能给小鹏带来的影响有哪些？在九宫格写上最有可能带给小鹏的影响。

小组派代表分享观点，正、负影响的大概比例。

继续提出问题：如果小鹏真的出现了刚刚讨论的结局，可能给自己带来的影响有哪些呢？在另一张九宫格写上最有可能带给自己的影响。

小组派代表分享观点，正、负影响的大概比例。

四、主题活动2

活动：时光隧道——回到案例发生的当时，如果你是小鹏的舍友：

1. 你会对不同的生命态度说些什么？
2. 你会怎么办？

五、结束阶段

播放短视频《一句话对人的帮助》。随机提问学生：从视频里学到了什么？

"生命玩笑"再调查。再次呈现课前的"生命玩笑"，以后生活中，你会这样说这样做吗？

【资源推荐】

1. 皮克斯动画工作室.动画长片：寻梦环游记，2017.
2. 香港电视台.生死教育纪录片：死神九问，2015.
3. [美]欧文·D·亚隆.存在主义心理治疗[M].黄峥,张怡玲,沈东郁,译.上海：商务印书馆,2015.

后记

不是每个人都能看到这一页，

但这一页，我一定要写。

从叶斌老师摇旗一挥，召我入伙写书开始，二十年间，封面出现名字的，这是第三本，参与编写编译的，也有十几本了。承蒙叶斌、徐光兴、毛裕介、顾溥权、吴增强、沈之菲、蒋薇美、张静涟、徐崇文、魏耀发、梅洁、李峻、李燕华、钱锦、鞠瑞利等前辈和同仁的器重与推荐，我这个不擅写作的"小白"，日渐得心应手。

王震、王红丽、吴俊琳、杨红梅几位老师是相交多年的老友，蔡素文老师是久闻大名从未谋面（或许也曾在某些场合隔空遥望过）。我隔着屏幕一声请求，她们立马送来门下的"武林高手"。瞬间，好几位市级大赛一等奖获得者前来向我这个只拿过二等奖的人报到，我不免有些"抖豁"。

和我一起写作的伙伴们，竟是如此耐心，能容忍我三番五次甚至十来遍的折腾，有时候我都觉得自己实在是一个苛刻的"拿摩温"。好在经历过千锤百炼磨课的伙伴们对此也习以为常，还反过来谢谢我，称呼也从"周老师"变成了"姐姐"，这让中年妇女有秒回青葱岁月的感觉。当"特别的黑点"变成"如果黑点会说话"，当"静心听花开"变成"听，花开的声音"，一节节生动的心理课是不是扑面而来？

如果不是格致历任领导的重视，让心理课二十多年如一日地出现在每一位学生的课表里，如果不是罗赐珍老师毫无保留地和我分享她的课程体系与教学经验，如果不是很多人关心支持并指导我和伙伴们的成长，如果不是每一届学生的倾情出演和灵光乍现，如果不是市内外同仁的邀约，让我们在更宽更广的平台上学习分享交流，我想我们是无论如何也玩不转心理课的。

我素来简单又随性，华东师大出版社的编辑们如实呈现了我温和而坚定的想法。无论行文的修改还是版式的设计，小钗和怡霖都甚合我意。和彭大编辑的聊天，更是碰撞出了能打动一线心理教师的书名，这已经不是一顿饭可以解决的革命感情了。

  这本书的写作时间,是中国也是我人生中一个非常特别的阶段。谢谢辛苦的医护人员和陪伴左右的亲密家人朋友,江南无所有,聊寄一本书。

  和一群合情合意合拍的人一起行走,这便是人生最快意的江湖了吧。

新书推荐

看见 看不见
高中生心理解忧杂货铺

心事大侦探
初中生心理解忧杂货铺

奇妙心之旅
小学生心理解忧杂货铺

对话青春期
父母、教师和青少年生存手册